現代政治の基礎理論

松下圭一 著

東京大学出版会

The Theoretical Foundation of Politics
Keiichi MATSUSHITA
University of Tokyo Press, 1995
ISBN4-13-030098-9

現代政治の基礎理論　目　次

政治 1 組織・制御としての政治

〈1〉政治とは何かという問

政治とは何か。この問をめぐってまず基調としたいのは、時代・地域を問わず、政治には愚劣・野蛮、狂気・暴力、虚偽・虚栄がみちみちているという事態である。そのうえ、今日でも、先発国、後発国をふくめ、政治は無能でなければ専制だという現実がある。

日々、世界各地でおきている汚職からテロはもちろん、つい最近の日本の天皇制原理主義体制、ドイツのヒトラー独裁、あるいはロシアのスターリン統治、中国の文化大革命、またカンボジアのポル・ポト政権、イラクのフセイン政権などを想起しよう。冷戦をめぐるアメリカのヴェトナム、ソ連のアフガニスタンへの侵攻による軍事敗北と経済破綻もある。歴史をさかのぼれば、ナポレオンのロシア遠征、蒙古軍の大侵出、あるいはアレキサンダーのインド進入まできりがない。また古代地中海文化や近代資本主義誕生の栄光は奴隷問題とむすびついていた。これに、中国やローマの帝政をふくめて、ひろく帝王や君主の専制宮廷における狂態もあげておこう。このような人間の歴史をふまえてのみ、私たちは政治を考察しうる。

最初に、政治とは何かというラジカルな問は「近代」の産物だということに留意したい。いわばモダンな問なのである。いわゆる近代にはいるまで、政治は、世界の各地域固有の宇宙論のなかでのドラマ、つまり天・神をめぐるマツリゴトにくみこまれていた。政治は政治として自立していなかった。

農村型社会以前、ながいながい採取・狩猟段階がつづくが、すでに部族には長老さらには首長がみられる。この部族の組織・制御は呪術型マツリゴトであった。やがて、定着農業の開始によって農村型社会に移行する。農村型社会は〈共同体〉を土台に構成されるが、定着農業の発達によって拡大する社会余剰の集約がはじまり、〈身分〉としての領主層によるドミニウムが成立する。ついで、この領主層のなかから、この領主層を征服・統合する君主・帝王のインペリウムが時折かたちづくられる。

ドミニウム＝領主支配、とくにインペリウム＝王権・帝権の成立は、農業生産力の上昇さらに工芸・商業の発達にともなう社会余剰の増大・集約、すなわち貢納・徴税という搾取を基盤とし、これに金属武器あるいは騎馬・船舶の技術開発がくわわっている。のみならず、インペリウムの形成にはさらに情報の増大・集約というミヤコ・文明の成立がともなっていた。農村型社会では、採取・狩猟段階の部族の首長とは異なる権力・支配の「飛躍」がおきているのである。

この農村型社会でも、政治はなおマツリゴトであり、呪術がその中核であった。やがて職業司祭層による聖宇宙の開発がすすみ、あらたな創始者の登場によって呪術は宗教へと移行しはじめる。この移行が、古代普遍宗教の成立・伝播となる。この普遍宗教は、古代帝国（インペリウム）の成立に対応しながら、呪術を再編・純化して、聖宇宙を天・神の支配へと統合する試みである。

政治はそれゆえ、聖宇宙におけるこの天・神の支配の投影として位置づけられるマツリゴトであった。君主ないし帝王は、天・神の秩序における豊饒ないし死をつかさどる。政は征によって成立する聖つまり正なのである。「政は正なり」（『論語』）であった。

数千年にわたる以上のような構造をもつ農村型社会では、周知のように地域特性をもつ幾多の王朝・帝国の盛衰をみる。これらの王朝・帝国における社会余剰の収奪、身分名誉への臣従は聖宇宙ないし天・神の秩序として聖化されていた。天・神をオソレ、王をトウトベであった。政治がなおマツリゴトたるゆえんである。

政治は、聖宇宙つまり天・神をまつる呪術ないし宗教、いわばその可視化である儀礼としてあらわれている。生産つまり農耕自体が儀礼であった農村型社会では、当然、政治も領主ないし君主・帝王をめぐる儀礼にささえられていた。この政治の原像は今日もひろくのこる。かつての天・神への儀礼は世俗化して、大衆民主政治のなかでの儀式カリスマとなる。通常、演劇型の政治演出が、式典、パレード、宣誓、讃歌、旗幟から選挙、戦争までのかたちをとってたえず再生する。

マツリゴトないし天・神からの政治の自立は、世界史的にみて、ようやくヨーロッパ一六、一七世紀からの近代化＝工業化・民主化にはじまる。そこでは、農村型社会の編成原理である《共同体・身分》の崩壊がすすみ、遠洋航海による地動説の確立とともに、聖宇宙も破綻する。この衝撃がルネサンス・宗教改革をともなうヨーロッパの動乱である。ここから、現世秩序の新しい編成原理として《国家》が登場する。

国家とは、個人を析出しながら、共同体・身分の破壊（民主化）をおしすすめる初期産業革命・マニュファクチュア技術（工業化）の産物であった。ここに〈個人対国家〉さらに「自由対権力」という近代アンチノミーが成立する。

国家は、まずマキアヴェリ段階の擬人化された国家理性の観念によってその自覚がはじまり、ボーダンの神に似た主権という観念によって現世の法秩序となる。ついで、ホッブズは、自然状態を設定して伝統をすべて否定したうえで、個人→社会契約→国家という理論手続をかたちづくって、〈個人対国家〉の対立を極大化した。国家は、個人を単位とし、その内部に「自由対権力」の緊張をはらんで、いつでも解体する人工の権力装置となる。

政治の自立は、このホッブズに象徴されるような、ヨーロッパ近代における個人対国家のアンチノミーの成立をテコとしてはじまった。最初はいまだ神ないし自然法という思想光背をつけていたが、そこでは個人つまり人間の、人間による、人間のために、国家を形成・維持・変革する技術としての社会工学が、政治となったのである。そのとき、この国家をつくる社会工学の設計図として「基本法」（憲法）が不可欠となる。政治は、聖宇宙へのくみこみとしてのマツリゴトではなく、基本法という設計図による人工技術ないし社会工学となってきた。

この時点以降、いまだマツリゴト政治にとどまっていたアジア、アメリカ、アフリカなどの各地では、このヨーロッパの工業化・民主化＝近代化がつくりだした国家に「泰平の夢」を破られる。ヨーロッパの国家が、政治とくに軍事をめぐる動員力・機動力において、各地を圧倒するのである。ここから、ついに、ヨーロッパ産の国家による地球分割をめざした地球規模での植民地支配がすすむ。

このヨーロッパ国家への対抗のためには、また同型の国家を形成せざるをえなくなる。黒船の衝撃によって、「攘夷」をかかげたにもかかわらず、国家の構築による工業化・民主化＝近代化、つまり「開化」をめざすことになった日本の明治維新も、ここにその位置をもつ。とくに第二次大戦後は、ひろく地球各地で民族独立による国家の形成が課題となり、地球規模での近代化＝工業化・民主化の進行となる。

農村型社会における政治の「開始」と、近代にはいってからの国家による政治の「自立」とは、明確に区別したい。政治とは何かという問は、近代における国家つまり国レベルの政府の形成による、共同体・身分さらに聖宇宙の破壊がおきて、はじめて提起されたのである。だが政治はなお国家観念に緊縛されていた。

二〇世紀にはいると、今度は、近代化の推力として、絶対・無謬の主権をもつと想定されてきた、この「国家」観念自体が争点となる。分業拡大・意見分化によって社会の底辺からいわゆる〈集団の噴出〉がみられるようになるとともに、地球規模のコミュニケーション技術の展開ついで国際社会の成立をみるようになったからである。

図 1-1　政治イメージの模型転換

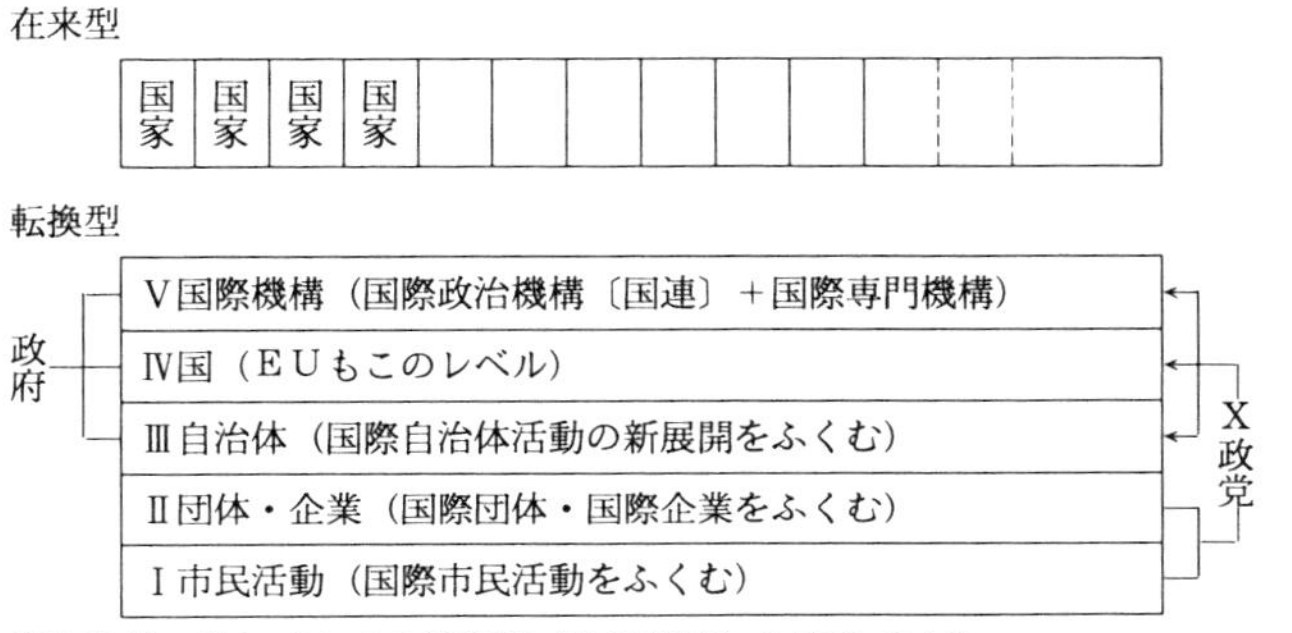

Ｘ政党は，各レベルでの党派型〈政治媒体〉と位置づける．

のみならず、この二〇世紀は、ヨーロッパ国家システムの主導権が、世界全域での国家形成となる民族独立によってくずれ、地球規模での政治再編をおしすすめる革命と反革命、戦争と独立との緊張をもたらす時代となった。

　このような問題状況のなかで、二〇世紀の前半、先発国では各国それぞれの文脈で、国家観念の終焉を予感しながら、「政治多元論争」がくりひろげられる。その当事者として、バーカー、ラスキ、デュギー、ベントレーあるいはシュミットなどを想起しよう。中発国日本でも、戦前これをうけて、先発国との文脈のズレをもつのだが、やはり「政治概念論争」がおきている。

　たしかに、二〇世紀は、国家が「民族独立」によって地球規模にひろがるだけでなく、総力戦を原型とした「全体国家」となるため、国家は外延・内包をふくめて極限にたっするようにみえる。だが、すでに、「政治多元論争」というかたちで、政治は国家によって独占されるのか、という問がだされていたのである。この国家と政治の分離という当時の問は、いいなおせば、国家つまり国レベルの政府以外に政治単位をみとめうるか、という問となるのである。

　二〇世紀も終りにちかづくにつれて、先発国における都市型社会の成熟とともに、個人自発性をバネとした「市民活動」が始動し、社会分業の深化によって「団体・企業」が活力をますだけでなく、これらを背景に「政党」も教条組織から政策連合へと移行するとともに、自治体あるいは国際機構の「政府」としての自立がはじまる。このため、図1－1のように、政治単位の多元化・重層化をみとめざるをえなくなっていく。ここから、政治・権力の独占をめざしてきた国家の主権性という考え方は破綻していく。〈個人対国家〉という、前述の近代アンチノミーも終焉する。

ここで、論点は整理される。まず、政治と国家は分断され、Ⅰ市民活動、Ⅱ団体・企業、またⅩ政党が政治単位となるだけでなく、ついに国家はⅢ自治体、Ⅴ国際機構とならぶⅣ国レベルの政府となり、政府の三分化がおきる。このように、政治単位（アクター）の座標軸が整理されたのち、国家観念をはなれて、あらためて政治とは何か、という問にとりくみうるようになる。国家観念の終焉である。

この問にたいしては、今日の都市型社会を前提に、政治とは、ミクロには個人、マクロには社会の、組織・制御技術（テクノロジーと異なるアート）という解答が準備される。この解答は、市民の自治、政府の構成、また紛争の調整、問題の解決、あるいは権力の統合、支配の構造といった、政治の課題、目的、意義というような内容をめぐる論点を一切きりはなしている。「組織・制御技術」という解答は、いわば形式定義なのである。

この定義の形式性は形式性なるがゆえに次の点で有効である。

(1) 政治発生以来の過去の「時間」に適用できるし、また地球のすみずみまでの「空間」にひろげうる。
(2) ミクロの個人単位から、マクロの社会までをふくめてつかいうる。
(3) 組織・制御技術という形式性によって特定の価値ないし文化からの「中立性」をたもちうる。

まず、政治の微分状況であるミクロの個人単位の人間行動は、やがて組織化されはじめるが、

① 組織自体の拡大
② 組織の数の増大

にともなって積分され、ここに成立するマクロの積分統合は、Ⅰ市民活動、Ⅱ団体・企業あるいはⅩ政党をへて、政治機構ないし政府の形成となる。この政府も今日ではⅢ自治体、Ⅳ国、Ⅴ国際機構の三層となる。「政治が悪い」とか「政治に期待する」というように政治を実体化するときは、機構としての政府レベルを暗黙に想定した積分概念としての政治をいう。

この積分された政府レベルでも、その内部に微分状況がたえず復活する。政府は、長・議会ついで行政機構からなるが、政府の内部でも、市民活動あるいは団体・企業また政党との緊張のなかで、公式の機構間、職務間の対立はもちろん、側近、派閥、また同期会、趣味サークルなどのインフォーマルな集団も発生し、そこに個人単位の微分状況がたえず作動する。

のみならず、政府へと積分されて「機構化」した政治が革命、敗戦また内戦などによって崩壊するとき、政治はふたたび微分状況へと「状況化」する。その極限は、政府が存続できない無政府状況の出現である。今日でも、人民の相互武装としての内戦による、政府ついで政治の融解を世界各地にみることができる。

この政治の微分概念・積分概念の緊張は、〈権力〉をめぐる状況概念・機構概念の緊張に対応する組織・制御の関係である。この緊張を前提とするとき、政治は神秘かつアイマイな実体概念であることから解放される。

微分「状況」と積分「機構」とのつながり方は、(1)テクノロジーの発達段階（生産力）、(2)社会余剰・身分名誉の配分関係（階層分化）、またそれぞれの地域個性をかたちづくる(3)政治文化（風土）によっても異なってくる。そのうえ、機構としての政府が成立するかぎり、それぞれの社会・時代における、(3)政治文化、ついで(1)生産力、(2)階層分化の型に適合した政治中枢サークルが支配層ないし〈権力核〉をかたちづくる。この支配層ないし権力核の存在は、一人支配（君主制）から多数支配（民主制）まで、制度としての政体いかんを問わずみられる。また、今日では、自治体、国、国際機構いずれの政府レベルでも設定できる。

ただ、支配層ないし権力核は、農村型社会では身分型として固定し、「民の声」つまり一揆による抵抗権というかたちで天・神に制御される。これにたいして、都市型社会では、たえず選挙あるいは状況変化によって交替、つまり市民に制御される浮動型となる。民主政治におけるこの権力核の確認が「少数支配の鉄則」の意味である。

都市型社会では、市民個人の政治活動（→微分状況）は政府（→積分機構）を組織し、制御する。ヒュームは専制政治ですら人民の「同意」に基礎をもつといったが、現代政治における市民と各レベルの政府との関係は、この微分と積分、ついでその間の組織と制御との緊張となる。

今日、組織・制御技術としての政治をめぐっては、この微分概念・積分概念という緊張の設定が不可欠である。個人単位の微分状況と機構への積分構成とをむすびつけるのが、政治による組織・制御であるといいなおしてもよい。政治を考えるとき、最初にのべた政治における人間の愚劣・野蛮、狂気・暴力、虚偽・虚栄をふまえて、たえずこの微分・積分、つまり組織・制御の緊張を想起したい。

〈2〉 現代政治の構造変動

将来、二〇世紀は、大国間の戦争を不可能とした原子爆弾の開発、国際連合の成立はもちろん、それ以上に地球規模にひろがりはじめる都市型社会の展開という意味で、画期と位置づけられるだろう。

メソポタミア、エジプト、インド、中国あるいはインカなどに都市・文明を成立させたのは農村型社会の成熟だったが、ついにこの二〇世紀となって都市型社会への移行のはじまりをみるにいたった。この都市型社会は、また「大衆社会」「ゆたかな社会」「情報社会」などともいわれ、第一の農村型社会の成立につぐ、人類史における第二の〈社会形態〉の大転換である。

この農村型社会から都市型社会へという第二の〈社会形態〉の《大転換》は、工業化・民主化の開始にともなう動乱の一六、一七世紀ヨーロッパでの、いわゆる国家の形成にその起点をもつ。近代化とは、国家を過渡媒体とした工業化・民主化による、農村型社会から都市型社会への大転換を意味している。

その間には、近代化をめざして国家による「弾圧」「搾取」も強行され、また「帝国主義」といわれるような、ヨーロッパ先発国による地球分割ないし植民地化もすすんだ。また、近代化の帰結として、今日、あらためてⅠ人権保障、Ⅱ南北調整、Ⅲ環境保全という構造問題からはじまり、(1)核危機、(2)侵略、(3)災害という危機管理をふくむ、地球規模の世界共通課題がきびしくせまっている。

図 1-2　最適政治の構想

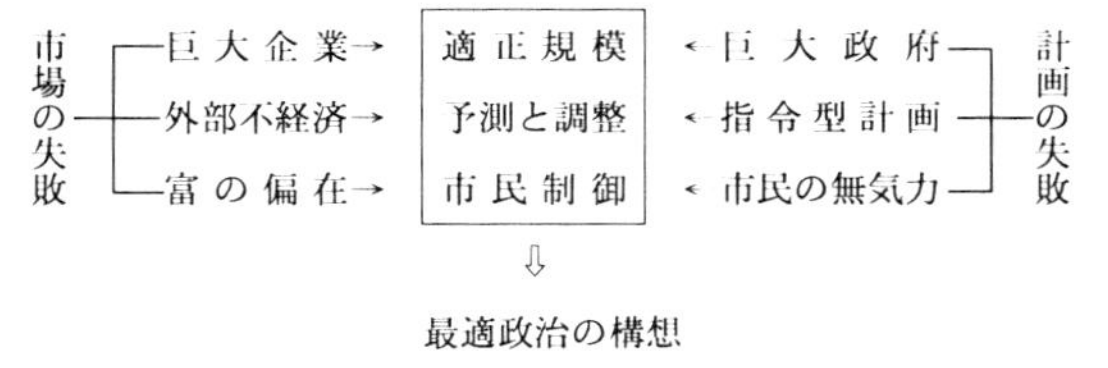

それゆえ、人間にたいするこの近代化つまり工業化・民主化の意味は両義性をもつ。近代化の開始においても帰結においても、前述のような緊張にみちみちているのである。にもかかわらず、近代以降、この工業化・民主化は地球規模の普遍文明原理とみなさざるをえない。

現代における歴史必然とは、この農村型社会から都市型社会への《大転換》であった。かつての資本主義・社会主義の体制対立は、工業化・民主化つまり近代化をおしすすめるシクミの選択にすぎなかったことが、今日ではあきらかとなってきた。ここから、図1－2のように、市場原理・計画原理の最適結合の模索が今日の政治課題となっている。

近代化＝工業化・民主化は、いわゆる国民国家を推力として、農村型社会の共同体・身分を崩壊させ、国民社会、国民経済ついで国民文化というシステムをかたち

図 1-3　工業化・民主化の歴史発展段階模型（ヨーロッパ）

		国家類型	工業化	民主化
近代化Ⅰ型政策	17世紀	絶対国家	初期産業革命	国家集権統治
近代化Ⅱ型政策	19世紀	名望家国家	第1次産業革命	名望家支配
近代化Ⅲ型政策	20世紀	大衆国家	第2次産業革命	大衆民主政治

づくっていった。そこでは、ブルジョアつぎにプロレタリアとしてあらわれる〈個人〉が析出されるとともに、権力効率の圧倒的にたかい官僚組織＝行政・軍事機構としての〈国家〉が構築される。ここに、〈個人対国家〉という近代アンチノミーが歴史的にかたちづくられたことはすでにみた。

工業化・民主化は、ヨーロッパ・モデルでみれば四〇〇年の歴史をもち、図1-3（近代化ⅠⅡⅢ型政策については図1-4参照）のような発展段階をもつ。だが、後発国になればなるほどこの四〇〇年は圧縮せざるをえない。近代化の歴史は、日本などは一五〇年前後にすぎず、第二次大戦後独立したアジア、アフリカの国々はいまだ五〇年にすぎないため、後発国になるほど当然のことながら政治緊張は増大する。

この近代化をおしすすめる工業化・民主化の意義については、先発国をモデルとして、後発国の知識人は的確な認識をもっていた。明治日本における福沢諭吉の「有形の数理の学」（工業化）と「無形の独立心」（民主化）、レーニンの「ソヴェト権力（民主化）プラス電化（工業化）」、孫文の「三民主義」は民族主義をふまえる民権（民主化）、民生（工業化）というかたちで整理されていたのである。

くりかえすが、近代ヨーロッパを起点とするこの工業化・民主化＝近代化は、以上のように地域不均等に展開し、またその意義は両義的であるにもかかわらず、今日では地球規模の普遍文明原理となった。

工業化は、定義としてみれば

(1)人口のプロレタリア化の増大　(2)テクノロジーの発達

また民主化は、定義としてみれば
⑴生活様式の平準化（共同体・身分の崩壊）　⑵政治制度の平等化（選挙権の拡大）をいう。

農村型社会では社会余剰が少ないため「都市」人口は一〇%前後をこえないとみられるが、都市型社会では「農業」人口が一〇%をきる。人口構成の大逆転がおこるのである。この都市型社会では、工業の情報化とあいまって、農業の工業化・情報化もすすんで、基礎産業としての農業生産力の拡充をみるため、農業人口は一〇%をきるのである。のみならず、都市型生活様式が全般化して、農村をもつつみこんでいく。

以上の工業化・民主化による近代化の過程では、国家ないし政治の肥大がおこる。というのは、図1－4の近代化ⅠⅡⅢ型政策それぞれの課題が政治の課題として累積するからである。これが政治の拡大・深化という、いわゆる「政治化」である。

だが、この「政治化」は逆転して、かえって政治を市民が組織・制御する条件へと転化する。

A　都市型社会における生活権＝シビル・ミニマムの公共整備という近代化Ⅲ型政策の課題は、政策争点の日常化・全般化をひきおこす結果、市民活動を主体とした地域規模での自治体改革、地球規模での国際立法を不可欠とする。

B　都市型社会での近代化Ⅲ型政策によって生活権＝シビル・ミニマムが保障されるとき、社会の基底までの⑴余暇・教養の増大、⑵政治習熟の拡大がはじまるため、市民活動の条件を成熟させ、それも地域規模から地球規模にまでひろがる。

こうして、都市型社会では、図1－5の過程をへて、

経済構造→工業化
社会形態→都市化

図 1-4　政治課題の歴史

伝統政策	近代化政策			《市民政治》	
（農村型社会）	I 型	II 型	III 型	（都市型社会）	
支配の継続（原基政策）	政府の構築（行政国家）	国富の拡大（経済国家）	生活権保障（福祉国家）	政治スタイルの転換	世界共通課題
貢納・徴税政策 ＋ 治安・軍事政策	国内統一政策	経済成長政策	福祉政策 都市政策 環境政策	分権化 国際化 文化化	国際人権　核危機 南北調整＋侵略 環境保全　テロ
伝統政治理論	一元・統一型理論構成（国家主権）	二元・対立型理論構成（階級闘争）	多元・重層型理論構成（大衆政治）	分節政治理論	

歴史的展開　→　現代的累積

←　現代的再編

政治過程→市民化がひろがっていくとみてよい。

とくに、近代化Ⅲ型政策によるシビル・ミニマムの公共整備は、国主導の近代化ⅠⅡ型政策とは異なって、自治体の政治課題の増大をうながし、権限・財源さらに職員の量・質拡充とあいまって、自治体は地域規模の政府として自立していく。また、地球規模のコミュニケーション技術の発達と世界共通文化の形成によって世界共通課題の成立をみ、国際政治機構（国連）、国際専門機構（WHO、ユネスコ、世界銀行など数十の機構）がつくられ、これらの国際機構が地球規模の複合政府としての位置をもつようになっていく。

政府概念は、ここから、国家という国レベルの政府に独占されなくなり、自治体、国、国際機構へと三分化するとともに、法概念も、自治体法、国法、国際法へと三分化していく。各レベルの政府の特性については、図1-6を参照していただきたい。このため、国レベルの政府のあり方が、自治体レベルの政府、国際機構レベルの政府のあり方と関連して問いなおされていくのである。いわゆる〈政府間関係〉あるいは多元・重層型政治（第6節参照）の成立となる。

この政府ないし法の三分化は文化の三分化と対応する。かつて国家を単位に想定されてきた国民文化は分権化・国際化して、地域規模の「地域個性文化」と地球規模の「世界共通文化」とに再分化する。ここから、国家の成立とむすびついた国民文化の人工性・神話性が露呈していくのである。

一方では、地域個性文化は、自治体による地域個性政策の展開はもちろん、少数民族（エスニックス）の政治自立の追求をふくめて、文化の「分権化」をおしすすめ、国民文化の人工性・神話性をあばいて農村型社会がはぐくんだ文化の地域多様性を提示していく。

他方、工業化がおしすすめる大量生産・大量伝達を原型とするボーダーレスの世界共通文化は、国民文化の閉鎖性・独善性を解体しながら、文化の「国際化」をおしすすめ、地球市民型に再編していく。

このように、都市型社会の成熟をめぐっては、政治・法制の構造転換だけでなく、文化の構造転換も日程にのぼる。政治、法制ついで文化のこの再編は、今日もいまだ国単位ないし国レベルの思考に閉ざされがちの政治理論ないし社会科学全域におおきな衝撃となってきた。

国家とは、農村型社会から都市型社会への《大転換》をうながす過渡推力にとどまる。絶対・無謬の国家観念とは、近代化をめぐって、その過渡推力である国レベルの政府の神秘化であった。今日では、国家とは、自治体、国際機構とならぶ国レベルの政府にすぎない。ここから、政府の三分化をめぐって、あらためて、第6節にみる《分節政治》の構想がうまれてくる。

市民から出発し、分権化・国際化にともなう国家観念の崩壊、つまり自治体、国、国際

図 1-5　工業化・民主化の進行模型

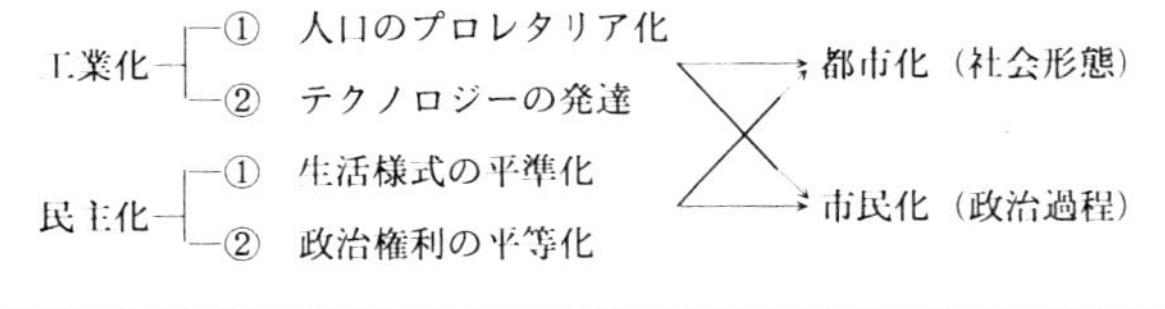

機構の三政府レベルでの分節政治の展開は、政治概念の「二〇世紀的転換」として記憶されるだろう。

図1-6 政府各レベルの特性・機構・課題

	〔政府特性〕	〔機構特性〕	〔政府課題〕
自治体	総合・直接性	長＋部課	基礎自治体……基礎行政（自治体政策基準策定） 広域自治体……補完行政（自治体政策基準策定）
国	総合・複合性	長＋省庁	基準行政（国の政策基準策定） ＋ 経済運営・国際戦略・直轄事業（権限・財源の配分）
国際機構	複合・抽象性	国際政治機構（国連） ＋ 国際専門機構	国際調整（世界政策基準策定）

〈3〉 政治理論の近代から現代へ

都市型社会の成立は当然、政治理論の転換をよびおこす。ここで、農村型社会の伝統政治理論（図1-4の原基政策）、国家を過渡推力とする近代政治理論（図1-4のⅠⅡ型）、ついで都市型社会での現代政治理論（図1-4のⅢ型から分節政治）という展望をもってよいであろう。

すでにみたように、農村型社会での政治は、共同体・身分を土台に、天・神の聖宇宙にくみこまれていた。政治の位置はそれぞれ風土特性をもつ聖宇宙によって異なるが、政治はこの聖宇宙をこえることができなかったのである。政治は呪術ないしその純化としての宗教のなかに位置をもっていた。「政は正なり」（『論語』）の意義はここにあった。

聖宇宙ないし共同体・身分の崩壊のはじまりは、まず、ヨーロッパ近代のマキアヴェリに象徴される。この段階で、政治機構つまり国家 stato としての国レベルの政府が形成されはじめる。この国レベルの政府が工業化・民主化つまり近代化の推力として農村型社会を破壊していく。ここに、国レベルの政府としてのいわゆる国家の位置があり、これ以降、政治理論は、天・神から解放されて、国レベルの政府の理論としてくりひろげられていく。ボーダンの主権論、ホッブズの『リヴァイアサン』をあらためて想起しよう。

伝統政治理論から近代政治理論への転換は、このように国レベルの政府である国家の形成をテコとして展開されていった。国レベルの政府としての国家とは、君主、のちには議会あるいは大統領が行政・軍事機構を組織して、動員力・機動力を画期的に飛躍させる人工機械であった。

国レベルの政府は、ホッブズのいう「地上の神 mortal God」として、伝統政治理論における天・神にかわる位置をもつ。それゆえ、この国レベルの政府は人工機械であるにもかかわらず、また宇宙の聖性をひきついでいる。これが、一方では宇宙秩序としての〈自然法〉に聖化される「社会」＋政府となり、他方では宇宙秩序としての〈有機体〉によって聖化される「国家」＋機関であった。〈自然法〉は先発型の西欧系、〈有機体〉はこの先発型に対抗する後発型の中欧系の理論として展開されることになる。これがヨーロッパの近代政治理論における、啓蒙派と歴史派あるいは社会派と国家派とのドラマをかたちづくることは周知といってよいだろう。

この理論ドラマがヨーロッパの帝国主義進出を背景に地球規模にひろがり、後発国では中欧系の〈有機体〉国家観念が国レベルの政府造出の要請とむすびついていく。日本をはじめとする後発国は、ヨーロッパによる世界分割に対決してみずからの近代化をおしすすめるために、国レベルの政府の形成を不可欠としたかぎり、この政府は人民との一体性を強調する、聖なる〈有機体〉としての「国家」でなければならなかったのである。

西欧系の〈自然法〉と中欧系の〈有機体〉との対立のなかに、農村型社会の土台をなす共同体の崩壊をめぐる地域不均等性をみなければならない。工業化・民主化の進行によって共同体の分解のすすむ西欧では〈自然法〉という表現で個人主体の「市民社会」を提起したのにたいして、共同体が未分解の中欧では〈有機体〉というかたちで共同体を国家に投影して「国家有機体」という観念を構成することになったのである。

国レベルの政府の形成は、いわば近代化への願望とむすびついて、とくに中欧をはじめとする世界各地の後発地域では、国家神話・イデオロギーへと聖化されていった。工業化がうみだす共同体の崩壊ついでプロレタリアの貧困と、民主化が期待する民族統一あるいは階級解放とのあいだの矛盾は、国家観念をめぐって民族主義から社会主義までの緊張をうみだしていく。だが、近代化が成熟して都市型社会へと移行すれば、農村型社会以来の共同体が解体するため、〈有機体〉としての国家観念も当然に破綻する。

この論点を、明治以降、日本の近代化過程にもみることができる。明治初期、日本の開国をうながした先発国米英仏系の理論が導入されて福沢諭吉から自由民権運動にいたるが、現実の後発国型近代化に直面して政府機構ついで国家観念の肥大をうみ、これがドイツなど中欧系の考え方をうけつぐ『帝国憲法』となる。

その後、帝国憲法をめぐって、天皇神権説と天皇機関説との対立となるが、いずれにおいても、国家は〈有機体〉であった。そのうえ、この国家観念を中軸に、民族主義から社会主義までのイデオロギー闘争が激化する。敗戦後、民主化＝『日本国憲法』、工業化＝「経済成長」というかたちで、ようやく近代化の成熟としての都市型社会へ移行をみ、分権化・国際化の要請もあって、日本でもこの〈有機体〉としての国家観念は破綻していく。

ひろく近代化つまり工業化・民主化が成熟して都市型社会となれば、聖宇宙にくみこまれた農村型社会の共同体意識の残映、つまり共同幻想としての国家観念はくずれていくのである。国家観念、これをふまえる民族意識・階級意識という国家神話・イデオロギーをうみだした「われわれ意識」＝一般意志が幻想だったことがはっきりするからである。その結果、都市型社会では、市民個々人の多様な意見、団体・企業の多様な利害を、ほぼいくつかの党派類型に整理する、しかも類型相互の境界がアイマイでいつでも支持の変動がみられる、複数政党システムが不可欠となる。

もちろん、そこでは、かつてのファシズム、コミュニズム、あるいは天皇制をふくむ原理主義という国家神話・イデオロギーにもとづく悲惨な歴史経験からも学んでいる。たしかに、農村型社会から都市型社会への移行という近代化の過渡には、いずれかの時点で独裁を不可避とする政治危機の激発をみる。「聖」なるがゆえに政治の「正」をめざして、国家神話・イデオロギーをかかげる教条政党による独裁がこれである。今日からみれば、教条政党による独裁は、近代化過程における中発国型の政治危機への反動と位置づけうる。

都市型社会が成熟すれば、意見、利害ついで政党のヒロバである議会型政治が定着する。第2節でみたように、国家観念から解放された政治は、自治体、国、国際機構の三政府レベルで、市民活動＝意見分化、団体・企業＝利害分化をふまえ、複数政党による議会型調整というかたちになる。政党もここで教条政党から連合政党にかわる。政治は、各政府レベルの議会つまり公開のヒロバでの調整となり、そのための組織・制御技術へと脱魔術化する。都市型社会では政治思考の決定的転換がおきるといってよい。

「天下に道あれば、すなわち庶人議せず」（『論語』）。「議」をこえた天・神の「道」、つまり永遠の聖宇宙を背景とする、徳治としての君主の専制統治が農村型社会の理想であった。これが「政は正なり」のマツリゴトである。近代化の過程でも、国家の「正」がまた「聖」として想定されてきた。だが、国家観念の「正」ないし「聖」のくずれさる都市型社会では、「庶人」としての市民、団体・企業また政党は、相互に「議」が必要となる。

今日、近代化をめざして国家の先導性ないし絶対・無謬を想定し、さらに開発独裁へと傾く後発地域はひろいし、また農村型社会以前の族長のつづく地域もある。けれども、都市型社会がひろがっていくとき、政治の正統性は、国家観念の絶対・無謬という〈正性〉からではなく、意見間・利害間ついで党派間における調整の〈手続〉にもとめられるようになる。この手続は、意見・利害・党派のヒロバである議会の設置をめざした基本法という「政治手続」からはじまり、ついに今日では個別行政の「行政手続」にまでいたる。

この手続の設定は、かつて議会の祖国イギリスにたいして後発国ドイツのニーチェからシュミットまでが、そのコンプレックスで批判したような意味での、政治における価値ニヒリズムからくるのではない。一九世紀イギリスはいまだ過渡の名望家社会であったが、ひろく二〇世紀の都市型社会となればなおさら、自由・平等あるいは自治・共和という市民型価値意識の成熟にともなう政治の手段性、政府の道具性、つまり政治・政府の脱魔術化の結果として、政治の〈方法〉たる手続がみちびきだされたのである。いわば脱魔術化された政治・政府とは、市民による組織・制御の「手続」なのである。それゆえ、この手続の前提には、市民の品性・力量としての〈市民性〉の成熟が要請される。

くわえて、近代化の成熟をみる都市型社会となれば、政治の課題は〈国家〉による近代化の推進ではなく、〈市民〉による日常の問題解決となる。都市型社会では、国レベルの政府つまり国家を過渡推力とする近代化が終って、政治は市民日常の問題解決をめざす政策・制度の開発・選択たらざるをえない。政治はここでは問題解決をめぐる「予測と調整」という、市民の社会工学となるのである。

とすれば、当然、国家を想定してきたメタポリティカルな国家神話・イデオロギーとしての〈大理論〉も終っていく。近代以降、動員力・機動力の飛躍をみる国家を想定して、ルネサンス・ユートピア、啓蒙哲学、また一九世紀の民族主義と社会主義、二〇世紀の計画理論をふくめて、理性が歴史の創造主たらんとして、メタポリティカルな大理論をくみたてた。このような創造主の位置に理論はもはやたつことはできない。創造主としての理論とは、国家観念を基軸とした、知識人あるいは官僚・政治家の傲慢ないし妄想の産物であった。

これらの近代政治理論が、時代の危機に対応しながら、それぞれ次の時代の課題を「予測」してきたという意義はたかく評価したい。創造主を気負うこれらの理論が、時間の経過のなかで紋切型公式となって虚偽性をたかめ、国家神話・イデオロギーに堕したとしても、その成立の時点では、現在に未来の予兆をとらえて経済・社会・政治あるいは文化の構造変動を予測し、パラダイム（理論構成）の転換をめざしていたのである。これまで近代化をおしすすめたさまざまな近代政治理論は、時代を反映するだけでなく時代をこえて、未来の模索ないし予測となっていたからこそ、古典たりえたのである。

ただマキアヴェリ以降の近代政治理論はいわば国レベルの政治理論であった。というよりも国レベルの政府に、政治・権力あるいは資源・情報を集中させるという、国家による近代〈化〉のための政治理論であった。ホッブズ、ロック、カント、あるいはヘーゲル、コント、スペンサー、またマルクス、ウェーバー、レーニンの理論がこれである。いずれも、図1－4の近代化ⅠⅡ型の理論なのである。

現代の都市型社会では、政府は自治体、国、国際機構の三レベルに分化し、政治理論も国レベルの理論だけでなく、自治体レベルあるいは国際レベルの政治理論がそれぞれ自立する。その出発として、二〇世紀初頭、最先端の理論を提起していたイギリスにおける、ウェッブの『イギリスの地方政府』（一九〇六年以降）、ホブソンの『帝国主義論』（一九〇二年）に注目したい。分権化・国際化をめぐる理論フロンティアの開始の象徴であった。

そのうえ、工業化・民主化によって変化が加速している都市型社会では、さきほどのべたように政治単位が多様化するため、その政治統合をめぐって、地域組織、圧力団体、政党、議会、政府、ついで官僚機構、マスコミ、あるいは政治意識、政治文化をめぐる《政治過程》の研究が、現代政治理論の日程にのぼっていった。

この政治過程論による近代政治理論から現代政治理論への転換の位置にたつのが、イギリスではウォーラス、バーカー、ラスキ、フランスではデュギー、ドイツでのマンハイム、ヘラー、ついでアメリカのウィルソン、ベントレー、メリアム、リップマン、ロシアのオストロゴルスキーなど、評価は別としてビッグな名前である。

その後の現代政治理論の展開ではさらに、政治過程の実証研究にとどまらず、あたらしく政策科学をめざした《政策研究》が要請される。今日の政治理論は、流動する意見・利害・党派の流れに予測による型をつくって、争点・情報を整理し、政策・制度の開発をめざすといってよいだろう。すでに今日、「学者」とは異なった、政策型思考の独自訓練による「政策知識人」の登場をみている。市民活動から政府までの各レベルの政治をめぐって、ブレーン型参画、スタッフ型参謀の構成、あるいはテクノクラットによる企画室ないし計画機構の設置、また政策を商品化するシンクタンクないし研究機構の成立が、この理論状況の変化をしめしている。

ブースらの前史があるものの、二〇世紀にはいって、政治・行政ないし政策立案と「調査」とのむすびつきが、ベヴァリッジや渡英後のマンハイム、あるいはメリアムや若きリップマンなどによって提起されていた。第二次大戦後は、一時国際的な影響をもったアメリカの「行動科学」とかさなる政策科学は、戦争への知識人動員を背景にもち、アメリカなりの性急な科学主義を反映していたと位置づけてよいだろう。だが、国家観念中心の国家神話・イデオロギーの時代が終り、他方、科学主義による安易な実証も相対化された今日、あらためてこの政策・制度開発をめぐる政策研究が現代政治理論の急務となる。

また、ひろく一九六〇年代以降、デモクラシー神話の内部構造が、民族問題をふくめて、あらためて先発国で問題となる。このため、後掲図1-8にみるような大衆操作・官僚統制をはじめとする大衆民主政治の形骸化・空洞化という現実のなかから、大衆民主政治の再編としての《市民参加》の手続開発、これにともなう政党の政策連合への転換が緊急となっていく。この事態は、市民が定時の選挙だけでなく日々の市民活動によって、政府各レベルでの政策・制度の開発・策定・執行に参加するという都市型社会の政治状況を反映するといってよい。現代政治理論は日常の市民参加に対応する構造ないし性格をもつよう再編されて、政策研究と連動する。

以上にみたように、「政治過程」「政策研究」「市民参加」という問題領域をくりひろげてきた、近代化Ⅲ型段階の現代政治理論は、それゆえ〈国家〉の弁証ではなく、〈市民〉からの出発となる。のみならず、市民合意から出発するため、政治理論には、また「純粋」客観性はなりたたず、その「実効性」ついで「予測性」がめざされることになる。政府についても、自治体、国、国際機構いずれかの政府のレベルが想定されるとともに、各政府レベルで複数の「予測・調整」ないし「政策・制度」の構想をめぐる相互緊張をもつ。そこでは、つねに論点自体が「状況的」「党派的」「選択的」たらざるをえない（拙著『政策型思考と政治』第7章1節、第10章2節、また本書第⑩章参照）。

現代政治理論の客観性は、このため、つぎのようなかたちで設定されることになる。

(1) 問題意識の歴史的客観性（予測妥当性）

(2) 理論模型の実証的客観性（検証可能性）

(3) 思考方法の手続的客観性（方法熟達性）

未来を予測する(1)問題意識の歴史的客観性こそが基軸で、ついで(2)理論模型の構築をふまえて、今日の政治理論は構成される。理論は、(1)から未来をたえず描き変えるというかたちで、(2)理論模型を未来にむけて実証ないし検証していくのである。(3)はいわば専門職業としての思考訓練をいう。

〈4〉政治の手法とシカケ

ついで、組織・制御技術としての政治が作動する手法とシカケをみていこう。

共同体・身分の習慣が枠組をかたちづくるとともに、政治が支配層の特権であった農村型社会と異なって、都市型社会での政治は市民の日常としてくりひろげられる。

模型化すれば、ミクロの個人レベル、マクロの集団レベルとくに自治体、国、国際機構の政府レベルをふくめて、政治は政治単位AとBとの間の組織・制御技術として設定できる。AとBの関係は、ミクロ相互、マクロ相互、またミクロとマクロ、マクロとミクロのいずれを問わない。このAとBの関係はつぎの二類型にわけうる。

(1) ヨコ型　均衡・連合（並立関係）

(2) タテ型　支配・服従（上下関係）

図 1-7　政治手法の模型

権力 ＜ 価値付与→積極同意（賞・ギヴ→よろこんで）＝〈説得〉の納得
　　　 価値剝奪→消極同意（罰・テイク→いやいや）＝〈暴力〉の恐怖

— 参加・殉教
— 妥協・計算
— 制裁・殺害

このヨコ型も特定単位が強大となれば上下のタテ型になる。またタテ型もヨコ型となる均衡の時点もあろう。

政治はミクロの個人、マクロの集団とくに政府の各レベルをふくめて、ヨコ型、タテ型いずれにせよ、政治単位Aと政治単位Bの二極対立としてあらわれ、政治思考もこの緊張のなかで作動する。

もちろん、A・B二単位間だけでなくC以上をふくめた多単位間においても、いわゆる敵の極小化、友の極大化をめざす合従連衡、いわゆる外交・同盟という連合によって、最終的には二単位間の二極対立となる。この党派型二極対立を尖鋭化させ、この党派対立の分母となる市民の自立をみうしなったのが、カール・シュミットの「友敵理論」の失敗であった。

最終的には二極対立つまりゼロサム型となるこの党派対立にヒロバをつくり、基本法というルールが確立するとき、自治体、国、国際機構という各政府レベルにおける議会型政治の形成となる。そこでは、賛成・反対という二極対立は、多数決によって決裁される。議会型政治では、利害・意見間の裸の「闘争」は、多数決というルールを前提とする「競争」になる。あるいは「質」の対立が「量」の大小に還元される。頭をタタキワルよりも頭をカゾエルという文化がそこにかたちづくられることになる。

日常の政治が支配層に閉じられていた農村型社会では、身分格差のきびしい支配層対被支配層の間の対立ついで支配層内での対立をふくめて、「陰謀」の秘密がたもたれやすいこともあって、闘争型の政治がひろくみられた。この陰謀は、対内陰謀はもちろん対外陰謀もふくむ。とくに国家の成立以来、「秘密外交」というかたちをとって、国規模の政府単位で虚々実々の外交ゲームがくりかえされてきたのはよくしられている。

工業化・民主化の深化する都市型社会では、選挙権の拡大、マスコミの発達、複数政党の登場もあって、国レベルだけでなく、自治体レベル、国際機構レベルをふくめて、基本法による議会型政治が定着していく。そのとき、市民活動、団体・企業は、地域規模はもちろん、国際コミュニケーションの発達とあいまって一国単位をこえて地球規模で活躍し、国だけでなく自治体、国際機構の各レベルの政府に参加していく。都市型社会では、市民活動、団体・企業、また複数政党の情報水準が上昇していき、いわば政治の作動条件がかわるのである。

今日では、かつての「秘密」はタイム・ラグをへてかならず表に出てしまう。政府交替、公務員交替があればなおさらである。戦後の日本のように、長期にわたって政府交替がなく、また行政幹部の生活保障が退職後もつづくため、秘密がたもたれやすいとしても、やはり表にでる。「秘密」とはいわば、マスコミにのる時間差の間だけなのである。この「秘密」を守るための一国単位の情報統制も、今日の人工衛星から電波分析までの情報技術の発達、あるいは人々の国際移動によって漸次無意味となる。

ここで、政治の位置を確定するために、組織・制御技術としての政治手法を、図1－7のように整理したい。この政治手法は、ミクロの個人レベルからマクロの集団・政府レベルの各段階で作動する。

政治手法の基本は精神価値（名誉）・物質価値（富）の付与・剝奪であり、政治手法の媒体は「説得」と「暴力」である。そこでの組織・制御の手法はつぎのようである。

(1)　同調（積極同意）〈説得〉による参加の導入
(2)　妥協（日常同意）《価値》付与・剝奪の計算
(3)　脅迫（消極同意）〈暴力〉による制裁の強行

ミクロあるいはマクロの状況において、この(1)(2)(3)の三類型をもつ同意をつくりだすため、価値付与・剝奪を操作する「可能性」ないし「能力」を〈権力〉という。いわゆる暴力は(3)の媒体にすぎない。つまり、「最後の手段」（ウルティマ・ラチオ）なのである。

(1)(2)(3)の手法は、マクロの集団・政府レベルでは公共政策となっていく。つぎのように政策そのものである。

精神価値の付与・剝奪→昇進、表彰、叙勲あるいは罷免、刑罰の操作

物質価値の付与・剝奪→賃金、福祉、物価あるいは税制・利権の操作

またこの(1)(2)(3)は個人間の交渉ないしネマワシのミクロ手法でもあるが、これには価値付与としての買収、価値剝奪としての脅迫までふくまれ、ときおり汚職ないし刑事事件として露呈する。

とくに、次の(1)(3)に留意したい。

(1)　外見では、大衆政党を中核に、官僚統制・マスコミが増幅する「喝采」の組織化

(3)　実質では、政治警察・武装集団のテロの操作による「恐怖」の組織化

この(1)(3)は、ヒトラー、スターリンから今日の開発独裁をふくめて現代独裁の手法である。昭和前期における日本の天皇制原理主義政治でも、(1)「天皇陛下万歳」への国民精神総動員と(3)憲兵、特別高等警察と右翼テロによる恐怖政治があったのである。

国際関係でいえば、(1)が同盟、(2)が交渉、(3)が戦争というかたちで典型的にあらわれる。国際機構とくに国連の自立によって、今日ではこの(1)(2)(3)は議会型国際政治における多国間交渉の政治手法にうつっていく。国間の(1)(2)(3)によるパワーポリティクスは、国連における議会型国際機構の下位概念となるのである。

政治対立を「闘争」（異質者間の game）と「競争」（等質者間の race）にわけるとき、議会型政治とは、党派間での相互の撃滅をめざした裸の「闘争」を、相互に共存して《多数決》をめざす党派間の「競争」におきかえていく手続を意味する。この多数同意の獲得手法が価値付与・剝奪という〈政策〉なのである。

もちろん、闘争の競争へのオキカエであるから、そこでは、競争という形態をとって、闘争の実質が再生していることになる。選挙（競争）も異なった形態の革命（闘争）であり、多数派結集による政権交替（競争）は異なった形態でのクーデター（闘争）なのである。議会型の国際連合（競争）も、戦争（闘争）の廃止をめざして、二回の世界大戦の反省のうえに構想されたことは周知である。

闘争が政治状況の「原型」であるかぎり、選挙・議会という競争の「制度」ができあがっても、この競争の制度のなかで闘争の原型が復活している。闘争の状況が消失したのではなく、競争のルールへとおきなおされて、形態変化しているだけなのである。事実、競争型の選挙運動の当事者の心理、議会における与野党対決の心理は闘争型そのものである。

この視点からみるとき、地球規模における広汎な専制のひろがりの基底にあった共同体内の「寄合」を飛躍させて、奴隷所有の支配層とはいえ、市民間でヒロバ＝議会型政治を〈発明〉した古代地中海文化圏の都市共和政治の意義があらためて評価される。

都市共和政治は、中世ヨーロッパにひきつがれて、自由都市での貴族政治、あるいは王権のもとでの身分議会をうむ。ついで、近代ヨーロッパの一九世紀名望家議会をへて、二〇世紀には地球規模にひろがる今日の大衆議会をつくりあげてきた。また、自治体レベルでも議会型政治が確立していくとともに、国間の戦争も国際連合という議会型政治へと変容しつつある。

このような論理と歴史をもつ議会の理論定式は、近代市民自由を古代共和都市、中世身分議会とむすびつけたロックによってかたちづくられた。最初の市民革命となったイギリス革命を集約する市民→（選挙）→議会→（多数決）→政府、という単純なロック模型がこれである。ロック模型は、市民＝民主政治、議会＝貴族政治、政府＝君主政治の混合政体を権力分立へと統一している。このロック模型は、種々の変形をうむにせよ、今日、政治ないし政府の正統性が市民から出発するかぎり、自治体、国、国際機構各政府レベルの《基本法》の原型となる。

政府レベルだけではない。ロック模型は、ひろくサークルから株式会社、労働組合あるいは政党までふくめた集団規約の基本モデルとなる。株主総会、組合大会、党大会！ このロック模型は、今日ではひろく市民常識となって、自治・共和型ないし市民主権型の制度原型をかたちづくる。

議会型政治においては、陰謀ないし根まわしという政治のトリック（闘争）は、公開討論でのレトリック（競争）にかわっていく。かつてマキアヴェリはその『政略論』で陰謀について微に入り細をうがって長々とくりかえしのべていたが、今日では自治体、国、国際機構の三政府レベルともに、党派間の対決は公開の政策連合ないし政府交替にルール化される。そこでは、討論、その前提としての争点整理・情報公開が、立法以上に議会の「本来」の課題となる。

だが、なお、次の二点にみられるようなトリックはのこる。いずれにも、日常をこえる政治のシカケないしカラクリがある。ここに政治とくに政治思考の特性がある。そのうえ、このシカケないしカラクリを透視する政治熟度を市民がひろくもつにいたるとき、政治のシカケないしカラクリも、ルールをもつ日常の将棋やスポーツの「作戦」とおなじとみなされ、そこに政治の人工性がうかびあがっていく。

Ⅰ　予測・調整

政治は、自然が原因→結果という流れにそっているのにたいして、未来の結果を予測して現在の原因を調整するため、結果→原因という逆の手順となる。つまり、〈予測〉された未来を目的＝結果とし、現在の条件を〈調整〉して手段＝原因とするのである。手段の調整の失敗あるいは結果の予測がはずれたとき、政治家が結果責任を問われるのはこのためである。

しかし、結果・未来を予測しえなかった人々からみれば、この逆算性はハカラレタことになり、トリックにみえるではないか。そのうえ、予測・調整が情報をふまえるかぎり、情報操作がかならずおこり、これがまたトリックとみなされる。

Ⅱ　戦略・戦術

政治は、「戦略・戦術」というように、たえずマクロ・ミクロの二層構造のなかにある。政治はミクロの具体的直接的状況とマクロの構造的展望的状況をめぐって、次のような二層緊張をかかえこんでいる。

空間　小 状 況↔大 状 況
時間　短　期↔長　期
主体　個別対立↔構造対立

この二層緊張は、マクロに将をえんとすればまずミクロに馬を射よというかたちで、トリックにみえてくる。のみならず、ミクロの禍もマクロでは福となり、逆にミクロの福もマクロでは禍となるというかたちで、またトリックにみえてくる。

いずれも、政治では完全情報ついでそれにもとづく完全政策がありえないからおこる。科学ではたえず条件純化がおこなわれるが、政治ではかならず条件複合である。それゆえ、政治においては、最後は政治家の熟練によるカンつまり「決断」にゆだねられる。条件複合についての完全情報はありえないため、すべての結果を予測しうる完全政策もありえないのである。

のみならず、現代の政治構造つまり政治の舞台構成からも、政治全体がたえずトリックにみえてくる。

(1)　規模拡大　機構としての政府は、市民日常の身近な規模をこえて、自治体から国、国際機構へというひろがりをもって、大量の人々を組織する。個人からみれば、政治は巨大メカニズムとしてたちあらわれ、疎外感・無力感をうむ。このため、権力の悪魔性ないし政治悪が論じられ、また官僚独善、マスコミ万能という批判となり、政治全体が実体化されてバケモノにみえがちとなる。

(2) 演出効果　政府レベルの政策・制度がひろく理解されるには、単純化されてドラマとなる必要がある。たしかに、複数政党制度では与野党の攻防というかたちで、政治が目にみえる演劇となる。議会自体が演壇をもつ芝居ジカケなのである。劇場政治論は、政治における儀式ないし演出の解釈論だけでなく、議会政治論そのものとして有効である。この局面をさらに紙芝居型の画面をもつテレビが増幅する。

今日の政治はこの(1)(2)の意味でもトリックにみえる。現代政治ではこのトリックのスジガキが「政策」なのである。スジガキつまりシナリオを誰が描き、また誰が演ずるか、つまりシカケづくりがつねに政治に問われる。これが政治責任の中心論点となる。政治はシカケづくりとしての人工性をもつ。自治体、国、国際機構の各政府は、革命やクーデタあるいは選挙による政府交替によって、いつでも俳優交替、政治転換をひきおこせるカラクリの舞台なのである。

もちろん、政治はスジガキによるドラマとなるとしても、都市型社会では、社会からみて管理→行政→政治、政府からみれば政治→行政→管理というかたちで、社会の組織・制御という管理、ついでこの管理をになう行政機構、政府をふまえている。この《管理》という社会工学こそが、第2節でみたように、農村型社会と異なる都市型社会における、政治の発生源なのである（第9章参照）。

そのとき、社会の管理は行政機構・官僚組織があってはじめて可能となる。行政とは、市民が各レベルの政府によって組織・制御する社会の管理をいう。市民の「代行機構」である行政機構は、市民の「代表機構」である政府によって組織・制御されるのである。

都市型社会の政治は、たしかにドラマとしてあらわれるが、その実質は、自治体、国、国際機構という各レベルの政府・行政機構を基軸に、ダイナミックな大衆民主政治という荒海での舵取り（ガヴァン）という、予測・調整をめざす政策のたえざる模索となる。でなければ管理↔行政↔政治によって人工的に組織・制御される都市型社会は崩壊してしまう。

〈5〉 政治における習熟・決断

以上の現代政治の構造をふまえて、市民個々人が政治にいどむとき、あらためて市民の成熟が問題となる。なぜなら、政治家はたえず登場して去っていくが、市民はつねにのこり、政治の水準を決定するからである。都市型社会では、市民個人は、市民活動、団体・企業、あるいは政党、政府の各レベルで、誰もが、いつでも、どこでも、政治に参加できる。このため、政治家も今日では、市民個人の職業選択となるとともに、政党も教条組織から政策連合に変わる。

市民の政治への「参加」は市民文化の成熟を必要としている。市民文化の未熟、いわば市民が政治に未熟であれば、ひろくみられるように、基本法にしめされる制度規範と日々の政治現実とのあいだに分裂がふかまる。そのうえ、市民の文化水準が低いとき、政府もその低い水準を反映せざるをえない。

モンテスキューが、〈法の精神〉というかたちで追求した論点は、この制度〔法〕と文化〔精神〕の対応であった。モンテスキューのいう共和政治つまり今日の民主政治の精神とは、市民の「徳性」いわば市民の力量・品性の成熟を意味していた。この論点は、専制政治のみのアジアなどと異なって、ギリシア・ローマ以来、愚民政治から専制政治にいたる政体循環論をかたちづくった地中海文化圏の伝統的な問であった。マキアヴェリもこの論点についてのべる。「君主政の支配にあまんじている人民は、たまたま〔君主政から共和政に〕解放されたとしても、自由を維持していくのは困難である。」（『政略論』中央公論社・世界の名著版・二二四頁）

事実、第二次世界大戦の敗戦後に制定された『日本国憲法』の制度論理と『帝国憲法』で育った私たち日本人の政治意識の間には当然ズレがあったが、みずから成文憲法をつくったフランス革命、ドイツ革命からロシア革命、中国革命などでも革命後の惨憺たる憲法運用はこのズレをしめす。このマキアヴェリの言葉は政治と市民文化の緊張をめぐる公理といってよい。ここから、ひろく、市民の自治・共和型政治習熟、いいかえれば市民の品性・力量をかたちづくる条件いかんという、政治の基本問題がでてくる。

市民の政治習熟には、数世代以上にわたるながい市民活動の経験蓄積を土台とした、(1)自治・共和型の政治発想の熟成、(2)自治・分権型の政策・制度の開発が不可欠である。

日本でも、一九六〇年代以降、都市型社会にはいるにおよんで、市民活動が出発し自治体改革というかたちで「分権化」が日程にのぼり、個別施策から自治体計画までの策定・実現をめぐって、自治・共和型の政治習熟の訓練がはじまっている。ついで、八〇年代にはいって、日本の経済大国への移行を反映して、国際関係における摩擦ついで円高がひろがり、ここからあらためて、日本の経済・文化ついで政策・制度の再編が「国際化」というかたちで課題になる。近代化をめざして一〇〇年余つづく官治・集権しかも閉鎖型の明治国家の解体・再編という、この分権化・国際化の解決を一九九〇年代はもとめられている。

政治の転換にはたしかに時間がかかる。旧来の(1)政治発想、(2)政策・制度は日常となって、規範化しているだけでなく、身体化しているのである。市民文化の形成には、それゆえ、数世代以上の世代交替による文化変動ともいうべき時間がかかる。とくに、アジアなどでは、数千年の政治伝統が君主の徳治という専制にとどまり、市民の自治をふまえた共和の記憶がすくない。このようなアジアなどの歴史構造は市民文化の成熟にとって致命的なマイナスとなっている。

都市型社会では、シビル・ミニマムの量・質をめぐって、洋の東西を問わず、政治は身分特権ではなく市民の日常課題になってくる。農村型社会で地域自給を土台に〈非〉政治つまりオノズカラオサマル（自治）というムラ型の共同体が規制していた日常生活が、都市型社会ではシビル・ミニマムの公共整備という政策・制度解決つまり〈政治〉の課題となるからである。ここから、地域規模、地球規模をふくめて、市民活動というかたちをとって、市民の内部で日常の政治訓練の蓄積がおきてくることはすでにのべた。

図1-4にみた世界共通課題も、ひろく国際市民活動を起動力として、自治体、国、国際機構それぞれの政府の課題となる。今日、地球規模における世界共通文化の成立にみあって世界共通課題が整理され、国際機構の成立だけでなく、国際市民活動もはじまる時代となっているのである。

では、市民に要請される力量・品性とは何であろうか。それは、つぎのⅠⅡⅢから出発し、市民文化にいたる。

Ⅰ　状況対応能力　共同体意識をふまえた正統・異端の対立をこえて、政府、政策・制度、理論を可変性ないし選択性をもつプラグマティックな仮構であるという自覚をもつ、状況自体へのリアリズムである。既成現実がかたちづくる固定観念を流動化して、裸の目で状況全体を操作する能力といってよい。

Ⅱ　意見調整能力　すべての市民が個人意見をもつとき、この意見の類型化がすすむため、かならず党派がうまれる。この党派の成立の結果、好悪それに教条をこえた寛容は当然の要請となるが、ついで、この意見相互のあいだで政策・制度についての合意ないし多数決をめざした調整もまた不可欠となる。

Ⅲ　政策・制度能力　市民合意の基調となる政策・制度については、その「構想」だけでなく、各政府レベルでの決定にもちこむ「手続」、それに決定の実現としての「執行」こそが重要となる。いわゆる知ったかぶりの無責任には、この「手続」「執行」をめぐる手法習熟の欠如がある。「手続」「執行」をふまえない「構想」はつねにアイデアどまりで不毛である。

組織・制御技術にくみこまれるこのⅠⅡⅢの習熟には、市民活動の経験蓄積が基本である。誰もが、直接間接に、自分の経験にない事態については認識すらも不可能だからである。批判・参画という参加型の政治経験が文化ないし習慣として蓄積されることが不可欠となる。この市民活動の政治経験のうえにはじめて、ⅠⅡⅢの習熟にともなう市民の〈知慧〉がうまれる。この知慧がコモン・センスとして市民間に共有され、世代から世代へと相伝されるとき、自治・共和型の《市民文化》が成熟する。

以上の市民の政治習熟による市民文化の造出を加速するには、また、

Ａ　情報の整理・公開（政治思考の前提）

Ｂ　討論・演説という説得のレトリックの訓練（政治思考の文法）

という条件をつけくわえたい。

だが、政治は、市民レベルの政治習熟ないし市民文化、つまり市民の力量・品性のみに還元しえない。政治はかならず「組織」され、そこに機構としての政府の自立がうまれるとともに、この政府にたいする「制御」が日程にのぼる。これが、市民レベルとは異なる、政府ないし政治家の責任が自立するゆえんである。

政治には〈規模〉の論理がはたらいている。すでに政治の微分・積分をのべたが、政治における規模の拡大によって、集団ないし政府が「組織」され、その「制御」をめぐって政治家ないし政府の独自責任が問われる。

今日、各政府レベルの政治家は、かつてのような世襲の身分型ではなく選挙による浮動型となる。つまり職業としての政治家である。政治家は職業選択の自由の産物なのである。

政治家をめぐっては、

(1)　出身　政治家の行動様式・価値意識つまり政治経験の質をきめる出身の階層・職業（たとえば市民活動出身、地主出身、経営者出身、官僚出身など）

(2)　動機　政治家を職業として選択した個人目的（たとえば出世、権力追求、使命感など）

(3)　熟練　政治家の性格ないし熟達の類型（たとえば煽動型、交渉型、黒幕型など）が具体的に問われる。これらに、その社会の文化の型と水準、また時代の課題もくみあわされて、政治家個々人の位置がきまる。それぞれの社会・時代は、自己にふさわしい政治家ないし政党しかもちえないといわれる理由である。この政治家の型・水準が、いわば政治ついで政府、政策・制度、理論の型・水準と相関する。

政治家に期待される資質として、情熱、洞察力、責任意識があげられることがある。この資質は政治家に固有の資質ではなく市民一般にのぞまれる資質そのものである。とすれば、政治家にこの資質を要求することは「市民たれ」というにすぎない。事実、この資質について論じていたウェーバーは、イギリス型市民としての「紳士」を原型として、市民文化の未熟な当時のドイツむけに立論していた。政治家はまず市民でなければならないのは当然である。

では、とくに、政治家に要求される「職業」としての資質とは何であろうか。政治が組織・制御技術であるかぎり、基本は組織・制御の能力であろう。政治家における組織・制御の能力は、さしあたり、次のようである。

①　演出能力（政治を目に見えるかたちで劇化する状況の演出など）
②　交渉能力（個人間、集団間あるいは政府間における協議・外交など）
③　経営能力（選挙運営、組織管理、また資金調達、人材発掘など）

もちろん、個人はその性格もあって①②③すべてに熟達しえないため、政治家間に分業による協業がくまれる。これが、前述した煽動型、交渉型、黒幕型といったような政治家類型となる。しかし、この①②③も職業政治家に固有ではない。もし、この①②③のいずれかに通じている市民がいれば、彼は「政治家」とみられるであろう。

政治家には役職だけでなく、金品、利権、酒色、勲章などからはじまる誘惑にみちみちている。これらはかつては金殿玉楼ないしハーレムをつくりあげていった権力の魔性でもあるが、今日でも政治の日常でつづく。また成りあがり根性ないし思いあがりによる自己陶酔も政治家にはいちじるしい。「政界」という閉鎖集団をつくりやすいのも各国共通である。とくに、一党独裁や与野党の政府交替のないところでは腐敗の構造もできあがる。

とすれば、前述した政治家の(1)出身、(2)動機、(3)熟達の意味をあらためて問いなおすとともに、次節でみるような制御としての政治をいかに政策・制度として工夫するかが、市民の知慧として問われる。

しかし、政治家には最後の問題領域がのこっている。この最後の問が、政治を政治たらしめる政治家の倫理としての《決断》である。たしかに、政治家とくに「長」には、それぞれのレベルで、政治の総合責任がのしかかってくる。政治家とはまずナグラレ屋なのである。にもかかわらず、そこには、人々の命運をかえる決断の決定的瞬間がある。文化が創造、経済が経営であるのにたいして、政治が決断であるゆえんである。ひろく決断のあるところ政治があるといってよい。とくに政治家の決断をめぐって要求されるのがいわゆるステーツマンシップである。

政治には完全情報、完全政策がないため、決断において、政治家はいわば渾沌あるいは可能性への暗中飛躍ともいうべき実存状況にたつ。もちろん、この決断は神秘化されるべきではない。政治の日常における訓練によって習熟すべき決断なのである。ここでこそ、第4節にのべた、Ⅰ予測・調整、Ⅱ戦略・戦術、したがって組織・制御をめぐる政治思考の熟度が問われる。

決断は市民活動レベルから政府レベルまでをふくめて熟達による。それゆえ、政治家には若き天才はありえない。ただ、自己の決断をささえる情報のレベルで、外部のブレーンないし内部のスタッフを組織することができるのみである。政治家の才覚として人事が問われる意義はここにある。だが、その情報もこの政治家の決断には素材にすぎない。もちろん、政治家の決断には、戦争の決断にみられるように、決断の影響の「規模」がおおきく、そこから個人としての「責任」が加重される。

この決断の公準は、市民としての良識つまり基本法をささえる市民規範にほかならない。政治家はまず市民でな

図 1-8　各政府レベルでの政治の多元化

〈問題点〉		〈可能性〉		〈政治原理〉
1 大衆操作・官僚統制	→	市民活動の自由	=	1 市民自由
2 団体・企業の外郭団体化	→	団体・企業の自治	=	2 社会分権
3 政党の未熟・腐敗	→	政府・政策の選択（選挙）	=	3 複数政党
4 政府（行政機構）優位の進行	→	議会・長の分立，裁判所の独立	=	4 機構分立
5 市民の無関心・無気力	→	政府批判の自由　（選挙）	=	5 市民抵抗

ければならない。ステーツマンシップも神秘ではない。この市民性をいう。

〈6〉 分節政治の理論構想

都市型社会における政治については、あらためて、ミクロには個人、マクロには社会つまり集団ついで政府についての、組織技術をふまえた制御技術とみなしたい。政治とは組織・制御技術なのである。

今日の都市型社会では、政治は図1-8のような問題点と可能性をもつ。1 4 5は基本法の古典原理であるが、都市型社会となれば2社会分権は社会分業の深化、3複数政党は個人意見の分化から必然となる。このような1から5までの政治の〈多元化〉は、自治体、国、国際機構の各政府レベルでおきるのであるから、政治はさらに〈重層化〉をみているといってよいだろう。この〈多元化・重層化〉ないし五元化×三層化をふまえた政治構想を《分節政治》の理論と位置づける。

分節政治の構想は、図1-8の〈問題点〉にみる都市型社会の政治現実を、文化水準の変化、政治習熟の開始をみつつある市民の〈可能性〉をふまえて、〈政治原理〉へと再編しようというのである。それゆえ、この構想はユートピアではない。分節政治の構想は、都市型社会の政治現実との緊張のなかで、地域規模から地球規模までをふくめて市民の可能性の加速をめざしている。

ここで、物理強制力を独占するとみなされてきた近代のいわゆる国家観念を中心におく既成発想からは、この分節政治の構想に批判がでてくるであろう。既成国家観念の典型として、物理強制力を独占する強制装置としての国家を強調したマルクス、それをひきつぐウェーバーを想起したい。後発国一九世紀ドイツの問題状況を反映して、マルクスの革命願望、ウェーバーの強国願望いずれもが、国家をテコとするドイツの近代化をめざしていた。国家観念自体に近代化をめざす権力装置への憧憬があったのである。それゆえ、マルクス、ウェーバーいずれも当然ながら、都市型社会の成立による市民の活性化、とくに政治の分節化による国家観念の崩壊を予見していない。

都市型社会の今日、市民生活がいわゆる国家のなかだけで完結しないかぎり、自治体あるいは国際機構は、図1-6でみたように、国とともにそれぞれ独自の存在理由をもつ。それゆえ、国家主権モデルで、自治体、国際機構を考えようとすることがまちがいなのである。自治体、国、国際機構は、それぞれ独自の政治課題・組織特性をもつ政府なのである。それぞれのレベルの政府は、それぞれの基本法によって市民が〈信託〉した政府という考え方でよいのである。

国レベルの政府が物理強制力を独占しているにもかかわらず、その発動の条件は、市民活動の国際連携はもちろん、さらに国内的には自治体、国際的には国際機構によって枠づけられている。国レベルの政府による物理強制力の独占の意義は、第二次大戦以降、政治文脈が変ってしまったのである。今日では、いわゆる「国家権力」は、市民が基本法によって信託した「権限」が権力として作動しているだけである。

そのうえ、核の冬によって人類の絶滅となる原子爆弾の登場があるだけではない。都市型社会への移行につれて、国際分業・相互依存が深化・拡大して地球規模のネットワークを濃密にするため、戦争によるこのネットワークの切断はかならず、先発国における経済破綻さらに巨大都市のパニックをひきおこす。

大国の物理強制力としての軍も、日本のアジア侵攻、ドイツのヨーロッパ侵攻、ついでアメリカのヴェトナム侵攻、ソ連のアフガニスタン侵攻にみられるように、その脆さがはっきりしてきた。最終的には正規軍編成による対決となるが、いずれも非対称的なゲリラによる侵攻軍崩壊がまずすすんだ。そのうえ、このゲリラについても、『ジュネーヴ条約追加議定書I』(一九七七年)によって人権が保障されるようになってきた。正規軍中心の国家論理の破綻である。

今日では、(1)国境の明確性、(2)国による軍事独占、(3)制服による軍と市民との区別という、一九世紀の国家がめざした「戦争」の制度化の条件がくずれさっている。国家による物理強制力の独占の文脈が変ってしまったことを理解したい。そのうえ、ある場合、人民の相互武装のひろがりによって、レバノン、旧ユーゴ、ソマリアにみられるように、政府のみならず政治の融解もおきる。

物理強制力としての軍は、各政府レベルの行政機構とおなじく市民からの税金によってまかなわれ、その構成員も市民自体である。市民の信頼がなければ、革命でなくても、いつでも軍は崩壊する。軍自体が都市型社会で脆い構造になってしまったことは「都市型社会と防衛論争」(一九八一年)(拙著『戦後政治の歴史と思想』一九九四年・ちくま学芸文庫所収)でのべた。とくに、軍の「必勝の信念」をかたちづくった国家神話・イデオロギーが、都市型社会では世界共通文化の成立、地域個性文化の自立とともに色褪せることもあらためて強調しておこう。

市民による政治の制御については、前述の分節政治を基本とするが、とくに次の制御方法に留意しておきたい。

第一としては、自治体、国、国際機構間の〈政府間関係〉という「制度による制御」である。日本でみれば、自治体は市町村、県をふくめて三千余、それに国連＋国際専門機構という数十の国際機構がそれぞれ政府として、国の政府をハサミウチにしている。この政府間関係は、政治の地域規模への深化、地球規模への拡大のために必然となっている。当然、いわゆる国家の分権化・国際化が日程にのぼっている。第2節でみたこの政府の三分化は、法の三分化、また文化の三分化と対応する。

自治体　　自治体法＝自治体政策基準　（シビル・ミニマム）　　　地域個性文化
国　　　　国法　　　＝国の政策基準　（ナショナル・ミニマム）　国民文化
国際機構　国際法　　＝世界政策基準　（インターナショナル・ミニマム）　世界共通文化

ここでは、法ないし文化の三分化による相互緊張をふくめて、三政府レベル間相互に制御条件となっていく。なお、自治体法、国法、国際法の調整については、国際司法裁判所の管轄権が狭いだけでなく、構成も貴族性をもつこととあいまって、すでにはじまっているように各国の裁判所が自治体法、国法、国際法の制度間調整機構へと転化していくだろう。

第二には、世界共通文化の成熟を背景に、地球規模での人間存在にかかわる〈世界共通課題〉が、インターナショナル・ミニマムとしての世界政策基準の策定を不可欠とし、既成政治への制御条件としてたちあらわれる。世界共通課題をめぐる「政策による制御」といってよいだろう。世界共通課題は図1－4でみたが、次のようである。

(1)　構造政策　①国際人権、②南北調整、③環境保全
(2)　危機管理　①核危機、②侵略、③災害

この世界共通課題は、国際機構レベルだけでなく、国レベル、自治体レベルでも緊急政策の中枢をなし、各政府レベル相互の政策連動が不可欠となっている。

最後にあらためて、地域規模から地球規模までの市民参加・情報公開を制御装置として位置づけておきたい。古来、ついでいわゆる国家の成立後も、支配層による身分型の情報の独占こそが政治の秘儀性をもたらし、支配層ないし行政・軍事機構に威信をあたえていた。この情報の独占は、都市型社会の拡大にともなって、マスコミないし

コミュニケーション技術の発達をふまえた、地域規模から地球規模までの市民活動・市民参加によって崩壊する。ベルリンの壁が崩壊した背景もここにある。市民の信託がないかぎり各レベルの政府も無力で脆いことをみせつけている。

政治制御の以上のようなチャンネル増大は、都市型社会への移行による政治の形態変化からおこっている。政治の景観は図1-1ついで図1-8でみたように一変しているではないか。このため、新しい視座による政治の組織・制御には分節政治の理論構想が不可欠となったのである。

分節政治による組織・制御には、市民自身がこれに習熟していくことはもちろん、政治家たちの熟達も期待される。今日、市民ついで政治家の課題は、日常から危機までをふくめて、この組織・制御としての政治への習熟・熟達となる。

都市型社会における政治への起動力は市民である。政府ないし政治家のあり方を決定するのは、市民の文化水準・政治熟度である。そのとき、政治は管理↔行政↔政治という循環のなかで社会工学へと脱魔術化され、自治体、国、国際機構という三レベルの政府は、市民によって組織・制御される、社会の組織・制御の機構にとどまることになる。

＊

工業化・民主化つまり近代化の日本なりの成熟によって、日本は先発国をモデルとした追いつけ追いこせという段階を終え、ついに日本の未来もモデル喪失となり、先発国とおなじく「白紙」になってしまった。政治は、ひろく官治・集権かつ閉鎖型の国家観念から解放され、地域規模から地球規模までをふくめ、未来の発明という模索をめぐって、試行錯誤が不可欠となってきたのである。

この事態にたいして、政治理論は、市民はもちろん団体・企業、政党ついで自治体、国、国際機構の各政府レベルをめぐって、生産性、つまり実効性・予測性をはたしてもちうるのだろうかが問われている。もちうるとしたならば、どのような発想と構想が必要なのであろうか。本章はこの問への私なりの解答であった。

もちろん、政治理論をめぐって、どこまで抽象してよいのか、現実の争点をどれだけ具体的にくみこみうるか、というきびしい緊張がある。そこにおける私の中心課題は、都市型社会の成立による政治の分権化・国際化をめぐって不可避となったのだが、一九六八年の『現代政治学』(東京大学出版会) 以来の分節政治理論の模索であった。

都　市　2　都市型社会の政治発想

〈1〉 現代都市とは何か

現在、都市とは、ひろく「生活様式」を意味するようになっている。いわば都市型生活様式である。ヨーロッパ、アメリカ、それに日本など工業先発国では、都市は、かつてのように農村と対比される都市ではなく、農村をふくむ〈現代〉の生活様式そのものとなる。工業後発国も、やがて、この意味での都市型生活様式の全般化をみるようになろう。

いわゆる都市と、いわゆる農村とでは、たしかに今日でも景観のちがいはおおきい。都市は、ビルが林立して人口密度がたかい。農村では田畑、森林、山川など緑がゆたかである。そこには当然、地域の産業、人々の職業の相違がある。農村では漁村、山村もふくめて、基礎産業としての農林漁業が中心であり、都市は情報・流通・工業がその主産業をなす。

だが、工業先発国では、農家にも、都市の住宅とおなじく、上下水道、電気といった都市装置がくみこまれ、自動車、電気器具は必需となり、マスコミへの接触度もたかい。地域には、病院、学校、地域センター、ゴミ処理施設、消防署など、かつては都市型とみられていた市民施設もととのってくる。工業化にともなう大量生産・大量交通を土台に、しかも政策・制度の民主化がおしすすめる平等化の進行もあって、ミヤコとヒナあるいは都市対農村というかたちで、かつては対立した「生活様式」の平準化をみる。

いうまでもなく、今日の農村には過疎化、高齢化のきびしさがすすむ。だが、いわゆる都市にも過密化とスラム化がある。ここでの問題は、〈工業化〉にともなう大量生産・大量交通、〈民主化〉にともなう政策・制度の平等化がうみだす、農村をふくめた都市型生活様式の全般化である。地域個性ないし風土特性をふくみながらも、工業化・民主化の深化にともなって、都市型生活様式の全般化がすすむのである。

その結果、かえって、緑ゆたかな農村つまり農業地区においてこそ、いわゆる都市以上に快適な都市型生活がたのしめるという考え方もうまれてくる。いわゆる「郊外」や「別荘」の理想がこれであった。「田園都市」の発想もここに遠因をもつ。他方、都市内での農村型空間の復活をもとめる公園ないし緑のネットワーク導入も、ここに起点がある。かつて都市はミヤコとしてアコガレの地であったが、農村での都市型生活は稀少性もあって輝きをますことになろう。

このような生活様式としての都市が全般化する工業先発国の「社会形態」を、《都市型社会》と位置づける。都市人口の急速な膨張がはじまっているとはいえ、まだ農村型社会にある工業後発国も、それぞれ現在、過渡期の緊張をかかえながら、やがて工業化・民主化を成熟させ、都市型社会にうつっていく。もちろん、この過渡期の緊張は、かつてヨーロッパの一六、一七世紀以来、ついでアメリカ、日本、ロシアも、それぞれ独自にかかえこんできたのである。一九世紀のマルクスが『資本論』でえがいたのは、最初の工業先発国イギリスにおけるこの過渡期の悲惨であった。

二〇世紀、工業先発国におけるこの都市型社会の成立は、人類史の《大転換》を意味する。人類のながいながい採取・狩猟段階をへて、いわゆる農業革命がうみだした定着農業を基盤に数千年つづいた農村型社会からの大転換が、この都市型社会であった。過渡期の緊張は、この大転換にともなっている。

農村型社会では、社会余剰（富）ないし情報（文化）を蓄積して、文明の精華を誇ったミヤコつまり都市は、農村の海の中の島のような権力の拠点であった。ここでは、都市は農村にたいする管制高地をなしていた。都市は、時代・地域によって特性をもつにせよ、支配対被支配の関係をあらわしていた。このミヤコ（都）は、五〇〇〇年前のメソポタミアをはじめ幾多の文明・帝国を象徴し、日本でもおくれて七世紀にミヤコがいとなまれる。また、その後、それぞれの局地的な地域生産力の発達や交流があれば、これを結節するイチ（市）としての地域都市のネットワークも発生していく。

しかし、この農村型社会では、まだ農業生産力は低く、その「社会余剰」はわずかであった。そこでは、ほとんどの人々が基礎産業ともいうべき農業に従事してはじめて生存できた。余剰農産物→社会余剰に依存して脱農し、都市に集住できるのは、支配層に僧侶、戦士、職人、商人、芸人などをくわえて、一〇％をこええなかっただろう。人口の九〇％前後は農民だったのである。しかも都市集住者自体も都市内でできるかぎり農業をつづけていた。都市も農村型の都市であった。

農村型社会から都市型社会への大転換のはじまりは、一六、一七世紀のヨーロッパにおける工業化・民主化の始動である。工業化・民主化にともなう、この数百年かかる大転換が、いわゆる「近代化」なのである。

ヨーロッパ近代産の工業化・民主化のはじまりは、初期産業革命のマニュファクチュア技術を結集する権力装置としてのステート、日本語ではなぜ「家」がつくのか誤訳ともいうべき独自の語感をもつが、いわゆる「国家」の構築とむすびついている。やがて一八〇〇年前後に、〈工業化〉は「産業革命」、〈民主化〉は「市民革命」というかたちをとって、その歴史的意義をあらわす。

ステートないし〈国家〉に組織されるヨーロッパ近代の衝撃力は、帝国主義というかたちで、アフリカ、アメリカ、ついで日本をふくむアジアなどの全地球規模にひろがる。征服、略奪、搾取という悲惨な原罪をふくむこの過程は、やがて地球をそれこそ一つにし、地球規模での「近代化」をおしすすめる。植民地の独立をみた現在、アジア、アフリカ、南アメリカなども、この矛盾と困難にみちた「近代化」という大転換の真只中にある。

二〇世紀も末の今日では、近代化つまり工業化・民主化が地球の運命となる。工業化・民主化は、農村型社会がつくりあげた地域個性文化を再編しながら、現代文明原理となり世界共通文化をつくるにいたった。

日本の明治維新も人類史的普遍性をもつこの近代化革命であった。福沢諭吉が、みえる「数理の学」（工業化）とみえざる「独立心」（民主化）をかかげていたことを想起しよう。その後、この工業化・民主化を軸として、国家という政治機構を推力とした近代化が展開される。

ソ連や中国などの社会主義革命も、この工業化・民主化をめざす、革命という名の急進的な近代化の追求だったのである。レーニンは、社会主義とは何かにこたえて、「ソヴェト権力プラス電化」つまり民主化プラス工業化とのべたが、その論点は以上の文脈ではっきりするだろう。このソ連をはじめ中国など後発国の社会主義革命とは、国家を掌握する前衛党つまり知識人集団による、これまた近代化革命であった。

このように、近代化＝工業化・民主化は、資本主義・社会主義を問わず、過渡的にはステート（いわゆる国家）という政治機構を必要とする。むしろ、資本主義・社会主義とは、国家主導の近代化における、スタイルないし方法の相違にすぎなかったのである。

だが、工業化・民主化＝近代化が成熟して都市型社会の成立をみれば、後にのべるように、各国それぞれ独自の問題点をかかえながら、国家主導の政治から市民主導の政治への移行をみるだろう。

この都市型社会への「移行」の指標は、工業化にともなう人口の都市化によって、農業人口比率が三〇％をきった時点とみなしたい。農業人口を三〇％以上かかえている第一次大戦前の欧米、第二次大戦前の日本は農村型資本主義社会だったのである。またソ連のスターリン段階や、今日の中国は農村型社会主義社会と位置づけることができる。ついで、都市型社会の「成立」は、農業人口比率が一〇%をきった時点である。今日、欧米日、やがて東ヨーロッパやアジアなどの新興国がこれにはいる。

留意したいのは、農業人口比率の減少は、一般的にみれば、農業の衰退を意味しないことである。農業人口比率の減少には、農業生産力の拡大による人口扶養力の増大がある。工業の支援によって農業自体の工業化、いわゆる機械化ついで情報化がすすんでいることに注目したい。工業先発国では、この農業生産力の拡大が脱農人口の増大をうみだし、さらに都市雇用力の拡大が脱農人口を吸収するという、上昇循環をうみだした。

他方、工業後発国はこれと逆で、先発国からの商品、情報をはじめとする工業化・民主化の圧力浸透が、農村を外発的に崩壊させ、そこから析出される個人が雇用力のない都市に集住して巨大スラムをつくりあげる。下降循環がそこにあり、事態を急迫させる。現時点での工業後発国の巨大スラムは、砂漠化地域とともに、人類史における現代型悲惨の中核をかたちづくる。

マクロにみれば、現在、都市型社会をつくりだす「工業化」の拡大、ことに国境をこえる巨大生産力の形成自体のもつ、地球規模での問題点がうかびあがっている。

それを次の三点に集約できるであろう。これが工業化にともなう世界共通課題である。

Ⅰ　原子爆弾だけでなく、原子力発電をふくむ核危機の誘発（核危機）
Ⅱ　工業の地域不均等発展による工業先発国と工業後発国との間の生活格差の増大（南北格差）
Ⅲ　工業生産力の巨大化がうみだす、局地規模さらに地球規模での生態危機（環境破壊）

ここから、工業化と民主化とのあいだに緊張が拡大し、この地球規模のⅠⅡⅢの危機をめぐって「民主化」の可能性が問われ、あたらしく国際市民活動がひろがってくる。この国際市民活動を基盤に、国境をこえた国際機構レベルでの世界政策基準（インターナショナル・ミニマム）の策定が人類史的課題として不可欠となる。

このような人類の危機をうみだす問題点にもかかわらず、今日、ヨーロッパ近代産の工業化・民主化によって、地球規模で農村型社会から都市型社会への《大転換》がすすんでいる。都市型社会の位置がここにある。

〈2〉都市型生活様式と市民

都市型社会は、近代ヨーロッパにはじまり、今日では地球規模の現代文明原理となった工業化・民主化の帰結である。

ここで、工業化とは、生産方法の機械化にともなう

(1) 人口のプロレタリア化

(2) テクノロジーの発達

民主化とは、この工業化がうみだす人間関係の変化にともなう

(1) 生活様式の平準化

(2) 政治権利の平等化

の進行をいう。のみならず、この工業化は階層再編・技術革新、民主化は争点変化・政治改革を永続させるため、永久革命の性格をもつ。その結果、都市型社会では、農村型社会の共同体型＝ムラ型から市民型＝マス型へというかたちで生活様式が転換し、そこに人間の感性・身体それに情念・思考をふくめて、「人間型」が変化する。いわば文化変容が数世代かかりながらすすむのである。

農村型社会では、自給性のつよい共同体を基体とし、そのうえに身分による支配秩序をもつ。そこでは、都市も

共同体複合であるだけでなく、身分秩序にくみこまれていた。だが、ヨーロッパ一六、一七世紀にはじまる工業化・民主化の開始は、「共同体から市民社会へ」ないし「身分から契約へ」という〈近代化〉となる。

いまだ農村型社会にとどまるが、共同体・身分の崩壊のはじまりは、過渡形態たる小生産者ないしブルジョア名望家層の家長を原型に、一七世紀ヨーロッパのロック、ついでこのロックをうけつぐ一八世紀のスミス、カント、コンドルセらが、自由・平等な個人の原子的機械的社会関係という「市民社会」の理論模型をかたちづくっていく。一九世紀におけるサン・シモン、マルクス、ミルらの「社会」主義も、この「市民社会」の理論系譜にはいる。二〇世紀にはいると、大量生産・大量伝達をもたらす第二次産業革命による工業化のさらなる拡大は、人口の圧倒量のプロレタリア化を基軸に、普通平等選挙権の確立という民主化の深化とあいまって、都市型社会への移行となる。ここで「市民社会」にかわる「大衆社会」という理論模型の成立となる。プロレタリア化した個人は、さしあたり〈大衆〉として都市型社会をかたちづくる。都市型社会とはまた大衆社会なのである。

この意味で、農村型社会における「共同体複合」としての都市と、都市型社会の全般的な「生活様式」としての都市とは、構造が異なっている。都市型社会の生活様式としての現代都市はなによりも工業、とくに第二次産業革命の産物である。都市は、工業の産物として、(1)プロレタリア化した人口の、(2)技術システムなのである。

まず、都市の基礎素材は第二次産業革命によって工業素材にかわる。

農村型社会　木、石、煉瓦など　→自然素材
都市型社会　鉄、セメント、ガラスなど　→工業素材

この素材の対比は論点をするどくしめすが、そればかりでない。

また、タテにもヨコにも、第二次産業革命以降の工業技術によって都市は巨大となる。

タテ　立体化（高層化・地下化）　エレベーター

ヨコ　広域化　　高速鉄道、高速道路

このタテ・ヨコのコミュニケーションを情報レベルで電話、ファックス、ニュー・メディアなどがつなぐ。

その結果、ついに半径五〇キロというような一〇〇〇万人単位のメガロポリスの成立となる。東京圏は実に三〇〇〇万人を数える最大の巨大都市となる。

そのうえ、第三次産業革命の産物ともいうべき航空機などの大量輸送装置、通信衛星によるコミュニケーション・ネットワークとあいまって、ヒト・モノ・情報の各レベルで地球規模での都市空間のひろがりとなる。国際社会の「国際化」がこれである。ムラ共同体を基体とする農村型社会では想像もつかない、地球規模での交流が日常化する。

現代都市はなによりも工業の産物である。また、工業が可能とするかぎり、技術レベルのみでみれば、〈人間規模〉をこえ、タテにもヨコにも都市は巨大化する。だが、そのとき、都市は、後述するように、地震などの災害、あるいはテロ、戦争に脆い人工都市となる。

しかも、都市をかたちづくる工業による建築は、またそれぞれの地域の風土特性をきりすてて、等質空間をつくりあげる。タテにもヨコにもひろがる都市は、鉄、セメント、ガラスによってつくられる等質空間としてのハコないし人工土地の連続となっているではないか。この等質空間としての建築の追求が、風土性の超克という普遍性をかかげて、いみじくも「国際建築」と名づけられた、いわゆるモダニズム建築である。ニューヨークの国連本部がその象徴である。

この純粋建築をめざすモダニズム建築は、工業の産物としての現代都市の構造必然だったといわなければならない。その先兵はミース・ファン・デル・ローエやル・コルビュジェであった。その現実は、学校、病院、兵舎、監獄、またオフィス、それに日本でいうマンションをふくむ高層集合住宅である。

その後、ポスト・モダニズムの建築様式が模索されてきた。だが、これは、工業の論理を追求したこのモダニズム建築を土台とし、この基礎のうえでの風土、景観の質を考慮にいれようという変奏にとどまる。今日の建築ないし都市は、工業の論理を基本とする。また〈現代〉の芸術・文学をふくめた「大衆文化」も、この工業の産物としての都市における人間の感性・身体、情念・思考の乱反射なのである。

この都市型社会においても、農村型社会で共同体がになった個人の生活条件の整備という公共課題を解決していかなければならない。これが、都市型社会におけるシビル・ミニマム（市民生活基準）の保障という政策課題となる。ここから、自治体、国、国際機構（国連からＷＨＯ、ＩＬＯ、ユネスコなど）、それぞれの政府レベルの政策基準によるシビル・ミニマムの公共整備となっていく。

かつて、農村型社会のムラでみたされた生活条件としての井戸や川水は上下水道、薪は電気、ガス、道路は高速道路、高速鉄道というようなかたちで、工業化されたライフラインつまり都市装置に転換する。ムラの相互扶助も、社会保障にかわるのはもちろん、あるいは病院、消防、学校、公園などの市民施設となる。地域生態系の保持も、共同体規制がくずれるため、環境政策を必要とする。

都市型社会では、こうして、プロレタリア化した人口の所得保障（＝労働権）だけでなく、次のⅠⅡⅢの問題領域におけるシビル・ミニマムの公共整備が、公共政策の課題として不可欠となる。

Ⅰ　社会保障（老後保障、健康保険、雇用保険、生活保護など福祉政策）＝生存権
Ⅱ　社会資本（市民施設、都市装置、公営住宅など都市政策）＝共用権
Ⅲ　社会保健（公共衛生、食品衛生、公害など環境政策）＝環境権

シビル・ミニマムの公共整備は、都市型社会における富の再配分をおしすすめる必然の政策課題となる。そこにⅠ生存権、Ⅱ共用権、Ⅲ環境権という〈生活権〉が設定される。この生活権に労働権をふくめた「社会権」はロシ

ア、ドイツなどの社会主義革命の成果であるが、イギリス、アメリカ、フランスなどの市民革命の成果である「自由権」とならんで、いわゆる基本人権をなす。

日本国憲法二五条の「健康で文化的な最低限度の生活を営む権利」とは、この社会権つまりシビル・ミニマムの公共整備を意味する。都市型社会では、もし、Ⅰ社会保障が未熟ならば古典的な貧困問題、Ⅱ社会資本が不足ならば都市問題、Ⅲ社会保健が欠けるときには環境問題が、いつでも、どこでも、激化する。

シビル・ミニマムの公共整備は、工業化・民主化がはじまったばかりの一九世紀ヨーロッパ、またつい最近までの日本でも、資本主義を克服する社会主義の課題となるはずであった。だが、今日では、シビル・ミニマムの公共整備は基本人権＝社会権として憲法によって承認され、体制いかんを問わず現実の政策課題となり、国際的にも『国際人権規約A』となる。貧困革命型の社会主義理論の衰退は、ここにその背景をもつ。

今日での基本争点は、資本主義か社会主義かではなく、このシビル・ミニマムの公共整備が、官治・集権型政策によるのか、それとも自治・分権型政策によるのか、となる。

では、この市民による自治・分権型政策は、どのような可能性と展望をもつのだろうか。

工業化は、人口のプロレタリア化を基軸とし、大量生産・大量伝達の衝撃によって、共同体・身分を打破してゆき、生活様式の都市型平準化をおしすすめる。社会の民主化がこれである。だが、この「社会」の民主化と「政治」の民主化との乖離が、官治・集権型か、自治・分権型かという今日的論点を、あらためてうみだす。「社会」の民主化はいわゆる大衆社会として、ファシズム、スターリニズムにみられるような全体政治の前提ともなる。このため、「政治」の民主化については、この「社会」の民主化つまり生活様式の都市型平準化から区別して、検討することが不可欠となる。

政治の民主化の可能性は、たしかに、工業化によってその前提をつくりだしている。

(1) 教養と余暇の増大　ひろく人々が政治に参加するには、農村型社会にみられるような飢餓の恐怖からの脱出はもちろん、あたらしく余暇と教養（スコーレ）の拡大を必要とする。これが、工業生産力の拡大による富の増大とシビル・ミニマムによるその再配分、ついで労働時間の短縮、教育水準の上昇というかたちで、都市型社会における日常の現実となっていく。

(2) 政治習熟の訓練　市民の政治習熟のチャンスは、二〇世紀にはいって普通平等選挙権の確立、これにともなう複数政党の選択、圧力活動の拡大からはじまるが、都市型社会の成立はあらためて日常の福祉・都市・環境問題をめぐるシビル・ミニマムの公共整備をめざした市民活動をうながすことになった。このシビル・ミニマムをめぐる新型の市民活動は、身近な地域・自治体からはじまって、市民個々人の政治習熟の訓練をうながし、かえって選挙中心の政党、圧力団体の再編をせまっていく。市民活動とは、直接民主政治＝市民参加を代表民主政治＝議会・長の土台におきなおす運動なのである。

(1)教養と余暇、(2)政治習熟こそが、古代地中海文化圏で発明された都市共和政治の前提であった。市民は、奴隷所有者たる支配層だったがゆえに、身分特権としての教養と余暇によって政治に習熟し、支配層自治としての共和政治をおこなった。この市民の都市共和政治は、家長支配を祖型にいわば政治の自然態として当時ひろく地球規模にひろがっていた君主によるいわゆる専制を一八〇度転換させ、参加という民主政治の原型を例外として「発明」していたのである。

民主政治は、工業とおなじくヨーロッパ近代の産物であるが、このヨーロッパ近代が共同体・身分の崩壊のなかから、あたらしくうみだした内面（信教）と所有（財産）をめぐる市民の自由・平等、つまり〈個人〉原理を中心に出発した。だが同時にこの個人原理を基軸に

古代　共和政治＝参加原理

中世　立憲政治＝法治原理

を再編している。それゆえ、民主政治の基礎には、自由・平等な《市民》という人間型が、理論レベルの規範概念として定礎されている。

ロックによって定型された「ヨーロッパ近代の「市民社会」という理論模型がこれであった。この「市民社会」理論にもとづく民主政治の理念は、一九世紀には「社会」主義理論となり、やがて二〇世紀にはいって、〈デモクラシー〉として地球規模での時代の精神となる。第一次、第二次の両大戦も、矛盾にみちみちているが、デモクラシーをめぐって闘われ、民主政治は地球規模での普遍政治原理となったのである。

工業化・民主化の帰結である都市型社会は、こうして、今日では、《市民》の大量醸成の培養基といわなければならない。日本でも、ヨーロッパ近代産の工業化の産物である黒船以降、民主化は明治の「啓蒙思想」「自由民権」、大正以降の「民本主義」「社会主義」とつづくが、その挫折としての昭和ファシズム・敗戦となる。戦後は、あらためて新憲法が枠づくりをした「戦後民主主義」（民主化）をふまえて、一九六〇年代以降の「高度成長」（工業化）が都市型社会への移行をうながしていく。そのとき、護憲・平和だけでなく、あたらしく福祉・都市・環境問題をめぐる市民運動の激発、革新自治体の群生をみて、そのなかからようやく《市民》という言葉が、ひろく日本語として定着することができた。

なお、かつての社会主義圏での〈自由化〉をふくめて、後発国にひろくみられる政治改革の要求には、その背景におなじく、この工業化・民主化の進行にともなう、市民の形成のはじまりをみたい。

ここで、工業化・民主化がうみだす都市型社会について

経済構造→工業化

社会形態→都市化

政治過程→市民化

という理論連関の設定となる。これが〈現代〉の社会科学の基本軸である。

〈3〉 都市政策と自治体改革

以上にみた都市型社会の成立、ついで市民の醸成がひろく必然性・普遍性をもつとしても、その現実は市民ないし政治の型と水準によって変ってくる。とくに都市の現実は市民の型と水準を反映する「政策・制度」によってつくられる。市民ないし政治の型と水準が、都市の型と水準を決定する。

従来、アジア型のスラムといわれてきた日本の都市も、一九八〇年代ともなれば、ようやく個性をもつ特定の街区をもちはじめうるようになった。いまだ都心の再開発地区、郊外の新開発地区、あるいは歴史街並み保存地区などにかぎられるけれども、これらの街区が範型となって、時間はかかるが、日本の都市は変っていくだろう。これに、歴代すぐれた町村長をもちえた農山漁村も、またそれぞれに独自の風土性をそなえはじめた。

全般的にみれば、なお日本の都市はみすぼらしい。マクロ統計でとらえるフローでは経済大国になったにもかかわらず、富を都市ないし市民の生活ストックに蓄積する政策動機を欠いていたためである。その背景には、都市における自治・共和政治を育てえなかった日本の歴史がある。ここには、市民の活力を公共空間ないし地域づくりにむけずに、屋内あるいは企業に集中するインテリア文化ともいうべき日本の文化型がある。

これまで、日本の街並みはスプロールの産物にすぎず、都市計画法はザル法にとどまっていた。住宅のコストも国際比較でみるときわだってたかい。そのうえ青空をみえにくくしている電線のクモの巣、氾濫する広告公害などなど。これまで、日本の国レベルの政策は、国家主導の経済成長に呪縛されるとともに、農村型社会の発想にとどまっていた。保守・革新の政治家、政党、それに国の官僚、社会科学者、ジャーナリストも、都市については少数の先覚者をのぞいて無策だけでなく無関心ですらあった。

では、どうして日本でも個性をもつ街区ができはじめたのだろうか。それは、一九六〇年代以降、市民運動の激発を背景に、革新自治体が群生して〈自治体改革〉がおしすすめられ、先駆自治体を中心に自治体レベルでの都市政策の手法・準則・手続に格段の飛躍がおきたためである。もちろん、すべての自治体が変ったのではない。同一の国の法制・財源のもとでも、都市政策の手法・準則・手続の開発・蓄積をつみあげた先駆自治体と、いまだ旧態にとどまるおおくの居眠り自治体とのあいだに、行政格差がひろがっている。

先駆自治体と居眠り自治体の行政格差は、いわゆる都市の規模あるいは自治体の財源の格差からくるのではない。中小市やまた町村でも、市民さらに自治体職員のなかに行政技術の革新をおしすすめうるような人材がうまれ、また長・議会が指導性をもつならば、先駆自治体たりうるのである。

古来、日本の都市は、平城、平安はもちろん、それ以降も権力拠点であった。室町・戦国期に堺、博多など惣町型の共和都市の萌芽をみるが、織豊による弾圧をへて、都市は幕藩の城下町、でなければ寺社の門前町にとどまった。明治維新以降はもちろん、新憲法をもつ戦後もひきつづき、首都東京、ついで県庁所在都市をはじめ新興工業都市をふくめて、都市はやはり国の官治・集権型政治の拠点であった。このため、戦後も、自治体は国の下請機構という自己認識から脱却できなかったのである。

そこに突然の変動がおこる。これが、前述した一九六〇年代から七〇年代にかけての、市民運動の激発、革新自治体の群生である。その直接の要因は、周知のごとく対市民規律を欠いた高度成長政策にともなう福祉・都市・環境問題の尖鋭化であった。だがさらに奥深くには、この市民運動の激発、革新自治体の群生の基層過程として

① 高成長による急速な都市型社会への移行（工業化）

②　新憲法による戦後民主主義の定着（民主化）をふまえておく必要があろう。

六〇年代、七〇年代の市民運動の激発、革新自治体の群生は、日本史ではじめて、市民レベルからの都市づくりの模索の開始であった。自治体は国の下請機構からようやく市民の自治機構にかわりはじめる。ここで、戦後の新憲法による制度改革にもかかわらず、戦前からひきつづく保守・革新同型ともいうべき国家統治型の体質ないし理論の破綻がおこり、市民自治型の理論ついで政策・制度の構想がかたちづくられていった。

この事態は今日からみれば、いわば日本型の〈市民革命〉というべきであろう。この市民革命をめぐる当時の実状については、拙著『都市政策を考える』（一九七一年・岩波書店）、『都市型社会の自治』（一九八七年・日本評論社）をみていただきたい。

六〇年代、七〇年代における〈市民革命〉があって日本の自治体の今日がある。事実、今日の先駆自治体が提起している先駆政策のおおくは、すでに当時の革新自治体が試行・模索をはじめていたのであり、その成果の収穫でもある（『資料・革新自治体』一九九〇年・日本評論社参照）。革新自治体は先駆自治体のはしりだったのである。

この市民革命の課題は今日もひきつがれているが、明治以来、否日本の古代以来の官治・集権政治をあたらしく自治・分権政治に転換していく政策・制度の構想のはじまり、さらに明治国家の解体・再編をめざす、国にたいする自治体の政策先導の開始、という意味で、この六〇、七〇年代の市民革命は画期であった。

そのうえ、この時点で、戦後教育の定着もあって、自治体職員に量・質ともに新しいタイプが加わり、行政技術の革新もつみあげられていく。のみならず、自治体固有財源がなお三割にとどまるとしても、(1)自治体財源は地方交付税交付金、補助金をあわせれば全体として七割で、先発国でも高い配分であるとともに、また(2)経済成長の結果この七割の分母がおおきくなり、(3)シビル・ミニマムの量充足とあいまって、自治体財政は弾力性をもちはじめていく。八〇年代以降にみられる豪華な庁舎、美術館などが、批判は別としてこのゆとりをしめしている。

通常、新憲法の制定という「戦後改革」からはじまる戦後政治史は、この一九六〇、七〇年代の「市民革命」をめぐって書きなおされる必要がある。この時点で、市民、自治体の政治自立が開始されたのである。

また、そこでは、「地域民主主義・自治体改革」、「市民参加・自治体革新」というかたちで、国家統治型から市民自治型への理論転換が対応していた。当時、「シビル・ミニマム」を政策公準として、国の「政権交替なき政策転換」を誘発していく。

このような経過で、自治体主導の日本の都市政策は、「自治体計画」を中心に、国からの自立の着実な条件をつくりあげてきた。この自治体計画の策定は、一九六九年、自治省が国の計画に自治体をしたがわせるために『地方自治法』二条五項に市町村の「基本構想」という条文をおいたこととあいまってひろがりをみせたのだが、自治省の期待とは反対に、この基本構想・自治体計画は、国にたいする市町村ついで県の政策自立をうながした。

なぜなら、自治体計画は、自治体政策の⑴地域独自性、⑵地域総合性、⑶地域先導性をうみだしていくからである。自治体計画は、まず、⑴それぞれの地域独自性をいかすため各自治体の政策自立をおしすすめる。そのため、⑵通達・補助金、許認可・行政指導などによる国つまり省庁のタテ割行政にたいして、自治体の自己責任によるヨコ割の総合化となる。その結果、⑶三〇〇〇余の日本の自治体の政策試行は相互に影響しあって、国にたいする自治体の政策先導性をたかめる。この過程で、自治体をめぐる市民参加・職員参加の制度開発もつみあげられ、政策・制度づくりの発生源が多様化していく。

今日、自治体計画のモデルは図2-1のようになる。自治体計画は、居眠り自治体ではシンクタンクなどへの外部委託もみられるが、先駆自治体では当然みずから策定する。その結果、自治体計画は市町村レベル、県レベルにおけるそれぞれの自治体での政策の構造と水準、また課題と戦略を的確にしめすものとなる。

《都市型社会》への移行にともなって、以上の背景をもつ、一九六〇年代以降の理論・人材の蓄積、政策手法・準則・手続の開発がすすみ、ようやく日本の自治体は、国家統治の下請から市民自治の政府に変りはじめた。そこには、政策・制度開発をめぐって、先駆自治体→国→居眠り自治体という自治・分権型の上昇循環もうまれてくる。

図 2-1　自治体計画モデル

[Ⅰ] **計画の中枢課題**
　(3ないし7の柱を明示)
[Ⅱ] **計画の策定手続**
[Ⅲ] **計画の原則**
[Ⅳ] **市民自治システム**
　(1) 市民参加制度の形成
　(2) 情報の整理・公開
　(3) 地域社会の構成
[Ⅴ] **自治体機構の改編**
[Ⅵ] **計画の戦略展開**（中間課題計画）
　(1) 課題別ネットワーク計画
　　1 緑のネットワーク
　　2 福祉・保健のネットワーク
　　3 市民施設のネットワーク
　　4 地域生産力のネットワーク
　　5 情報・交通のネットワーク
　(2) 拠点別プロジェクト計画
　　1 A拠点地区
　　2 B拠点地区
　　………
　(3) 自治体の文化戦略
　(4) 自治体の国際政策
[Ⅶ] **市民生活計画**（シビル・ミニマム計画）
　(1) 基盤計画
　　1 生活道路
　　2 上水道
　　3 下水道
　　4 光熱
　　5 清掃・リサイクル
　　6 街灯整備・電柱撤去
　　7 幹線道路
　　8 大量交通システム
　　9 公園・広場
　(2) 福祉計画
　　1 健康管理
　　2 医療組織
　　3 公共衛生
　　4 生活保護
　　5 高齢者・児童福祉
　　6 交通安全
　　7 消費者行政
　　8 公共住宅
　(3) 文教計画
　　1 子ども文化
　　2 学校教育
　　3 文化施設整備
　　4 市民文化活動
　(4) 観光・リゾート計画
　(5) 土地利用計画
　　1 用途指定
　　2 容積・高度指定
[Ⅷ] **地域整備計画**
　(1) 産業計画
　　1 産業基盤計画
　　2 地域産業計画
　　3 産業開発計画
　(2) 公害防止計画
　(3) 自然保全・防災計画
　　1 防災計画
　　2 自然保全計画
[Ⅸ] **財政・用地計画**
[Ⅹ] **国にたいする政策**
[Ⅺ] **計画改正の手続**

明治にはじまり、一〇〇年つづいた先発国モデル→国→自治体という下降過程のみの官治・集権型の時代は終る。

一九八〇年代も末になる現在、公害は半永久の課題だが、日本の自治体は、下水道をのぞけば、シビル・ミニマムの「量充足」という段階をほぼ終えつつある。のみならず、下水道一〇〇％という自治体もつぎつぎ出始めている。このため、一九八〇年代から、日本の自治体政策の課題は、シビル・ミニマムの「量充足」から、シビル・ミニマムの「質整備」への飛躍がはじまる。そこでは、緑と再開発を戦略手段とし、高齢化、情報化をふまえた政策・制度の革新が緊急になっている。

この「質整備」ないし政策の質の飛躍をめぐっては、いわゆる「文化行政」が自治体レベルから提起され、すでに着実な成果をあげている。この文化行政は、各自治体における(1)個別施策の文化化、(2)文化戦略の構成をめざしている。これは、低位画一となる国の官治・集権行政の革新をめざす自治体の挑戦であった。

そこでは、一九六〇年代まで想像もされなかったのだが、

A　都市デザイン　自治体は、都市づくりをめぐって、従来の土木ないし道路という「線」中心から、景観美をもつ「面」重点への転換（とくに国吉直行編『都市デザインと空間演出』一九八九年・学陽書房参照）

B　政策法務　自治体は、国の法令・通達に依存するのではなく、立法・解釈について独自の政策法務の展開（とくに天野・岡田・加藤編『政策法務と自治体』一九八八年・日本評論社参照）

という、質をめぐる新課題領域の開拓があらためて急務となり、自治体職員の水準上昇もあって、その成果をもちはじめた。以上の二著も自治体職員によるものである。日本の都市ないし地域が美しくなりはじめたのも、この二課題領域の独自開発による。また一九八六年、自治体職員中心の「自治体学会」の発足もある。市町村・県レベルをふくめて自治体職員が学会をつくるとは、明治以来誰が想像したであろうか。

日本の都市が個性をもちはじめたのは、ここにのべた一九六〇年代からはじまる〈自治体改革〉の成果なのであ

る。たしかにローマは一日にしてならないが、日本の自治体はようやく政策・制度開発とその蓄積の歴史をもつにいたった。そのうえ、シビル・ミニマムの量充足は自治体財政のゆとりをうみ、シビル・ミニマムの質整備をめぐる自治体の行政革新にハズミをつけていく。

だが、自治体をめぐる論点には、またきびしさも加わっている。そこでは、ひろく

(1) 個別施策の飽和による、施策のスクラップ・アンド・ビルド（たとえば、保育園・学校があまってくるとともに、過疎化、高齢化への対応の緊急性）

(2) 自治体課題の変化による、書記型、労務型からプランナー型、プロデューサー型へという職員のタイプないし職務の転換（たとえば、ＯＡ化による作業過程の機械化あるいは委託などへの作業過程の外部化）

(3) 市民の文化水準あるいは企業の政策水準上昇に対比するときの行政水準の劣化（たとえば、市民のボランティア・コミュニティ活動から企業活力の導入）

が問われるようになってきた。この問は、自治体だけでなく国をふくめた、あらたな行政革新をさけがたくしている。

と同時に、自治体間では、行政革新ついで計画行政をつみあげた先駆自治体と、場当り行政をおこなってきた居眠り自治体との「行政格差」がひろがっていく。かつてはナイナイづくしの時代であったがために、「独占資本」「自民党永続政権」「三割自治」というかたちで、自治体の政策責任を国レベルに転化できた。だが、今日、逆に個々の自治体の政策責任が、自治体間の行政格差というかたちで、市民から問われることになった。

今日の自治体の位置をみさだめるには、それゆえ

(1) 一九六〇年代にはじまる自治体理論のパラダイム転換

(2) 一九六〇年代にはじまる市民、職員による政策・制度の開発ないしその経験蓄積

の位置づけが不可欠と強調したい。

最後に、この自治体改革は日本の特殊事態ではないことに注目する必要がある。都市型社会の成立は、一般的に地域個性をもつシビル・ミニマムの公共整備という課題とあいまって、自治体機構の量・質の強化をうみ、いわゆる国家にたいする、自治体の政府としての自立をひろくうながしていくからである。国家主導の近代化が成熟すれば、市民主導の自治体改革は、当然、二〇世紀初頭から欧米先発国におきたように、後発国においてもやがておきてくる事態なのである。

〈4〉 分権化・国際化・文化化

前節でのべた、市民ついで自治体の政治自立は、日本にかぎらずひろく都市型社会の成立を背景にはじまり、近代化を主導した国家単位の政治構造を、あたらしく分権化・国際化・文化化していく。今日、明治にきずきあげられた官治・集権型の閉鎖国家の解体・再編が日程にのぼるのはそのためである。

すでに、一九六〇、七〇年代、地域における福祉・都市・環境問題の激化を背景に、政策基準としてのシビル・ミニマムをかかげる市民運動、革新自治体は、国にたいして政策イニシアティブをもち、また保守自治体をも変えてきた。この革新自治体の政策イニシアティブは、一九八〇年代の今日では、保守系・革新系を問わず、「先駆自治体」にひきつがれている。

国を機関車とする〈近代化〉という課題の終った日本では、明治国家がきずきあげてきた官治・集権政治は、今日の政財官複合によって膠着するとともに、いまだに大学法学部教育で追認されているにもかかわらず、また終る。すでに政策の(1)地域独自性、(2)地域総合性、(3)地域先導性の発揮こそが、自治体の課題としてうかびあがっているではないか。国の縦割省庁の通達・補助金また許認可・行政指導、それに天下り人事・特殊法人という官僚技術にささえられるため、制度の分権化はいまだ充分すすまないが、すでにみたように政策の分権化は一九六〇年代以降着実な成果をあげている。やがて『地方自治法』の全面改定という制度改革が日程にのぼる。

都市型社会の成熟がひろくうみだす、①シビル・ミニマムの量充足から質整備への移行、②市民、自治体職員の文化水準の変化は、市民の自治機構としての自治体を政府として成熟させ、国の政府いわゆる国家の分権化が必然となる。都市型社会における政治特性として、まず自治体の政府としての自立によるこの分権化をあげたい。

だが、この分権化には、今一つの急務の国際化もその強力な圧力となっている。国の省庁は分権化しなければ国際化にとりくめないからである。

明治以来、絶対・無謬という、官治・集権型の国家観念をかかげて、日本は閉鎖国家をきずきあげてきた。今日からふりかえれば、明治維新は、開国というよりも、工業化・民主化を近代化のための普遍文明原理としてうけいれたにもかかわらず、国家による新しい第二の鎖国のはじまりだったといったほうがよい。敗戦・占領による戦後改革も、占領軍の間接統治もあって戦前型官僚機構は温存され、閉鎖体制はつづく。

ところが、日本の工業化の拡大はまた国際分業へのくみこみの増大をうながすという事態になっていく。いわゆる「経済大国」に日本がなればなるほど、日本の経済、労働はもちろん、文化、政治の国際化を誘発し、ナショナリズムの基盤は崩壊するのである。そのうえ、八〇年代にはいってからは、円高もあって、数字の上では、日本は一人当りのＧＮＰでもアメリカを追いぬき、さらに世界一の債権国になる。ここから、米欧あるいはアジアとの両サイドに国際摩擦がきびしくなるとともに、国際政治・国際経済をめぐる責任が問われるようになる。

このため、国家観念によって武装してきた日本の閉鎖体制・閉鎖思想＝ナショナリズム自体が、今日、「国際化」のカケ声とともに、転機にたつことになる。明治国家型ともいうべき、官治・集権政治にともなう政策・制度また理論の対外閉鎖性の破綻がはじまった。

また、国際社会の「国際化」も、相互依存の増大というかたちですすみ、国際連合を中心とした国際機構も政府として自立しはじめる。冷戦などの試練にもかかわらず、今日では国際連合の『国際人権規約』をはじめ、また国際赤十字、ユネスコ、ＩＬＯ、ＷＨＯなどの国際専門機構の条約、宣言などをふくめて、世界政策基準としての国際立法がおしすすめられる。この国際機構レベルの国際立法は、「多国間開放条約」とよばれるが、国レベルの「二国間条約」にくらべるとき、すでに国際機構レベルという独自の政府レベルでの「国際立法」となることを注目したい。

とすれば、日本の各省庁は、国内むけの閉鎖国家意識にとじこもろうとも、この国際立法としての世界政策基準に直面せざるをえない。事実、『国際人権規約』を典型とするように、国際立法は国内法の改変をうながし、政策・制度の国際平準化をうながしていく。もし戦時の市民保護をとりきめた『ジュネーヴ条約追加議定書』（一九七七年）を日本が批准すれば、「無防備地域」などの規定があるため、現在の日本の防衛政策ないし自衛隊関連法の再編も不可避となる。

国際立法ばかりではない。たとえば法務省と入国管理、文部省と教科書、労働省と外国人労働者、通産省と国内産業空洞化、建設省と国際入札、農水省と漁業水域あるいはコメ自由化などに象徴されるように、国内政策と国際政策との分離も、もはやできない。

一九八〇年代にはいって、日本の政策・制度の国際化という課題はこのように具体的になってきたにもかかわらず、日本の国の省庁は、官治・集権型の「国家統治」をめざしているため、国際化に対応できない。そのため、後手後手にまわり、かえって国際摩擦をおおきくしている。これもいわば行政の劣化をしめす。

分権化・国際化をめざした政治の構造改革がここに不可欠の課題となる。だが、この構造改革のための既成施策の改変には必ず、省庁、団体・企業、族議員という三位一体の縦割政財官複合による抵抗・妨害をうむ。分権化・国際化をめぐっては、日本のこのような官治・集権政治の切開が急務となっている。この切開には、国の各省庁の権限・財源を基礎自治体＝市町村、広域自治体＝県におろして分権化し、各省庁は国際化に即応する国際政策に習熟する必要がある。

日本の政治の分権化がはじめて国際化をおしすすめる条件をつくりだす。日本の省庁が国内むけの官治・集権型体質を自治・分権型にきりかえるときはじめて、国外むけの対応能力ないし国際政策をもつようになる。分権化と国際化は連動しているのである。

そのうえ、国際政策ないし外交が、国レベル、それも外務省に独占されるという時代も終った。現在、地球規模の人間社会は、いわゆる国家主権によって国の数だけタテに分断されるのではない。むしろ、次のようにヨコの五レベルに重層化して、地球規模で政治の組織・制御システムをかたちづくるにいたった。

Ⅰ　国際市民活動レベル
Ⅱ　国際団体・企業レベル
Ⅲ　自治体レベル
Ⅳ　国レベル
Ⅴ　国際機構レベル

このそれぞれのレベルは、かつてⅣレベルについてみられた「国家主権」を媒介することなく、今日では直接に独自の国際政策をもち、外交をおこなっている（図1-1・本書五頁参照）。

自治体も、第[6]章にみるように、すでに姉妹都市交流の段階を終え、自治体独自の課題領域における、自治体間の国際援助はもちろん、また自治体独自の課題領域に対応する自治体外交をくりひろげはじめた。日本の自治体主催による国際会議の最近の例をあげれば、世界湖沼環境会議（一九八四年・滋賀県）、世界大都市サミット（一九八五年・東京都）、世界歴史都市会議（一九八七年・京都市）、世界火山都市会議（一九八八年・鹿児島県）などがある。そのうえ、北海道による北方圏、日本海側の日本海圏、また九州北部による黄海圏、沖縄による南方圏の政策構想をめぐって、産業政策から都市政策まで、国境をこえた自治体間の連合がめざされている。いいかえれば、現在、国際政策ないし外交における国ないし省庁の独占はくずれさったのである。

また、いわゆる「内なる国際化」といわれるように、観光、滞在、定住をふくめて、外国人の日本居住が急速にふえつつある。自治体、国をとわず、政策・制度の外国人むけ開放は不可避となってきた。とくに、『国際人権規約』の批准とあいまって、世界政策基準つまり国際立法が直接の自治体政策基準となるようになってきた。今日では、外国人が一人だけでも住むことによって、その地域の自治体行政の既成閉鎖体質は衝撃をうける。

以上のような構造変化によって、政府概念もこれまでのように国家ないし国の政府にかぎられず、Ⅲ自治体、Ⅳ国、Ⅴ国際機構の三極に分化する。それゆえ、この三極の政府間関係として政策・制度を考えるようになる。つまり、シビル・ミニマム（→自治体法）、ナショナル・ミニマム（→国法）、インターナショナル・ミニマム（→国際法）という、政策基準間の調整が問われる。

政策・制度の分権化・国際化にくわえて、その文化化も日程にのぼる。この文化化の背景と内容については前節でみたが、都市型社会における

① シビル・ミニマムの量充足から質整備への課題の変化

② 市民ないし職員の文化水準の変化

という二つの事態から必然となった。

文化行政は、つぎの二重課題をもつ。

(1) 個別施策の文化化　農村型社会をモデルとするため時代錯誤となった既成の「個別施策」を見直し、都市型社会における市民の文化水準、団体・企業の政策水準にふさわしい内容と水準にあらためること

(2) 文化戦略の構想　各自治体がその地域の風土・歴史の個性をいかすような地域づくりの戦略構想を「自治体基本条例」「自治体計画」の中枢にすえ、日本の市民文化の多核化をおしすすめること

このような文化行政の二重の課題が、自治体の個性化・多様化をうみだすとともに、日本の分権化・国際化をうながし、国の官治・集権型の画一行政による政策・制度の低位画一性をうちやぶっていく。

この文化をめぐっては、現在、ひろく地球規模で、

① 農村型社会がはぐくんできた、しかもエスニックな多様性をもつ〈地域個性文化〉の再編＝分権型個性化

② 都市型社会の工業化・民主化がうみだす地球規模の〈世界共通文化〉の形成＝国際型普遍化

という緊張がみられる。この緊張は今後もたえず、地域個性主義か地球市民主義か、というかたちで永続して問われつづけられるであろう。そのハザマで、すでにエスニック問題にするどくあらわれているように、国家観念とむすびついたいわゆる「国民文化」の人工性・神話性も露呈していく。だが、この緊張こそが今後の文化のゆたかさの起動力となる。事実、①を基盤とする地域個性をもった歴史街並みから、②を活力とするコンクリートのニュー・タウンの間には無限の可能性があることを想起しよう。

分権化・国際化は、このような文化の①地域個性化、②世界共通化の緊張とむすびついておしすすめられる。この分権化・国際化・文化化に、国家をこえた都市型社会のダイナミズムをもつ政治の組織・制御システムの形成をみたい。ここでも、また市民の可能性が問われている。農村型社会のオカミ崇拝をひきつぎ、閉鎖国家観念にと

られがちの日本の市民は、この事態に対応能力をもつのだろうか。

〈5〉 巨大都市にみる危機構造

巨大技術をともなう今日の工業化の人類史的問題点として、すでに、地球規模でのⅠ核危機、Ⅱ南北格差、Ⅲ環境破壊をあげたが、これが工業化にともなう世界共通課題となり、その解決も当然、一国の枠をこえている。これらの地球規模の課題をめぐっては、国家の論理をこえる国際市民活動の成立もあって、国際機構レベルでのインターナショナル・ミニマム（世界政策基準）の整備という政策づくりが急務となっている。

ところで、工業化は、民主化とおなじく、今日の段階では、両義性をもつ。

工業化は、農村型社会の共同体・身分に閉じこめられていた個人の活力を、政策・制度の民主化とあいまって解放しながら、ひろく都市型社会をつくっていく。そこには、労働時間の制限や教育水準の上昇にともなう余暇と教養の増大が、シビル・ミニマムの公共整備とあいまって、人類史の画期としての〈個人〉の「自由・平等」の条件をつくりだしている。

だが、工業化は、さきにみたような世界共通課題をめぐって地球規模での人間存在そのものの危機をうみだしただけでなく、都市型社会では「自由・平等」であるはずの〈個人〉が、「孤独」でもあり、官僚組織によって「管理」されるという状況をうみだした。これが二〇世紀の「実存哲学」の背景である。

農村型社会における小規模の親密な共同体、これを政治的に編成していた身分が崩壊し、人間関係自体が工業を原型に原子化・機械化していくからである。自由・平等な個人とは、いいかえれば、プロレタリア化して、孤独で管理される個人でもある。都市型社会は、この視点からみれば、いわゆるストレスのつよい「大衆社会」なのである。そこに新宗教が群生する土壌がある。

都市型社会のこのような問題状況がするどくあらわれるのは、人口が一〇〇万人をこえる巨大都市である。すでに第1節でみたように、工業先発国の巨大都市は、中小都市以上に工業の産物である。そのうえ、毎日毎日、大量の食糧をはじめ生活物資が、その後背地だけではまにあわず、全国規模さらには地球規模ではこびこまれてはじめて存続しうるが、それにはやはり工業化がつくりだす地球規模のコミュニケーションないし輸送の精密なシステムが必要である。

採取・狩猟段階では、食糧獲得には人間にも一定のテリトリが必要であるため、人口密度は低いだけでなく、移動も必要であった。農村型社会では、農業生産力の増大とともに人口の定着がはじまり人口密度がたかくなる。だが、都市型社会となれば、工業を基盤とする高密度のメガロポリスをかたちづくる。日本でいえば、東京圏はついに三〇〇〇万人、近畿圏は一三〇〇万人となる。

他方、南の工業後発地域でも、その背景はのべたが、スラムのかたちで一〇〇〇万人単位の巨大都市がうまれつつある。しかも、人口爆発とあいまって、このスラムの拡大は加速している。その解決には、農村再建による人口分散をはかるとしても、あるいは先発国への移民がすすむとしても、やはり内発型の工業化による雇用機会の拡大と住宅の大量供給、さらに都市基盤をめぐるシビル・ミニマムの公共整備が不可欠である。

都市型社会をめぐるマクロの問題状況は、この意味で、現代文明原理としての工業の歴史評価とかさねあわせて位置づける必要がある。土着原理の再生をとなえるだけでは、南北それぞれの巨大都市の存在という問題そのものの解決にはならない。

巨大都市についてでは、だが、コミュニティの崩壊、新宗教の乱立、あるいは自動車公害、通勤地獄、住宅難、また大気、河川、土壌の汚染という状況にのみとらわれてはならない。なぜなら、巨大都市は「存在」自体が脆いからである。前述したように、ライフラインをはじめ工業化された都市システムが正常にうごいてはじめて、巨大都市は存在しうるにすぎない。地震をはじめとする災害や、テロあるいは戦争によってこの都市システムが破綻したとき、何がおこるだろうか。

もし、電気が止まれば、巨大都市は暗黒となり、電車、電話もとまり、緊急手術もできず、都市機能はストップする。電気だけでなく、もしガスが、もし水道が、もし石油が、というかたちでライフラインをめぐる問はつづく。そのとき、都市は恐怖のチマタとなるであろう。それも一〇〇万人単位あるいは一〇〇〇万人単位ともなるパニックなのである。とすれば、巨大都市は脆い精密機械あるいはカルタの城とみなすべきである。いつでも故障し、パニックをおこす。

このパニックには、都市を保全する自治体職員もまきこまれ、自治体の政府は崩壊する。この都市が首都であれば、同時に国の省庁、とくに軍隊、警察をまきこむ。そのとき国の政府あるいは軍隊・警察の中枢も崩壊となる。くわうるに、このパニックにある人々は食糧もなく生活ができないため、ある場合洪水となって地方に流れでる。この大量の難民を他の地域や自治体は収容しうるだろうか。このとき、難民は略奪の徒となる。

地震をはじめ災害はまだ「局地」的であるが、戦争やテロによる石油あるいは食糧の国際供給システムの破綻もある。ここで、巨大都市をおおくかかえる日本の国土構造は、食糧・エネルギーの国際依存度がたかいことをあらためて想起しよう。大陸国家・米ロ中の巨大都市とは異なって、より一層脆い構造をもつ。

なお、巨大都市では、このようなパニックにならなくても、通常の人口増加・需要拡大のため、ゴミや下水道の終末処理、あるいは水源や電源の新開発をめぐって、たえず危機を潜在させている。そのうえ、これらの都市装置が巨大規模となるため、それぞれが広域にわたる環境破壊をうみだす。東京電力は、原子力発電の立地あるいは終末処理をはるか福島県や下北半島にもとめているではないか。それに、輸入される各種資源はその海外供給地の環境破壊となっていることも想起したい。

巨大都市は、一見華やかかつ便利にみえようとも、いつでも崩壊する脆い構造をもつだけでなく、存在それ自体によって地域規模だけでなく地球規模での環境破壊をひきおこしているといえる。

しかし、見方を変えれば、巨大都市をかかえ、しかも食糧・エネルギーや各種資源の輸入依存度のたかい国は、以上にのべた脆さによって、戦争ができなくなってしまったことが理解されることになる。日本がその典型であるが、ヨーロッパの国々も同様である。

いわゆる国家間の戦争は、工業化・民主化の開始をみているものの、いまだ地域自給性がたかく、また、農民を軍に組織しうる、農村型社会段階の産物といってよい。都市型社会となれば、社会の脆い構造だけでなく、市民層の大量醸成によって、戦争は不可能となる。そのうえ、エスニックス間の対立をふくめ、国境がいまだ柔い後発国のあいだでの局地・通常戦争がおこるとしても、核兵器の存在は、原子力発電所数の増大とあいまって、大国間の戦争を不可能にしてしまった。ヒロシマ・ナガサキ、それにチェルノブイリの教訓がこれである。

なお、巨大都市については、地価問題にもふれる必要がある。巨大都市には、人口だけでなく、情報・富をめぐるチャンスの集積・集中がつづき、これがたえず加速している。ここから、単位面積あたりの収益性があがり、投資、投機の対象となって、都心の高地価をうみだす。人口拡大による周辺郊外の地価高騰もまた都心の地価をおしあげる。地価上昇は、巨大都市成立自体の結果である。日本についてみれば、カリフォルニア一州の面積に一億二〇〇〇万人がすみ、それも山地が七〇%もあるため、高密度、高GNPとあいまって一般的に高地価だが、とくに東京圏は官治・集権センターのため地価高騰となる。

いわば、巨大都市の存在自体がたえずその巨大都市の地価上昇をうながす。巨大都市の存在をそのままにしておいての地価解決はありえない。巨大都市の存在を前提とするならば、いかなる解決策も空論となる。もし、政策によっては一時地価をさげることができても、この地価下落がかえって人口増をよびこんで、この巨大都市をさらに巨大化し、ふたたび地価上昇となる悪循環がおきるだけである。

それだけではない。巨大都市はひろく物価上昇の要因でもある。巨大都市の存在条件である全国規模さらに地球規模からの物資導入は、地代上昇あるいは運賃増、また高額消費者の集住もあって、物価を全国規模、地球規模でおしあげる。

とすれば、巨大都市の存在、ついで巨大都市への集中のしくみを、国土計画型発想でくみかえる必要があるということになる。集権型フランスのパリと分権型ドイツのボンを対比してみよう。とすると、日本の東京圏問題は政治の官治・集権型にあることが理解される。政治改革による権限・財源の大幅な分権化とあいまって、各地それぞれの自治体がみずからの地域社会を魅力あるように活性化しないかぎり、東京圏への集中は今後も加速するとともに、各地域社会は人材涸渇となってしまうのである。

また、この巨大都市では、急速に、外国籍をもつひとびとの居住比率がたかまり、外国人居住地区もひろがる。そのうえ、二世、三世は、もはや母国を知らず、母国語、母国文化からも切りはなされる。ここから、国際法＝世界政策基準をふまえて、外国人への人権ないしシビル・ミニマムの保障はもちろん、外国人むけ広報、外国人参加制度の開発が急務となる。「内なる国際化」問題はとくに巨大都市にひろがる。

巨大都市においては、このように、都市型社会あるいは〈現代〉の問題性が集中してうきぼりになってくる。巨大都市については、今後きびしくその論点をつきつめていくべきであろう。巨大都市はまた現代の「バベルの塔」なのである。

農村型社会においては、数千年かけて人間と自然との第一次生態均衡をつくりあげてきたことを想起しよう。今日、自然といわれている農村や山・川は、この第一次生態均衡にもとづく人工自然なのである。とすれば、工業化にもとづく都市型社会の形成をめぐって問われているのは、人間と自然との第二次生態均衡の形成ではないか。この第二次生態均衡への模索においてこそ、都市型社会、とくに巨大都市が試練にたっているのである。

第二次生態均衡の形成は、国内・国際を問わず市民活動の課題となっている。Ⅰ核危機、Ⅱ南北格差、Ⅲ環境破壊という今日の世界共通課題は、この第二次生態均衡を形成する中枢論点をなすのである。はたして、この解答を私たちはみいだしうるのだろうか。とくに巨大都市をめぐって、「政策・制度」をかたちづくりうるであろうか。

〈6〉 都市型社会のとらえ方

最後に、都市型社会についての理論を考えておこう。現代文明原理としての工業化・民主化が、その帰結としてうみだす都市型社会についてのいわゆる理論は、今日「大衆社会」「管理社会」「脱工業社会」「情報社会」などあふれているが、その問題構成は、何時、誰によって提起されたのだろうか。

まず、当時最先端の工業国イギリスにわたったマルクスをみよう。マルクスは、工業化・民主化の両義性を、一九世紀ヨーロッパのプロレタリア化の現実にそくしてきびしくとらえながらも、一七世紀ヨーロッパのロックが定式化する「市民社会」の理論系譜にとどまっている。その理論は、工業化がうみだすプロレタリアートが主体となる民主化、つまり革命による市民社会の再生を構想していた。「社会」主義がこれである。マルクスは「市民社会」の思想圏にあったのである。都市型社会の成熟にともなう、市民社会から大衆社会への転換は、当然一九世紀の「市民社会」理論は想定していない。

ついでウェーバーでもない。彼の都市類型学は一九世紀どまりで、ヨーロッパ一九世紀をふくむ農村型社会での都市の位置をとりあげたにとどまる。しかも、ウェーバーは、二〇世紀初頭にふさわしく、大衆化・官僚化の緊張をとらえて全体主義政治を予見するが、当時の後発ドイツを反映するため、私のいう都市型社会における〈市民〉の可能性を構想しえなかった。ウェーバーの市民は小生産者層ないし一九世紀型名望家層であった。その結果、ヨーロッパの未来に、古代エジプトの東洋専制をみてしまった。

マルクスをうけついでウェーバーも、工業化にともなう人口のプロレタリア化から出発する。このプロレタリア化を基軸とする民主化をめぐって、マルクスがプロレタリアによる〈革命〉を想定したところを、ウェーバーは〈官僚組織〉を帰結させた。いずれも後発ドイツの問題状況を反映していたのである。

だが、二〇世紀における都市型社会への移行は、大衆社会状況をふくみながらも、あるいはまた大衆社会状況のなかから、市民型人間の大量醸成にともなう、市民活動の拡大をうみだしてきた。このような問題状況の成立を背景に、絶対・無謬という主権観念をかかげる官治・集権型の「国家」観念が崩壊し、政府を自治体、国、国際機構へと三分化する自治・分権型の《分節政治》に改編する可能性をつくりだしてきたのである。私は、人口のプロレタリア化をめぐって、マルクスが〈革命〉、ウェーバーが〈官僚組織〉を導きだしたのにたいして、〈市民〉の可能性を設定したい。

都市型社会の成立を最初に理論レベルでえがくこころみは、これまた〈現代〉の先端をきりひらいてきたイギリスの思想家たちによっている。イギリス特有の、概念としての精密さを欠いているにせよ、二〇世紀初頭のイギリス思想圏を設定するとき、当時のデュルケムやデューギーに代表されるフランス、ウェーバーやシュミットをもつにせよドイツなど、アメリカをふくめて、社会科学のたちおくれはいちじるしい。

その模索として一九〇九年にかかれたH・G・ウェルズの『トーノ・バンゲイ』（岩波文庫）を想起しよう。邦訳は、すでに戦前の新潮社版『世界文学全集』にはいっている。トーノ・バンゲイとは、大量宣伝によって売りまくられる大衆薬の名前だが、大衆薬が常用される都市型社会の成立を、農村型社会をそのままのこす貴族の荘園の一隅に生まれ、地方都市をへて、ロンドンという巨大都市に流れこんだ主人公の生涯にたくして、パノラマ化している。文学的評価を別として、農村型社会から都市型社会への転換を考えるには、今日も必読であろう。とくに、そこでは、都市における活力にみちた新しい人間型の成立がつよくえがかれている。

都市型社会について、社会科学の理論定型をつくりあげたのは一九一四年、ウォラスの『巨大社会』(*Great Society*) であった。このウォラスの「巨大社会」という観念は、その後の現代政治理論ないしひろく社会科学に決定的影響をあたえる。ラスキ、リップマン、メリアム、ラスウェル、マンハイムら、〈現代〉社会科学の開拓者たちの名前をそこにみいだすだろう。とくに、マンハイムは、『変革期における人間と社会』(初版一九三五年)で、この巨大社会という言葉をそのままつかうが、第二版ではこれを大衆社会という言葉に改鋳した。このマンハイムによって理論化された大衆社会の観念は、オルテガ、ヤスパースらの文明考察、あるいはファシズム分析、大衆文化研究とむすびつきながら、ひろく一般化する。大衆社会論は、第二次大戦後、とくにあらたな活力をえたアメリカ社会科学によってポピュラーになったとしても、ヨーロッパ原産だったのである(拙著『現代政治の条件』一九五九年・中央公論社「あとがき」参照)。

このウェルズやウォラスもフェビアン協会と関係をもつが、この思想圏の中心にいたのがフェビアン協会のリーダー、ウェッブであった。この思想圏によって、いまだ環境問題は今日のような形をとっていないが、当時、都市型社会への移行にともなう社会保障、社会資本、それに社会保健の自治体による公共整備が、自治体の政策・制度の改革に即して論じられ、成果をあげていった。いわゆる都市社会主義の運動がこれである。ここで、社会主義とは、ガス・ウォーター社会主義という別称にみられるように、コレクティヴィズム(公共管理主義)であった。もちろん、前史としてチャドウィック、チェンバレンらの名前をあげることができるが、このフェビアニズムは二〇世紀初頭、都市型社会への移行にあたって、ひろく欧米の自治体改革・都市政策に影響をあたえていく。

フェビアニズムは、その後「産業自治」を提起するコールらの分派、ギルド社会主義によって「官僚管理」という批判をうけるが、「社会調査」の意義をあきらかにしながら、都市型社会における政策・制度という実務領域をきりひらいた。理念・理論レベルから政策・制度レベルへの思考の深化として、これを私はたかく評価したい。

都市型社会をめぐる理論構成つまりパラダイムの転換の模索という意義をもつ、二〇世紀初頭イギリスのこの思想圏については、すでにその当時から日本に紹介されていたが、まだ農村型社会にとどまっていた戦前から戦後にかけての日本ではその意義を理解できなかったのは当然であった。そのうえ、戦前から最近の八〇年代まで、日本の社会主義主流の理論モデルは、これまた当時農村型社会にとどまる一九世紀ドイツ（主として日本社会党系）、ソ連、中国（主として日本共産党系）の理論であったため、都市型社会に対応しようとするフェビアニズムの本来の課題は理解される条件がなかったのである。

農村型社会から都市型社会への移行をめぐる緊張への強権型対応というファシズム・スターリニズムの問題点もあきらかとなり、また日本における都市型社会の成立をみはじめた一九六〇年代以降の市民運動の激発、革新自治体の群生をへて、工業化・都市化・市民化という都市型社会の問題連関がみえはじめてきた一九八〇年代ともなれば、後発国ドイツのマルクスやウェーバーよりも、先発国イギリスのこの思想圏があらためて活気をおびてみえるではないか。ナショナル・ミニマムという言葉もこのフェビアニズムからくる。

また、二〇世紀にはいって都市改革をおしすすめたアメリカの都市行政学も、以上のような都市型社会への移行というアメリカ現代史の文脈でとらえるとき、はじめてその意義を理解できるものとなる。

今日の時点で、都市型社会の政治発想として私が強調したいのは、都市型社会における市民の成熟可能性と、その市民活動による政策・制度づくりの習熟である。農村型社会から都市型社会への《大転換》がすすみ、これまで「近代化」をめざした国家統治型の政治がおわれば、そのとき、市民自治型の政治がさけがたくなる。そこでは、政策・制度づくりは国家（官僚）の秘術ではなく、市民の日常の技術となっていく。つまり政治は近代化の過渡媒体としての国家からではなく、都市型社会の問題解決をめぐって市民から発生する。

日本をふくめて先発国の市民活動は、すでに、自治体レベルからはじまる国内の福祉・都市・環境政策にとりくむだけではない。国境をこえた地球規模の世界共通課題として、ひろく工業化がうみだしたⅠ核危機、Ⅱ南北格差、Ⅲ環境破壊、そこにおける人権・平和を、人類共通の課題としてかかげ、国際市民活動として成果をみつつある。「国家」をこえる、分権化・国際化・文化化が時代の精神となってきたのである。当然、市民の政策公準として、自治体レベルのシビル・ミニマム（→自治体法）、国レベルのナショナル・ミニマム（→国法）、国際機構レベルのインターナショナル・ミニマム（→国際法）をめぐる、三極関係の制度調整も不可欠となってきた。

たしかに、現在、後発国には、かつて近代化過程のヨーロッパや日本が直面したとおなじような「弾圧」ないし「搾取」をめぐる「階級闘争」というマルクス型状況もあり、また「官僚組織」というウェーバー型状況もみられる。だが、今日の先発国では、工業化・都市化・市民化がおしすすめた都市型社会の成立によって、市民は自治・共和型の《分節政治》（第[1]章6節参照）の新しい展望をきりひらきつつあるとみたい。

今日、都市型社会の成立によって、数千年つづく農村型社会の〈共同体・身分〉、過渡期としての近代化をめぐる〈国家・官僚〉を原型とする発想は、〈都市・市民〉を原型とする発想に転換する。

日本でも、一九八〇年代ともなると、多様な視角から都市・市民をめぐる研究、著作が洪水のようにあふれはじめたことを注目しよう。「自治体改革」の提起というかたちで、私が自治体にとりくみはじめた一九六〇年前後には、先駆的な歴史研究あるいは建築・土木理論はみられたが、自治体の戦略位置づけはなく、さらに政策・制度の理論は未熟といってよかった。当時は、いまだ、保守・革新を問わず、農村型社会を基盤とする〈国家・官僚〉を基軸として、啓蒙あるいは革命を考える時代であった。都市型社会が成立する一九八〇年代になって、ようやく日本でも〈都市・市民〉が政策・制度レベルにまでふかめられて、ひろく問題領域として成熟してきたのである。そのうえ、分権化・国際化・文化化との関連で、国家観念の終焉、政財官複合の問題性こそが問われるようになっている。三〇年間にこれだけの変化がおきたのである。

ただ、以上のような状況・構造の変化に、国レベル、自治体レベルの行政職員はもちろん、政治家、ジャーナリスト、社会科学者はいまだ対応できていない。ことに、自治体選挙にみられる「無風」「相乗り」はここからくる。⑴スローガンでは革新自治体の「市民参加による市民福祉」が保守自治体の「中央直結による産業振興」に勝利をしめ、⑵モノトリの対立ではシビル・ミニマムの量充足をみたため、いずれからも無風となる。だが争点がなくなったのではなく、一段階飛躍したのである。⑴については市民参加、情報公開、行政手続の制度開発、⑵については分権化、国際化、文化化をふくめたシビル・ミニマムの質整備の政策開発が問われているが、これらが争点としてドラマ化されうるには、政治家の世代交替、政党の再編も必要なため、今しばらくの時間がかかるだろう。

市民を主体とした都市づくりついで政治をめぐっては、マクロの歴史展望をもつ理論構想、ついでリアルな政策・制度論を成熟させる必要がある。でなければ、都市型社会の私たちの思考は変化のはげしい都市型社会の日常のなかで風化するか、農村型社会への回帰願望となる。

都市型社会では、国家神話・イデオロギーは破錠し、市民の共通の問題意識にささえられた政策・制度レベルでの革新のつみかさねが不可欠となる。地域規模に深化し地球規模のひろがりをもつ市民活動のなかで、数世代かかって市民の「力量」が熟成し、これが「知慧」として蓄積されて、「市民文化」がうまれていく。今後、自治・共和という原点から出発する市民文化をめぐって、個々の市民の力量と知慧つまり市民性が問われつづけるだろう。

3　生活権の思想と政策

生活権とは、シビル・ミニマム（市民生活基準）を政策公準に設定してはじめて実効性をもつが、都市型社会における生活最低条件の公共整備についての、市民の基本権である。都市型社会では、公共政策による生活最低条件つまりシビル・ミニマムの公共整備なくしては、市民は生活できない。この都市型社会における生活最低条件ないしシビル・ミニマムの公共保障を生活権という。都市型社会への移行にともなって不可欠となる市民の基本権である。

かつて農村型社会で人々の生活土台となっていた共同体が、工業化・民主化＝「近代化」によって崩壊する結果、都市型社会では、新しくシビル・ミニマムを公準とする公共政策によって、市民の生活最低条件を公共整備しなければならなくなる。農村型社会における共同体での相互扶助が、都市型社会では政策・制度による生活権の公共保障となったのである。

生活権の法規定は、国レベルだけでなく、自治体レベル、国際機構レベルを含めて、この三政府レベルにおける基本法の課題となる。まず、『日本国憲法』でいえば、その二五条は、国の課題として、「健康で文化的な最低限の生活を営む権利を有する」となっている。自治体でも当然独自の「基本条例」の策定が日程にのぼっている。のみならず、生活権の普遍性は、今日では地球規模でひろく確認され、国際機構レベルでは、国連による『世界人権宣言』ついで『国際人権規約A』となる。

都市型社会の成立にともなって、シビル・ミニマムの公共整備の〈必要〉が生活権を必然とした。それゆえ、この生活権は、法以前の基本権となる。法規定がまずあって、この規定から生活権が導きだされるのではない。生活権は、法以前のシビル・ミニマムを公準とする基本権であり、ついで自治体、国、国際機構それぞれの政治・政策・法によって公共整備されていく。

生活権は、また国籍による「国民」以前の、「市民」の基本人権として位置づけられる。地域規模・自治体レベルでは、国籍によって差別されない〈地域市民〉としての基本人権であり、地球規模・国際機構レベルでも、国籍をこえるいわば〈地球市民〉としての基本人権とみなされる。

〈1〉都市型社会への《大転換》

工業化・民主化＝「近代化」の成熟がつくりだす都市型社会は、数千年続いた農村型社会とはまったく異なる生活様式をかたちづくる。

定着農業の開始、つまり採取・狩猟段階からの飛躍をうみだした「農業革命」にはじまる農村型社会では、人々の生活土台は農業を基本とする共同体にあった。この農村型社会では、農業生産力の上昇による社会余剰の発生をみるため、やがてこの社会余剰の集約をめぐって、政治・権力・支配が自立しはじめる。《政治革命》もおこるのである。その結果、神殿・宮廷・城壁をもつミヤコとして都市が発生する。また、地域の生産力がたかまれば、交易によるイチとしての都市も成立する。

農村型社会の都市は、たしかに景観としては、農村の共同体の海のなかにおける島のような、例外をなしている。

だが、この農村型社会の都市も共同体複合という性格をもっていた。また、これらの共同体間を渡り歩く職人、商人、芸人もそれぞれ職種、芸能によって共同体をつくっていた。

農村型社会における生活様式の土台ないし原型はこの共同体にあった。政治は、この共同体をふまえた〈身分〉のうえにのみ、成りたちえた。つまり、政治とは、この共同体を土台とする領主身分の編成を意味していた。

数千年つづく農村型社会において、地球上の各地に、幾多の王朝・帝国がうまれ、かつ滅びていった。これらの王朝・帝国は、共同体を土台とし、領主身分の集権型（郡県制）あるいは分権型（封建制）の編成によってかたちづくられている。それゆえ、幾多の王朝・帝国の興亡の歴史にもかかわらず、共同体・身分という基本構成は持続していた。もし天災、戦乱、征服によって、この共同体・身分が破壊されても、時間がたてば、また復元されて、持続する。

いうまでもなく、土台をなす共同体の構造は、それぞれの地域特性をもつ生態系と呪術・宗教による宇宙論とのあいだで多様である。あるいは農業生産力の発展段階、商工業の展開形態に応じて、ついで王朝・帝国の編成方法の相異によっても、変化している。共同体の構造は、いわば風土・文化の空間軸、ついで経済・政治の時間軸によって、それぞれちがっている。だが、農村型社会をマクロにみるとき、そこに共同体・身分という基本構成がつらぬいていたのである。

しかし、ついに新しい激動がはじまる。一六、一七世紀ヨーロッパにおける近代化の開始、つまり工業化・民主化のはじまりは、数千年つづいたこの共同体・身分という基本構成を崩壊させる。これは人類史における第二の画期であった。「近代化」は、農業革命による採取・狩猟段階から農村型社会への移行と匹敵する《大転換》となる。この「近代化」も数百年かかるのだが、産業革命＝工業化、市民革命＝民主化の成熟による都市型社会への移行という意味で、人類史第二の画期をなす。

ヨーロッパにはじまる工業化・民主化＝近代化は、いわゆる国家（ステート）を推力ないし媒体として、二〇世紀には全地球規模にひろがり、現在にいたる。そこでは、

(1)　ヨーロッパの国家による地球分割（帝国主義）

(2)　非ヨーロッパでの国家の独立（民族独立）

という二段階をとおして、今日では、工業化・民主化は地球規模での普遍性をもつ文明軸となった。

工業化・民主化＝近代化の成熟は、結果として、農村型社会から都市型社会へという、人類史の《大転換》をもたらす。これが、二〇世紀、工業化・民主化の先発地域である欧・米ついで日本における都市型社会成立の意義である。今日、東ヨーロッパ、ロシア、東アジア、南アメリカなどの中発地域はこの移行の過渡をなし、中国、インド、アフリカなどは、工業化・民主化への加速をつけながらも、全体としてはなお農村型社会にある。やがて、地球各処で、採取・狩猟段階をなお残しながらも、漸次、地球規模での都市型社会の全般化をみるであろう。

図 3-1　近代化の三重構成

経済構造	農業社会→	工業化→	工業社会
社会形態	農村型社会→	都市化→	都市型社会
政治過程	身分社会→	市民化→	分節社会

都市型社会の成立をみるとき、「国家」とは、近代化つまり農村型社会から都市型社会へという大転換の推力として、過渡性をもつにすぎないことがはっきりしてくる。国家とは、実に、この大転換の過渡推力であった。

この《大転換》においておきたのは、くりかえすが、数千年つづいた農村型社会の基本構成をなす共同体・身分の崩壊であった。「工業化」は共同体・身分を崩壊させながら、そこに〈個人〉を析出して、「民主化」を推し進める。この個人は、はじめはブルジョア家長であったが、今日ひろくはプロレタリア男女である。それゆえ、この工業化・民主化とは、また人口のプロレタリア化の過程なのである。ここで、人口のプロレタリア化とは、農村型社会にみられるような、農民の農具、職人の工具、商人の店舗、戦士の武器といった、小規模の伝統生活手段の保有

からの離脱をいう。

プロレタリア化した人口は、共同体・身分ないし伝統生活手段から「解放」されるがゆえに、原子論的機械論的な個人として、官僚組織つまりまず行政機構・軍事機構、また企業経営に「組織」され、都市に集住していく。事実、工業化にともなう生産力の拡大によって、農業人口は激減するとともに、人口の都市化が進み、今日では世界各地に一〇〇〇万人単位の巨大都市すらつくりだすことになる。

都市人口では、そのうえ、人々のかつての農村型生活感覚は都市型生活感覚へと数世代かかって変っていく。とくに工業化がもたらす「余暇と教養」の増大、また民主化が産みだす「市民政治訓練」の蓄積とあいまって、プロレタリア化した人口のなかから、新しく《市民》型人間の大量醸成がはじまる。ことに情報化といわれる情報操作の工業化は、この過程に拍車をかけていく。

この《大転換》は、図3-1のような変化をもたらしているのである。

都市型社会については、人口のプロレタリア化によって、農業人口が三〇%を切る時点を「移行期」、一〇%を切った時点を「成立期」とみたい。各国で自治体ないし都市の制度が異なっているため、都市対農村の人口比率を算出できない。それゆえ、農業人口の減少率から逆算して類推するという方法をとるため、農業人口の三〇%、一〇%をメドとせざるをえないのである。

農業人口が移行期の三〇%を切るのは欧米では第一次大戦後、日露では第二次大戦後であるが、ほぼ八〇年代では欧米日は一〇%を切るため都市型社会の成立をみたといえる。

留意すべきは、後発諸国の人口の都市化である。先発国では、工業の拡大が農業生産力を上昇させて過剰農村人口を都市に吸収し、内発的に都市化が進むという上向循環がある。しかし、後発国では、先発国工業の衝撃が共同体・身分を外発的に急速に崩壊させる結果、農村人口の急激な都市化をうみだすにもかかわらず、工業が未熟なためこれを吸収できず、巨大な都市スラムをつくるという下向循環になってしまう。この巨大スラム人口にたいしては、雇用をつくるとともに、生活条件をととのえるには、農村の再建はもちろん、やはり工業化の拡大が不可欠である。後発国では、都市化がさきにすすんで工業化が遅れるため、このギャップが巨大な都市スラムをうみだすのである。

以上のようなきびしい問題性をもちつつも、地球規模の工業化・民主化の進行によって都市型社会への《大転換》がすすむ。これをマクロにみるとき、そこに何がおきていくのかは、図1-5（本書一三頁）でまとめておいた。

とくに、二〇世紀初頭の第二次産業革命は、大量生産、大量伝達、大量消費をもたらすため、生活様式の平準化をおしすすめ、また政治権利の平等化を準備する。その結果、農村地区を含めて都市型生活様式ついで政治的民主政治の全般化をみることになり、いわゆる〈大衆社会〉の成立となる。共同体・身分の崩壊する都市型社会とは、また大衆社会だったのである。ついで、今日、生活様式の平準化、政治権利の平等化は、地球規模に拡大・深化しながら、地域個性文化を再編し、世界共通文化をつくりだす（前述第②章4節）。

生活権をかんがえるとき、まず、都市型社会の成立の画期性をマクロにおさえておきたい。生活権は、農村型社会の共同体・身分の崩壊にともなって、都市型社会への移行という《大転換》がおきた結果、都市型社会で必然となる権利・理論ないし政策・制度だからである。農村型社会の共同体という人々の生活の土台ないし原型が崩れたとき、都市型社会では人々はどのように生きていくのかという基本の問、それも人類史的な問が、そこにある。

つぎに、生活権を必要とする都市型社会の構造をとらえ、生活権という考え方が今日では当然の常識にみえようとも、一朝一夕にしてなったのではなく、政治・思想をめぐるきびしい試練をへながら、組み立てられたという歴史を想起したい。

〈2〉 生活権の構成と政府のレベル

まず、都市型社会の生活様式と、農村型社会のそれとのちがいをあらためて考えよう。

農村型社会の土台となっている共同体では、〈地域自給〉が原則であった。農村型社会でも、塩、鉄をはじめ、特産品、工芸品は、地域間あるいは大陸規模で流通している。だが、生活の日常は共同体規模での地域自給のうえになりたっていた。農村型社会と比較するとき、工業化にもとづく〈社会分業〉の拡大・深化が都市型社会の特性となる。

私たちは朝起きると水道の蛇口をつかって顔を洗う。この水は公共政策による上水道からきている。かつてのように井戸ないし小川から汲んだものではない。農村型社会の井戸ないし小川の水は、まさに共同体規模での地域自給であった。都市型社会の上水道は、その水源は都市から遠く、その施設、管理はもちろん水質、料金なども公共政策によって決定される。この顔を洗ったあとの水は下水道に流されるが、この下水道も上水道と同じく公共政策によっている。

朝食の食料品は、農村型社会ではその多くは地域自給でまかなえるはずである。米や麦など、また野菜、魚、肉は地域でとれ、それにニワトリはまさに庭先にいる。都市型社会にはいれば、もはや地域自給はできず、ひろく各地から供給される。東京圏のような一〇〇〇万人単位の巨大都市となれば、後背地だけからではまかなえず、地球規模での海運、航空などの輸送システムに依存してはじめて、朝食の素材をそろえることができる。

朝食をつくる水についてはすでにのべたが、調理するにはエネルギー、つまり電気、ガスがいる。これは、企業によって供給されるとしても、直接・間接の公共政策によってそのエネルギー源、配送システム、品質、料金など

図 3-2　シビル・ミニマムの問題領域

Ⅰ	社会保障	①老齢年金，②健康保険，③雇用保険，とくに④生活保護
Ⅱ	社会資本	①市民施設（集会施設，文教・医療・福祉施設，また緑道・公園など），②都市装置（上下水道，エネルギー，道路，交通・通信など），さらに③公営住宅
Ⅲ	社会保健	①公衆衛生，②食品衛生，くわえて③公害

が決定される。そのエネルギー源となる石油、ガス、石炭あるいは原子燃料などは、また地球規模で調達されている。農村型社会では、近くの入会権をもつ山野で柴をかるというかたちで地域自給ができた。

つぎはいよいよ出勤である。農村型社会では田畑は近くにあり、いわゆる出勤の必要はなかった。都市型社会ではプロレタリア化した都市人口は、いわゆる職住分離のため、遠く離れた職場に、自動車、鉄道などで通勤する。道路を含めていずれも公共政策によって整備され、一定の水準に保たれる。自動車、鉄道のエネルギーも地球規模で調達されることはすでにみた。

起きてから通勤するまで、朝だけの時間をとっても、都市型社会の生活は公共政策の網の目のなかではじめてなりたつことになる。それも地球規模のシステムを必要とする。通勤先の企業のあり方から夜のレジャーについても同じである。住居ついで都市自体、公共政策による規制のカタマリといってよい。

以上が一日サイクルだが、生涯サイクルでみると、さらに問題ははっきりする。生れて乳児期、幼年期、少年期、青年期、成年期、熟年期、高年期と、それぞれの時期に対応した公共政策が必要となる。ゆりかごから墓場までの、生活条件の公共整備が不可欠なのである。これに、今日では、地域規模から地球規模までの環境保全ないし南北調整、あるいは平和・人権についての公共政策も加わってくる。

ここに、貨幣形態をとるフローとしての個人所得だけでは充足しえない、都市型社会におけるストックとしての生活条件の公共整備という、公共政策の独自領域がある。これを図

3-2のように整理しておこう。

これらⅠⅡⅢの三問題領域が、〈政策公準〉としてのシビル・ミニマム、つまり一定の〈政策基準〉にしたがって、公共整備されないかぎり、都市型社会における市民は生活できない。巨大都市では、もしこのシビル・ミニマムの公共整備が、地震などの災害、またテロ、戦争などによって一時的にもせよ破綻するなら、そのときパニックになってしまう。都市型社会、ことにその巨大都市は、脆い精密機械ないしカルタの城なのである。

都市型社会のこの特性は、工業化にともなう生活の《社会化》、いいなおせば生活システムの機械化・外部化からきている。工業化による共同体の崩壊は、この共同体と結びついている生活ないし家族のあり方を変えたのである。かつての家族は、共同体を土台として、家族労働つまりイエ単位に生産し、また家事作業つまりイエ単位で消費をまかなってきた。だが、工業化の深化につれて地域自給の共同体は崩壊する。その結果、生産をめぐる「家族労働」も解体されて、複雑な「社会分業」にくみこまれる。つまり生産労働は〈経営〉による機械化・外部化によって《社会化》し、個人単位の契約労働となっていく。生活のための家事作業も、図3-3のように《社会化》して、複雑な社会分業にくみこまれ、一方では機械化、他方では外部化する。

図 3-3　生活（家事作業）の社会化

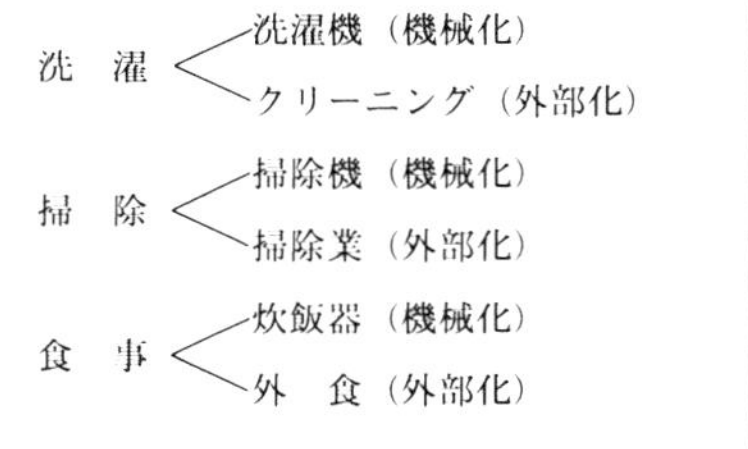

ここであらためて、親孝行の社会化としての高齢者福祉から、出産・医療の社会化としての産院・病院、教育の社会化としての学校、ゴミ処理の社会化としての清掃事業、また逆に病源の社会化としての公衆・食品衛生あるいは産業・都市公害などをめぐる政策・制度を想起したい。さきにみたシビル・ミニマムの三問題領域としての、Ⅰ社会保障、Ⅱ社会資本、Ⅲ社会保健の公共整備は、ここでみた都市型社会における「生活」の社会化の帰結だったのである。

農村型社会では、小規模生産手段を「保有」するため、〈家長〉の指揮のもと、生産・生活の単位であった家族機能の多くは、都市型社会では「外部化」「機械化」していき、家族機能はいわゆる安息と性と育児にかぎられていく。この育児も保育園をはじめ外部化されうる。とくに家庭内の機械化についていえば、今日の家庭は、あたかも小工場のごとく、多くのモーターで動く機器をもち、また電気・ガスの機械装置をくみこんでいる。

この結果、女性は、家長支配のもとでの家族労働、家事作業から解放されるとともに、家族の外での経済、文化、政治への進出ができる条件が、はじめて歴史的にできあがっていく。男女平等が理念どまりではなく、現実の可能性となるには、都市型社会の成立が必須の背景なのである。だが、そのとき、いわゆる家族（イエ）から家庭（ホーム）への変化がおきる。夫も妻もプロレタリア化しているかぎり、合意が破綻すればいつでも崩壊する、脆い家庭に変っているのである。

以上の共同体、ついでこの共同体を土台とする生活様式の崩壊は、また、土着の〈地域個性文化〉の解体・再編をうながす。地域生態系とむすびついた知慧として、農村型社会の共同体・家族において、数千年のながさで蓄積・伝達されてきた地域個性文化も解体しはじめ、工業化によって地球規模にひろがる大量生産、大量伝達、大量消費を背景とする〈世界共通文化〉が進出していく。食事、衣服、住居のスタイル、あるいはマナーから伝統行事・祭式も、世界共通文化によって変えられていく。日本でもかつて、柳田国男は失われいく地域個性文化の「民俗学」を記述し、今和次郎が世界共通文化の浸透という「考現学」にとりくんだのは、この地域個性文化と世界共通文化との間の文化葛藤を問題としていたためと位置づけうる。

このような都市型社会における生活様式ついで生活感覚の変化は、いわゆる都市だけでなく、いわば農業地区をまきこんでくりひろげられていることに、とくに注目したい。都市対農村、文明対文化、近代対土着という対立の設定は、いわば農村型社会から都市型社会への過渡期における、地域個性文化対世界共通文化という「二重構造」

を反映していた。都市型社会が成立すれば、いわゆる都市・農村を問わず、世界共通文化を主軸とする都市型生活様式が全般化し、数世代をへながら都市型生活感覚がひろく成熟し、《市民》の大量醸成となっていく。

都市型社会では、こうして、農村から都市へ、家族から家庭へという生活原型の転換をふまえて、「共同体から公共政策へ」という生活課題の転換がおきる。かつての〈共同体規制〉は、市民生活公準としてのシビル・ミニマムを理論前提とする〈公共政策〉へと転換するのである。

シビル・ミニマムの公共保障の課題領域となるI社会保障、II社会資本、III社会保健は、市民生活からみた三問題領域である。それゆえ、この三問題領域の政策化にあたっては、市民生活が地域を基盤として出発するかぎり、まず自治体レベルでの空間システムとして、総合される必要がある。これが「自治体計画」（後述）の意義と課題となる。

シビル・ミニマムの三問題領域の重要性については、それぞれが公共整備されない逆の場合を考えてみると、よく理解できる。

I　社会保障↔福祉問題（古典的貧困問題）
II　社会資本↔都市問題
III　社会保健↔環境問題

それゆえ、まず、市民にもっともちかい自治体によるシビル・ミニマムの公共整備が、都市型社会の日常生活では不可欠である。まさに〈生活権〉なのである。ついで、この自治体レベルのシビル・ミニマムは、後述するように、国のナショナル・ミニマム、国際機構によるインターナショナル・ミニマムとともに、相互に調整・連動されるる。生活権は、こうして、都市型社会であるがゆえに、国籍を問わず、個人として生活する市民の基本権とならざるをえない。一国福祉主義の崩壊が訴えられるのもこのためである。

図 3-4　基本権の構成

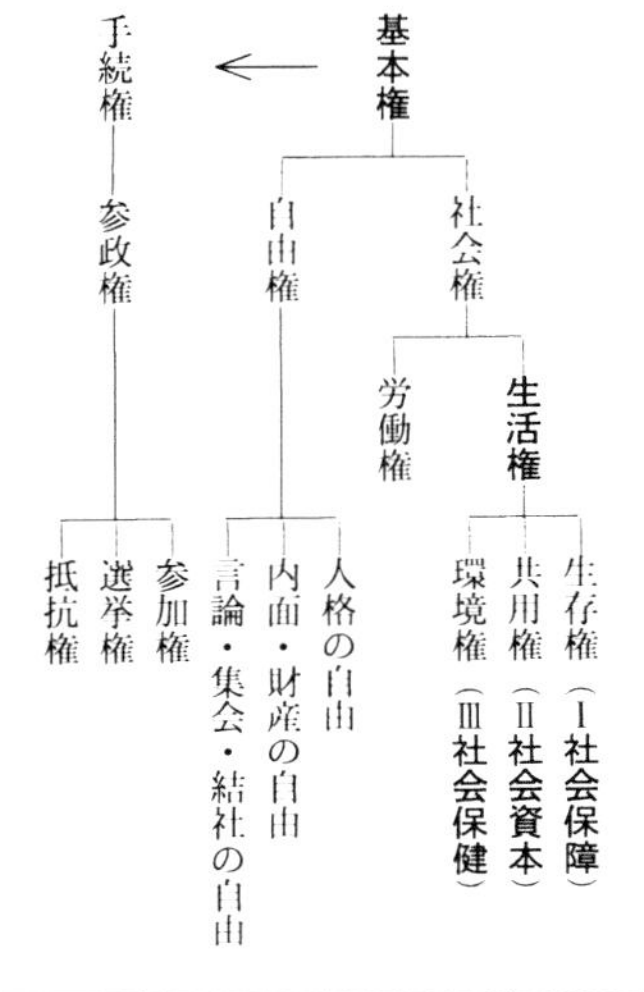

生活権の提起によって、これまでの基本人権のプログラムは、図3－4のように再編されることになる。

ここで、普遍的な生活権と、ライフ・サイクルの特定段階での労働権との関係を確かめておこう。「所得」をめぐる労働権についてみるとき、都市型社会では、⑴一般に停年までで、⑵病気のときは働けず、⑶企業倒産などによる失業がありうる。⑴⑶は原則として農村型社会では起こらず、⑵では農村型社会では薬草を煎じて寝ているだけであった。この⑴⑵⑶がまさに、図3－2のⅠ社会保障の①老齢年金、②健康保険、③雇用保険に対応する。そのうえ、労働「以前」の子ども段階、労働「以後」の高齢段階、くわえて労働「以外」の余暇時間においても、人間としての《生活》の諸活動が行われているのである。事実、家庭のなかには労働しない子ども、老人もいるし、労働以外の文化活動も行われているではないか。社会は、〈労働〉にささえられているにもかかわらず、労働権のみで完結できない。

とすれば、Ⅰ社会保障、Ⅱ社会資本、Ⅲ社会保健をめぐる生活権は、人間であるかぎり、労働者、農業者、商業者、経営者などを問わず、さらに男女、老若を問わず、全般性をもつ〈市民〉の普遍権利つまり基本人権なのである。

生活権は、シビル・ミニマムを公準とする公共政策によって実効的となる。この公共政策は、自治体レベルから出発し、国レベル、国際機構レベルでの調整・連動も必要となる。農村型社会の共同体の生活課題は、都市型社会では、まず基礎自治体（市町村）の「基礎行政」によって再編される。広域自治体（県）の課題は、この基礎自治

図 3-5　政府の三分化

自治体	シビル・ミニマム	＝自治体政策基準→自治体法
国	ナショナル・ミニマム	＝国の政策基準　→国法
国際機構	インターナショナル・ミニマム	＝世界政策基準　→国際法

体の「基礎行政」にたいして「補完行政」をなす（図1-6・本書一四頁参照）。自治体は、都市型社会では、シビル・ミニマムの公共整備という独自の責任領域をもつのである。

ついで、生活権の公共保障ないしシビル・ミニマムの公共整備は、自治体レベルの政府から出発するとしても、国レベルの政府による、ナショナル・ミニマムとしての国の政策基準の策定また権限・財源の配分を不可欠とする。そのうえ、国際機構を中心に、富の国際再配分のためもあって、シビル・ミニマムについての世界政策基準の策定が、インターナショナル・ミニマムをめぐる条約、宣言、勧告というような国際立法によって行われるようになる。

政府間関係は図3-5のようになる。つまり、都市型社会では、政府は自治体、国、国際機構へと三分化するのである。シビル・ミニマムつまり市民生活基準の設定によって実効性をもつ生活権は、自治体からはじまり、国、国際機構にいたる三層性をもつ政策基準によって整備されていく。

こうして、論点を次のように整理できるようになる。論理的には、生活権→シビル・ミニマム（市民生活基準）→政府政策基準（自治体、国、国際機構への三層化）→法（自治体法、国法、国際法への三層化）という制度連関が成立してくる。歴史的には、工業化→人口のプロレタリア化→都市型生活様式の形成→シビル・ミニマム→生活権という政策連関となる。

〈3〉　生活権の理論・歴史と政治

都市型社会において不可欠となる以上の生活権理論は、当然ながら、都市型社会への移行がはじまる二〇世紀にはいって、その先発地域の欧米からかたちづくられていく。日本においては、明治以降、欧米の翻訳理論の前史をもつものの、一九六〇、七〇年代、都市型社会への移行とともに、市民運動の激発、革新自治体の群生を歴史背景として、ようやく生活権理論が自立していく。

生活権理論の自立をめぐって中心論点となるのは、前節でみた労働権と生活権との緊張である。近代化をめぐるIIIIII型という政治課題の歴史を図1‐4（本書一二頁）にまとめておいたが、労働権理論は近代化II型段階でかたちづくられる理論であり、生活権理論は次の近代化III型段階と位置づけうるだろう（くわしくは拙著『政策型思考と政治』一九九一年・東京大学出版会、参照）。

工業化・民主化は、まず一六、一七世紀ヨーロッパからはじまるのだが、この工業化・民主化＝近代化が政治装置としての国家（ステート）の課題であった。国家は、この工業化・民主化をめぐって、近代化I型・II型政策をおしすすめる。I型がいわば国家機構の形成をめざす「強兵」、II型が国民経済の成長をかかげる「富国」の政策である。

「富国強兵」をかかげる近代化I型・II型政策には膨大な原資が必要なため、国内、国外における富の原始蓄積が、国家の〈暴力〉によって担保されながら強行される。その過程で、一方では、プロレタリア化した「労働者階級」にいわゆる窮乏化としての「貧困」を強制するとともに、他方では、地球規模で「帝国主義」侵略として「地球分割」がはじまる。ここに、「階級闘争」というかたちで理論化されるような問題状況が出現する。

この「階級闘争」をめぐって、啓蒙哲学をかかげてブルジョアがかつて行った市民革命のやりなおしが、プロレタリアを主体に構想される。これが啓蒙哲学の「市民社会」観念を継承した社会主義理論の課題であった。社会主義とは「市民社会」主義だったのである。〈工業化〉がうみだすプロレタリアートの団結によって、ブルジョア階級国家を粉砕し、〈民主化〉としての「市民社会」の実現がそこに意図されていた。これが、ひろく一九世紀ヨーロッパの社会主義理論、なかんずくマルクスの『共産党宣言』の筋書であった。

だが、その後、二〇世紀における工業化・民主化の深化・拡大によって、先発国欧米では、

(1) 生産力拡大による富の増大　(↑工業化)

(2) 普通平等選挙権による富の再配分 (↑民主化)

という二条件がつくりだされるため、「革命」は遠のいていく。そのとき、この二条件が未熟な、後発の日独伊また後発社会主義国のソ連では、国内の「階級闘争」が激化してファシズムあるいはスターリニズムをうみだしていく。他方、アジア、アフリカなどの植民地独立運動もすすむ。その結果、工業化・民主化をめぐって地球規模で、先発国、後発国、植民地との間の三巴の対立がみられ、社会主義は先発国の「改革派」と後発国・植民地の「革命派」とに〈分裂〉する。これが二〇世紀前半の第二インターと第三インターとの分裂である。

改革派は、一国福祉主義に傾きながら、人口のプロレタリア化の増大にともなう、普通平等選挙をテコに、富の再配分をうながしうるという考え方となる。これが、議会政治による、社会保障という政策である。改革派は西欧、アメリカにひろがり、とくに第二インターの社会民主主義の系譜となる。革命派の系譜は、逆に工業化・民主化の矛盾が緊張する後発国さらには植民地地域にひろがる。これがロシア革命から出発する第三インター（コミンテルン）のコミュニズムである。

改革派と革命派とのこの分裂のテコとなったのは、先発国欧米ではじまった近代化Ⅲ型政策である。まず、社会保障に社会主義はどう対応するか、という問であった。一九世紀末から、社会保障への一歩がふみだされはじめたため、それへの対応をめぐって改革派と革命派の分裂がはじまる。

社会保障の先鞭は、警察国家または福祉国家という思想伝統をもつドイツのビスマルクがつける。これにヒントをえて、イギリスのロイド・ジョージが社会保障を推進していった。ついで、このイギリスでは、ウェッブら

のフェビアニズムが、ナショナル・ミニマムをかかげて社会保障を拡大するだけでなく、都市型社会への移行をふまえた、ガス・ウォーター社会主義といわれる都市社会主義との関連で社会資本の整備にもとりくみはじめていった。このフェビアニズムは、今度はドイツ社会主義運動の内部で、正統派カウツキーに対立する改革派ベルンシュタインをうみだしていく。

第一次大戦後は、普通平等選挙権の拡大をともなう都市型社会への移行とみあって、ひろく西ヨーロッパでは改革派理論がかたちづくられる。とくに、ドイツでは革命の反映として、社会保障を中心とする「生存権」規定がワイマール憲法にかかげられて、理論としての影響をひろげていく。また、軍備をおさえこんだ北欧社会民主主義も活力をもちはじめる。

この社会保障、社会資本をめぐる富の再配分に寄与していくのが、経済理論ではケインズ経済学、行政理論ではアメリカ行政学であった。とくに世界大恐慌をめぐるルーズベルトのニュー・ディールの意義を高く評価する必要がある。そのうえ、ロシア革命の衝撃もあって、資本主義経済への市民福祉の導入もすすむ。第二次大戦以前の二〇世紀前半は、都市型社会への移行を背景とする社会保障、社会資本を中心に、以上の多様な流れが相互に交錯し、その流れは第二次大戦後のイギリス労働党内閣、あるいは北欧の社会民主主義諸内閣で成果をもつ。

ついで、都市型社会の成立、とくに国際的に「黄金の六〇年代」といわれた工業化の拡大によって、問題は労働者階級の一九世紀型ないし後発国型の貧困問題＝社会保障にかぎられなくなり、都市問題＝社会資本はもちろん、さらに環境問題＝社会保健へのとりくみも緊急となってきた。このため、その理論展望は、主体を労働者〈階級〉ないし「労働組合」へと純化する方法から反転して、〈市民〉運動、「自治体改革」へと力点をうつし、福祉・都市・環境問題の解決をめぐる生活権の確立、つまり近代化Ⅲ型政策が独自課題となったのである。

一九六〇年代の日本でも、都市型社会への移行がはじまって、シビル・ミニマム、生活権、自治体改革という論理連関をもつ理論構成がはじめて成立する。しかも、このシビル・ミニマムの設定は、当時、保守・革新の政党に共通するバラマキ主義、また保守・革新の市民活動に共通するモノトリ主義に、市民生活基準という〈合意基準〉ないしルールの導入を提起するとともに、自治体・国レベルに〈政策基準〉ないし公準の導入となっていった（拙著『シビル・ミニマムの思想』一九七一年・東京大学出版会）。

そのうえ、あらたに、国際機構ないし国際法が生活権をめぐって戦略的意味をもつようになってくる。これまでの理論はいわば〈一国福祉〉理論であったが、⑴国際人権、⑵南北調整、⑶環境保全という地球規模での課題とみあった理論の構成がのぞまれることになる。ここから、政府の三分化、つまり自治体、国、国際機構による対応が理論化される。こうして、世界政策基準としてのインターナショナル・ミニマムが世界共通課題をめぐって設定される（図3-5参照）。

今日、一九世紀型ないし旧植民地をふくむ後発国型の「貧困」を前提とし、国家の革命をめざす発想は破綻したといってよい。いわば、社会保障、社会資本、社会保健にわたるシビル・ミニマム＝市民生活基準を政策公準とする、自治体、国、国際機構による《分節政治》の可能性こそが問われている。この点、最後の政治衝撃となったのは、一九九〇年前後にかけて、ソ連、東欧におけるいわゆるマルクス・レーニン主義理論の破産、ついでそこでの生活条件とくに環境破壊の現実のすさまじさであった。

日本では、生活権ないしシビル・ミニマムの理論は、その起点を戦後改革にともなう新憲法二五条にもつが、その成立基盤は都市型社会への移行にともなう一九六〇、七〇年代の市民運動の激発、革新自治体の群生であった。

明治以降、近代化Ⅰ・Ⅱ型段階がはじまったばかりであるだけでなく、膨大な軍備負担もあって、Ⅲ型政策は現実の政策・制度としては成熟しない。隣保扶助（共同体）＋官治救貧（行政機構）、つまりムラ＋官僚のカケゴエにとどまる。一八七四年（明治七年）の『恤救規則』、一九二九年（昭和四年）の『救護法』が、それであった。工業化の進行とともに「救貧」は時代の課題となるが、なお政策・制度開発はすすまず、ドイツ型国家観念を背景に精神訓話型発想にもとづいた理論のみが空転する。「社会権」をかかげた官治主義者穂積陳重を想起しよう。

たしかに、一九一一年（明治四四年）、ウェッブが来日し、ナショナル・ミニマムを論じて、福田徳三らに影響をあたえる。しかし、ここでみたように、当時の日本では、近代化Ⅲ型政策はいまだ政治日程にはのぼらない。その後、大正・昭和とつづく労働問題・農民問題の激化をへて、戦時動員をめざした厚生省の「厚生」概念が登場するが、軍事目的の体力増強に重点がおかれるにとどまる。

第二次大戦後、日本の新憲法は、ワイマール憲法またソ連憲法の影響もあって憲法二五条をおき、関連諸法の整備もはじまる。だが、この憲法二五条は、シビル・ミニマム論が提起されるまで、憲法学主流では、なお生存権＝社会保障を中心に考えるのみであるばかりでなく、「宣言条項」つまり空文だという位置づけにとどまった。

革新政党の理論・運動の現実においても、一九世紀型の窮乏革命派、さらに後発国型のコミンテルン系などによる社会民主主義批判を基軸に、大河内一男の「総資本対総労働」という発想もあって、日本の共産党はもちろん社会党も、一九七〇年代ごろまで、社会保障は労働者階級の非革命化をめざした資本家階級による「買収」とみなしていた。当時、まだ農村型社会の発想のもとで、社会資本、社会保健には関心すらもたず、社会保障についても支配階級による「労働者階級の買収」という考え方がひろがっていたのである。

一九六〇年代以降、日本の都市型社会への移行を背景に、戦後民主主義の内実をつくろうとする市民型護憲運動の拡大とともに、憲法二五条の意義が再確認されはじめ、「地域民主主義・自治体改革」の理論設定を基軸に、社会保障に社会資本、社会保健をくわえて、ようやく生活権理論の構想がはじまる。

当時、市民運動の激発、革新自治体の群生をむかえ、シビル・ミニマムを政策公準とし、自治体改革を主題とした、理論ないし政策・制度の自立がはじまり、国の政策転換をせまっていく。「政府交替なき政策転換」が、ここにはじまった（革新市長会議の綱領ともなるシビル・ミニマム設定の位置については、『資料・革新自治体』一九九〇年・日本評論社参照）。

つまり、一九世紀型ドイツのカウツキーを原型とする日本社会党系理論、後発国型ロシアのレーニンを原型とする日本共産党系理論をふくめて、農村型社会をその理論原型とする当時の革新政党は、革新自治体に対応力をもたず、ただ党勢拡大をめざしたにとどまった。当時の革新自治体は、革新政党主導ではなく、市民運動主導であった。自治体が首長制（大統領制）であるため、市民活動ないし浮動票の結集として群生しえたのである。当時の革新政党は、今日とおなじく企業内労働組合中心主義で、自治体レベルの政策・制度さらに理論に未熟だったのである。このシビル・ミニマムの設定によって、自治体理論の自立が日本ではじめておきたのである。なお、『朝日訴訟』が、生活権の実効性をめぐって、その手がかりをつくったことは、ここで特記しておきたい。

日本で都市型社会への移行がはじまる一九六〇、七〇年代以降、とくに「ベルリンの壁」がくずれてマルクス主義の破綻がはっきりする一九九〇年代にはいって、生活権の位置と意義は、資本主義対社会主義という体制の選択ではなく、都市型社会における政策・制度の選択への問であることが明確となる。歴史座標軸は、資本主義から社会主義への移行ではなく、農村型社会から都市型社会への転換にあることがはっきりする。

二〇世紀末の今日、一九世紀以来の社会主義運動の成果として、またロシア革命、ドイツ革命の影響もあり、あるいはひろく市民の文化水準の上昇をみているため、資本主義体制も一九世紀の収奪型から変り、普通平等選挙権による議会政治を前提に、市場経済に計画原理を導入している。ここから「市場原理」と「計画原理」との最適結合が問われるようになる。論点は資本主義対社会主義から一転して、都市型社会をめぐる最適政策・制度の模索が日程にのぼる（図1-2・本書九頁参照）。

つまり、今日の都市型社会では、市民を起点におき、自治体主導の近代化Ⅲ型政策の推進による、生活権ないしシビル・ミニマムの公共整備が普遍課題となってきた。この生活権ないしシビル・ミニマムの公共整備は、かつての〈貧困〉という古典的社会主義が提起した論点をめぐる、現代型解決となったのである。そのうえ、生活権ないしシビル・ミニマムの公共整備には、南北格差をふまえて、一国規模をこえる国際再配分をめざした各政府レベル間における政策連携が不可欠ということも明らかとなった。

シビル・ミニマムの政策・制度展開のためには、今日では、分権化・国際化をふまえた、シビル・ミニマムの質をめぐる政策・制度の文化化が日程にのぼる。いわゆる「革命」ではなく、生活権をめぐる「政策・制度」の開発が現実の政治課題となったといいなおしてよい。〈生活権〉は、近代化Ⅲ型政策によるシビル・ミニマムの公共保障として解決されていく。

かつての社会主義の古典的課題であった「貧困」はシビル・ミニマムないし生活権、「弾圧」は民主政治ないし自由権から出発する政策・制度の開発となった。イデオロギーは《政策・制度》の次元に移行してきたのである。

〈4〉 生活権の政策・制度開発

生活権の確立には、法範疇・法規定としての明確化をおしすすめるとともに、政策・制度、とくにその基準の策定が不可欠である。自由権についても、法理論、政策・制度、とくに裁判手続の開発が不可欠であったのと対応している。「権利」自体は、空虚な観念にすぎず、法としての政策・制度基準の策定が、はじめて権利を実効的とする。

生活権をめぐる政策・制度の開発については、これまで国レベルの政策が、いわゆる〈国家〉の名において、起点とみなされがちであった。だが国レベルは政策の起点ではない。国の政策・制度ないし国法のみでは、(1)ナショナル・ミニマムとして全国一律であるため低位平準化をもたらし、⑵省庁別のバラバラ行政のため縦割の政策・制度間に矛盾もあり、⑶市民からの距離が遠いため状況変化に対応できず時代錯誤となってしまう。

これにたいして、自治体の政策・制度ないし自治体法は、自治体が政府として成熟すれば、⑴地域特性、⑵地域総合、⑶地域先導を発揮できることになる。都市型社会では、自治体は政府として自立し、シビル・ミニマムを政策公準として、⑴地域の特性をいかしながら、⑵地域で総合化をはかり、⑶国にたいして政策先導をなしうるような政策・制度の開発が行われていく。

自治体は日本でみても、市町村で三〇〇〇余、県で四七だから、国の一よりも、政策の発生源が多元化・重層化することになる。地域個性をいかしながら多様な政策開発を、国のナショナル・ミニマムをこえて、市民により近い自治体は行うことができる。それだけ、政策・制度の弾力性つまり実効性が増大する。

いわゆる近代化の過渡媒体ないし推力としての国家の成立によって、国→自治体→住民という下降型政治統合が進行したが、都市型社会の成立とともに逆転して、市民→自治体→国という上昇型政治統合に転換する。政府の課題が市民の信託にこたえるところにあるとすれば、市民→自治体→国さらには→国際機構への上昇統合は、民主政治の当然の帰結といってよい。

二〇世紀の移行期、すでにみたように、都市型社会への移行にともなって、その先発国のイギリスでは都市社会主義、あるいはアメリカでは都市行政学というかたちで、自治体の政策・制度開発の自立をめぐって、その理論展開がはじまっていた。日本でも一九六〇年代、〈自治体改革〉の提起の段階で、自治体が政府として自立する理論構成がはじまる。この自治体改革の先駆が、一九六〇、七〇年代の市民運動を背景とした革新自治体の群生だったのである。当時、全国の市の三分の一、また東京都など大都市をもつ戦略県が革新自治体となったのである。日本の今日の生活権の理論ついで政策・制度の開発は、この時点での市民運動・革新自治体が出発点となっている。

生活権は、まず、それぞれの地域の市民生活から出発し、自治体政策によってはじめて実効となる。都市型社会では、基礎自治体（市町村）、広域自治体（県）は、図1-6（本書一四頁）で示したような課題をもつ。広域自治体（県）は、基礎自治体（市町村）の基礎行政をおぎなう補完行政の位置にあることは、日本の『地方自治法』第二条四項・六項も、これを明示している。国は、国レベルの経済運営・国際戦略とともにインフラ整備の直轄事業をもつが、自治体にたいしてはナショナル・ミニマムをめぐる国の政策・制度基準の策定をその課題とするにとどまる。

国際機構の課題は、もっぱら、自治体、国が引照しうるインターナショナル・ミニマムとしての世界政策基準つまり国際立法としての国際法の策定となる。『国際人権規約』が適例だが、これを批准することによって、各国で閉鎖性・独善性をもちがちな国法ないし政策・制度の見直し、つまり国際平準化がはじまる。自治体も直接この世界政策基準を、シビル・ミニマムとしての自治体基準によって批判・援用する。

また、基礎行政をおこなう基礎自治体から、補完行政の広域自治体、ついで基準策定中心の国、また基準を国際調整する国際機構へと、順次、活動内容が抽象的になることに留意したい。国は生活権については、自治体に全国基準としての国法を制定し、権限・財源を配分するにとどまる。国際機構となれば、世界政策基準の策定としての国際立法がその課題となるといってよい。

このようにみるとき、生活権の実現に直接責任をもつのは、自治体、とくに基礎自治体であることがはっきりする。事実、図2-1（本書五七頁）の自治体計画モデルをみるとき、まず基礎自治体が、前述した、(1)地域特性をいかし、(2)地域総合をはかり、しかも国に対する(3)地域先導を行うという意味が理解されよう。国レベルの経済計画・国土計画がいかに抽象的であるかが、ここではっきりする。総合計画は自治体のみで策定され、国レベルでは総合計画は策定できず、経済計画・国土計画のみにとどまる。またいわゆる省庁の行政計画は、省庁別縦割の行政需要予測にすぎない。国際機構レベルでは、誘導基準としての考え方の枠組の提示となる。

自治体、それも基礎自治体での政策・制度の開発が、生活権ないしシビル・ミニマムの公共整備の基礎である。日本の自治体は、明治以来、絶対・無謬をかかげる国家観念に呪縛されてきたため、自治体は国の政策・制度を下請する執行どまりと位置づけられてきた。行政とは「法の執行」であるとの定義の秘密はここにあった。法の執行とは国法の執行だったのである。このため、自治体が独自の課題領域をもつ政治主体ないし政府として、政策・制度の「策定」を行いうるとは、明治以来一〇〇年間、考えられなかった。

日本の都市型社会への移行期である一九六〇、七〇年代になって、市民運動に触発され、革新自治体の群生とあいまって、明治以来はじめて、日本の自治体は、独自課題をもつ政府として、政策・制度の開発にとりくみはじめた。その結果、一九九〇年代ともなれば、自治体の独自課題をめぐって政策・制度の開発にとりくむ「先駆自治体」と、旧来どおり国の法令ないし通達・補助金依存の「居眠り自治体」とのあいだに、自治体間行政格差がひろがってきた。この格差はすでにおおきくひらき、自治体間で追いつかないほどとなっている。そこには、明治以来の外国モデル→国→自治体という政策発生の下向過程は、先駆自治体→国→居眠り自治体という上昇過程に変るという、政策過程の逆転がある。

生活権についての政策・制度開発の公準であるシビル・ミニマムの設定とは、自治体が社会保障、社会資本、社会保健の各分野において、市民誰にもわかり、かつ公共政策の課題たりうるようなかたちでの、《市民生活基準》ないし〈自治体政策基準〉の策定を意味する。ここから自治体政策基準としてあらわれる具体的な目標値の達成つまり達成率の向上が、自治体の計画・施策の課題となる。

自治体政策基準は、まず、数量化されたミニマム目標値の設定となる。たとえば高齢者の最低所得保障基準〇〇万円、子供の遊び場の配置基準半径〇〇メートル、公害抑止基準〇〇ｐｐｍ、といったミニマム目標値である。もちろん、この自治体政策基準には、国の政策基準、世界政策基準が緊張・連動するような位置にたつ。

政府のレベルを問わず、政策基準としての目標値の設定には、当然、専門科学による技術情報の集約が必要であるが、また政治条件ないし経済水準・文化水準をふまえて、各レベルの政府が政治責任をもって決定する。もちろん、財源不足あるいは権限なしという理由で、目標値を下げることは許されない。というのは、目標値はミニマムという規範値であるかぎり、目標値を下げるのではなく、世論結集ないし権限・財源をふくめた達成手法の開発を考えるべきだからである。

政策基準としてのミニマム目標値の設定についていては、次の〈前提〉をふまえたい。

第一。生活権の公共保障といっても、各レベルの政府の政策・制度が市民生活を丸抱えしていくことを意味するのではない。ミニマムつまり最低基準の保障であって、ミニマム以上は個人の自由な選択の領域として残されている。とくに市民個人の内面ないし文化活動は個人自由とすることが基本である。シビル・ミニマムの公共整備とは個人自由の条件整備にとどまる。ミニマムの設定には、それゆえ社会保障、社会資本、社会保健という三問題領域に限定するというリベラルな構造をもたせることが不可欠である。

日本でシビル・ミニマムを政策公準とするには、明治以来の官治・集権型政策の見直しからまず出発する必要がある。戦前は国民善導をめざし、戦後も公民館にひきつがれたような、社会教育行政ないし生涯学習行政は「終焉」する。社会教育行政にはシビル・ミニマムは設定されえないのである。教育施設と位置づけられる公民館も市民が管理・運営する市民施設に改編したい。

第二。シビル・ミニマムの「量充足」と「質整備」との区別である。たしかに、生活権の公共保障には、まず、シビル・ミニマムの目標値をめぐる量充足つまり達成率の向上がめざされる。けれども、シビル・ミニマムを量でのみ考えるとき、その質がぬけおちがちである。学校は量充足されてもその質は別問題だということは周知であろう。緑化デザインなき道路舗装、高齢者向けの医療と福祉の分断などからはじまり、量と質の乖離の例はきりがない。量の充足は同時に質の整備、それも高い質をともなった政策水準をもつべきなのである。

この質整備をめぐって、いわゆる政策水準の文化化ないし文化行政という政策課題が成立する。なぜ、文化センターや公園、学校などの市民施設は、金網やブロック塀に囲まれ、公園用フェンスや生け垣が使われないのだろうか。なぜ、目的別・趣味別に多様化されずに、ムラ動員による同型の老人クラブが推奨されてきたのであろうか。

ここから、目標値については、量充足だけでなく、質整備をくみこんだ指標化が必要となっていく。シビル・ミニマムについては、〈量充足〉という貧しい発想から、豊かな発想によるミニマム内での〈質整備〉へ、という飛躍が望まれる。

それゆえ、シビル・ミニマムをめぐる政策・制度については、これまでの量充足をこえて、あらためて、質整備ないし文化水準が課題となる。これが行政ないし施策の①「文化化」さらには自治体の②「文化戦略」の構成という問題提起となっている。一九八〇年代にはいって、この①②をふくむ〈文化行政〉が日程にのぼったのは、このためである。量充足段階ではわかりにくかった、ミニマム内における質の問題が問われはじめたのである。（松下圭一・森啓編『文化行政』一九八一年・学陽書房参照）

生活権＝シビル・ミニマムについては、以上にみた意味で、

第一　内面性ないし市民文化活動の自由の確保

第二　政策・制度の文化水準の飛躍

という二点を、たえず確認していきたい。

シビル・ミニマムをめぐっては、また、次の三つの〈手法〉を開発する必要がある。

(1)　地域生活・産業・文化指標地図の作成

福祉から緑化、文化遺産ついで交通事故、環境汚染、また公有地、市民施設、都市装置など、空間表示ができるあらゆる施策課題項目について数十頁の指標地図を作成して、シビル・ミニマムの量・質について、自治体全域の生活構造とその政策現状を確認する手法である。今後、質整備をめざした個別施策と総合計画との中間にある、問題別の「ネットワーク計画」、拠点別の「プロジェクト計画」という中間課題計画の策定には、この指標地図の作成がとくに不可欠である。（武蔵野市が開発）

(2) ライフ・サイクル政策体系表の作成

生れる以前の妊娠段階にはじまり、子どもから学校をへて成人ついで高齢までの各年齢段階に対応した施策、さらに死んだ後の墓地にいたるまで、個人の全生涯にわたる諸政策を年齢段階ごとに区分して体系表をつくりたい。ライフ・サイクルに対応する諸政策の問題点を一望するとともに、シビル・ミニマムをめぐって施策の過剰、重複、欠落もチェックしうる仕組みである。（京都市が開発）

(3) 自治体間施策水準比較指標の作成

近隣自治体間、あるいは人口・財源など同一規模の自治体間の施策比較指標の作成である。つまり道路緑化率、下水道整備率、交通事故率、集会施設の設置率ないしその市民一人当り面積、あるいは市有地面積率、職員一人当り市民数など、あらゆる施策項目に対応した比較指標を作成して、「わが」自治体のシビル・ミニマムの達成率ないし政策・制度の成熟度、あるいは財政効率・職員能率を算出する手法である。この一覧の作成によってもまた、「わが」自治体の新政策課題を発見しうるようになる。（政令市間など通常みられる）

当然、以上の情報三システムは、市民誰もが手にとり、理解できるようにデザインされて、公開される必要がある。コンピューターに入力してあるだけではだめである。そのとき、はじめて、市民、職員、長・議員が、同一の政策情報で討論しあうことができるようになる。それゆえ、文書公開をめざした「情報公開」法・条例の制定どまりから一歩つきでて、このような政策情報の整理・公開についての行政技術の革新・開発が急務である。

シビル・ミニマムの策定さらに政策・制度開発には、その〈手続〉として、以上の情報三システムをふくむ、(1)情報公開と(2)市民参加とが基本前提となる。この基本前提については、すでにひろく理解されているため、あらためて詳述しない。ただ、日本で、この情報公開・市民参加は、先駆自治体を中心に個別にとりあげられても、これを補強する総合的な「行政手続」法・条例が制定されていない〔一九九三年に法は制定〕。これが日本の行政の不透明性として、今日、政財官癒着による構造汚職の発生源、また国際摩擦の主題にもなっている。

公害についてみれば、古い公害も残り、新しい公害もつぎつぎあらわれるだけでなく、地球規模での温暖化、砂漠化などが焦点となって、半永久の課題としてのこるが、この公害は別として、一九九〇年代ともなれば、シビル・ミニマムの公共保障は、日本も下水道を除けば、ようやく量充足の段階を終る。施策によっては保育園、幼稚園、学校など過剰もめだちはじめた。そのうえ下水道も一〇〇%という自治体も続々登場しつつある。

日本は、シビル・ミニマムの量充足の段階をほぼ終わり、シビル・ミニマムの質整備の段階にはいりつつある。政策の「量充足」から「質整備」への飛躍をめざして、文化行政つまり①行政の文化化、②文化戦略の構成にとりくみはじめている。ナイナイづくしであった一九六〇年代までを想起するとき、隔世の感がある。この質整備には、また、国レベルとは異なる、自治体レベル独自の政策・制度の立案・執行にかかわる、行政技術の革新が不可欠である。今後もたえず、この行政技術の革新がおしすすめられるであろう。

行政技術をめぐる基本課題としては、(1)法務政策、(2)デザイン政策の展開、また①自治体工学、②自治体経営へのとりくみがある。政策・制度の開発には、ビジョン、アイデアないしコンセプトどまりではなく、この(1)(2)、①②をめぐる行政技術の革新こそが、今日の焦点となっている。

この行政技術の革新にともなう政策・制度開発については、三〇〇〇余の自治体間相互交流・競争もあって、最近、自治体レベルの職員の水準上昇が著しく、国の職員ないし官僚を追いぬきはじめている。自治体職員中心の自治体学会の成立（一九八四年）をはじめ、地域規模から地球規模までの各種の自治体シンポジウムの開催、ついで職員機構内における自主研究サークルの活発化や研修制度の改革、自治体職員の論文・著作の発表など、パイオニア型職員の層があつくなってきた。

日本の自治体は、国の政策・制度つまり国法の「執行」という国の下請機構から、自治体みずから策定した政策・制度の実現、つまり「立案」「執行」する自治機構へと変りつつある。今日の生活権をめぐる政策・制度開発には、市民の文化水準、政治習熟の上昇だけでなく、とくに政策・制度の分権化・国際化・文化化をめぐって、自治体、国、国際機構をふくめた、各レベルの政府職員による政策・制度革新の加速が必要なのである。そのとき、縦割政財官複合に閉じこもる国の省庁の行政劣化がめだちはじめたことに、とくに留意したい。

〈5〉 市民政策基準の策定と意義

くりかえしのべてきたが、シビル・ミニマムを公準とする生活権は、政策・制度の開発、ついでその基準の策定がなければ、空虚な「権利」観念にとどまる。日本でも、生活権をさだめた憲法二五条が、一九六〇年代まで、空文としてのいわゆる「宣言」規定とみなされたのは、当時、経済成長をめざす近代化Ⅱ型政策が主要課題で、富の再配分という近代化Ⅲ型政策が日程にのぼっていなかったため、この基準を策定する意義の理解、ついでその手法の開発も未熟だったことによる。

政策基準は、最終は選挙ないし市民参加によって市民、さしあたりは各レベルの政府が決定する。とはいっても、そのためにはまず、政策情報（後述）の整理・公開が不可欠である。そのうえ、さらに「数値」化をともなう、ミニマム目標値の設定という政策・制度型思考の訓練も必要であった。つまり、一連のこのような過程をふくむ政策習熟がなくては、イデオロギー肥大か、モノトリ主義、バラマキ主義におちいり、政策基準の策定はできない。

最終的には市民、さしあたっては各レベルの政府によって策定されるこの政策基準は、後述するような「政策法」ないしこれに根拠をもつ法準拠基準として制度化され、政府への市民制御の法規範となっていく。これが図3-5のくりかえしとなるが、

自治体レベル	自治体政策基準	（シビル・ミニマム）	＝自治体法	←地域個性文化
国レベル	国の政策基準	（ナショナル・ミニマム）	＝国法	←国民文化
国際機構レベル	世界政策基準	（インターナショナル・ミニマム）	＝国際法	←世界共通文化

という整理となる。もちろん、ここでも、それぞれの政策基準は、自治体相互、国相互間のヨコ緊張があるだけでなく、自治体、国、国際機構の間でもタテ緊張があり、この政府間関係についてはたえざる調整が必要である。

以上を前提としたうえで、個別施策についての政策基準は数値化されて、つぎのような細分化された領域での詳細な決定となる。

Ⅰ	社会保障	保障基準、施策基準、負担基準など
Ⅱ	社会資本	配置基準、設計基準、安全基準など
Ⅲ	社会保健	健康基準、医療基準、環境基準など

ミニマム指標設定にともなうこの数値化は、その絶対視を意味するのではない。ミニマム目標値をめぐって、論点を客観化し、かつ透明化しようというのである。

政策基準策定の前提となる政策情報には、次の三類型がある。

(1)　争点情報　　政策課題となる争点をめぐる政治情報

(2) 基礎情報　政策課題についての統計・地図などの行政情報

(3) 専門情報　政策課題の解決に必要な科学による技術情報

(1) 争点情報は、市民間また団体・企業間、ついで政党間、政府間の政策争点の集約であるが、これは通常、マスコミ情報ないしニュースとしてあらわれる。また争点集約には、参加手続ついで複数政党による多数決手続がとられることに留意したい。この争点情報をふまえて、政策課題が選択・特定され、個別の政策・制度の開発が日程にのぼる。この争点情報は、政策・制度への起点である。

(2) 基礎情報は行政機構にストックされる統計・地図といった行政情報である。だが、これまで国レベルで集約されてきた既成の行政情報は地域の現実と乖離してきたため見直しが必要である。また、自治体をみればただちにわかるのだが、あまりにも自治体レベル独自の基礎情報の整備が、前述の指標地図、比較指標をはじめたちおくれている。

そのうえ、生活権ないし政策基準に直接かかわる行政統計をみれば、ただちに行政情報の問題点が噴出する。日本の道路舗装率は、地方交付税交付金との関係で、かつての柴かりの山道、また田の畦道すら公道にした自治体では、今日、市民が日常つかう道路がほぼ舗装を終っていても、道路舗装率はあがらない。そのうえ、今日の舗装しないコミュニティ道路については、道路舗装率という統計のとり方では対応できないため、舗装率は整備率にかえることになる。

下水道統計も建設省所管の下水道のみが統計対象となるため、厚生省所管の戸別下水処理、農水省所管の集落下水処理は統計にでず、下水道統計は低くでてしまう。また、今日、近郊都市で緊急問題となっている旧農業畦道、旧農業水路については調査すらもない。

既成の国レベルの行政統計は、このため各自治体レベルではそのまま使えない。そのうえ、生活権関連の福祉・

都市・環境の問題領域では、既成の国レベルの行政統計から欠落している事項があまりにも多い。このため、それぞれの自治体は独自の政策課題にもとづいて独自の地域行政統計をつくる必要がある。政策基準の策定には、まず統計という基礎情報の検討から出発しなおすことになる。だからこそ、前述した指標地図など自治体レベルでの情報システムの作成は急務なのである。

とくに、ここで、統計を含めた基礎情報については、自治体レベル、国レベル、国際機構レベルそれぞれで情報の質と技術が異なることを強調したい。地域地図、全国地図、世界地図という地図の縮尺のちがいを想起すれば、誰でも各政府レベルでの情報の質と技術のちがいを理解できよう。それゆえ、各政府レベルそれぞれが独自に基礎情報の手法開発にとりくむ必要がある。

個別施策の立案・策定をめぐっては、(3)専門情報の結集は、当然、不可欠である。この専門情報は科学・工学の到達点がたえず変るので、行政職員の専門情報はたえず陳腐化する。国をふくめて行政職員の専門情報は、科学・工学の先端研究にくらべて、たえず時代錯誤となりがちなことを自戒しておく必要がある。このため、この専門情報の結集の制度化として、専門家による「審議会」方式がとられることになる。だが、通常指摘されるように、審議会が効果をもつか否かは人選にある。イエスマン型の専門家では、審議会自体が行政機構のカクレミノになって、かえって政策・制度の開発を謬まる。

以上の(1)(2)(3)の政策情報が整備されはじめたとしても、政策基準をめぐっては、次の問題点がのこる。これはミニマム指標値が規範概念であることからひきおこされる。

プラス価値　(例　最低賃金基準）のとき、最低基準は最高基準に転化

マイナス価値　(例　公害物質基準）のとき、最低基準は許容基準に転化

つまり、逆作用ないし逆効果が必ずおこる。このため、この指数表示・規範数値による政策基準の策定には、たえ

ずその前提条件の再確認を訴えていく必要がある。

政策基準の策定には、これにくわえて、数値が理想値か現実値かという論争が、政治党派の対立と結びついて、くりかえされることも想起しよう。生命にかかわる、医療、環境あるいは安全をめぐる基準については、理想値というよりもむしろ「絶対値」という位置づけが必要となるのは当然であろう。毒性農薬の基準値を水増しすることは政策犯罪といってよい。だが、生活水準にかかわる基準については、それぞれの地域・時点における「相対値」として、さしあたり設定され、たえざる改善がめざされてもよい。

政策・制度によるこのミニマム目標値の実現・達成には、膨大な原資が必要とされる。このため

(1) 階層間・地域間の富の再配分は、今日ではインターナショナル・ミニマムとの関連で、国際再配分も日程にのぼり、これがまた国内再配分に影響を与えていく。

(2) 資源の浪費を制御し、かつ市民の責任意識を担保するため、「税」による原資だけでなく、直接「企業負担」また「市民負担」をうながす手法の造出も必要となる。

(1)(2)についても、経済計算の発達とあいまって、数値化が不可欠となる。

これだけではない。この政策基準の策定については、地域の生態連関ついで空間構造の特性にも留意する必要がある。いわゆる生態連関また空間構造の地域個性によって、生活権ないし政策基準、あるいはその政策・制度の具体的あり方がまた多様に変ってくるからである。

日本についてみれば、過疎地域となった山村では、高齢者の増大というかたちで地域社会の崩壊がすすみ、生活基盤自体がくずれつつある。ここから、ある場合、生活権を保障するために、集落再編すら日程にのぼる。他方、過密という東京圏のような巨大都市圏では、地価高騰をみ、住宅問題から通勤問題の激化、さらに都市公害の増大がある。そのうえ、都心再開発によって高齢者世帯は都心から追い出されていくだけでなく、この都心自体が夜間

人口の過疎地域となり、ここでも地域社会の崩壊がすすみ、生活基盤自体がくずれていく。過密で外見の華やかな巨大都市の基底に、この過疎の危機がすすむ。

このため、政策基準の設定をめぐって、国レベルのナショナル・ミニマム＝国法だけでは不充分で、むしろ地域特性をふまえた、基礎自治体・市町村レベルでのシビル・ミニマムからの出発が不可欠なのである。

ミニマム目標値としてあらわれる政策基準は、各政府レベルの権限・財源をふまえて、政治として策定される。この数値は、以上にみた諸前提の「結果」なのである。つまり、この数値をめぐって、政治党派間の対立・調整という、いわゆる政策論争がおこり、各政府レベルで〈政治的〉に決着づけられる。

ミニマム目標値の決定には、たしかに科学による専門情報が準備されるとしても、これは情報にとどまる。決定自体は、市民の文化水準を反映する政府の政治責任において行われ、多数決という党派政治のなかで決定される。科学は情報にとどまり、政治が決定する。

政策基準の水準・質は、市民の文化水準ないし市民の拮抗力を反映し、議会・長の見識、行政機構の政策熟度が集約される。政策基準はたんなる数字ではない。生活保護基準としての月額××円、水質基準としての××ｐｐｍという数字は、以上のような複合する条件さらに政治の凝集なのである。

政策基準は、一度、策定されたのちも、社会の変動、情報の変化、また政治における党派の交替、さらに市民の文化水準・拮抗力の変化とあいまって、たえざる見直し、つまり改定を必要とする。

この策定をめぐる公準としては、次の相矛盾する三公準の緊張をふまえていきたい。

①　公平性　　形式平等では、若者と老人、ハンディキャップをもつ人と健常者、あるいは富者と貧者との間などの問題解決とはならない。これが古来〈正義論〉の問であった。

② 効率性　同量の資源負担でも、その負担主体は市民か企業か政府か、貨幣給付か施設設置か、発生源の個別処理か共同処理かをはじめ、手法の「選択」がありうる。これが〈経営論〉の課題である。

③ 効果性　政策が、〈人間〉の尊厳、ついで「社会」の公平性・効率性にふさわしいか否かを、たえず見直す評価が不可欠である。これが〈価値論〉の領域である。

そのうえ、政策基準ないし個別施策自体の「簡明・簡便性」もつけ加えたい。つまり、市民の誰もがわかり、誰もが批判・参画できるような個別施策の仕組みでなければならない。歴史沿革からきているという弁明がなされるが、日本の老齢年金また健康保険の制度が官僚特権・企業福祉を反映して複数にわかれるという「身分」型の複雑さを想起しよう。あるいは市民施設にしても、いまだに営造物観念の残映をのこして、その配置・設計また管理・運営には官治型手法がのこされている。また情報公開・行政手続の未熟による庁内基準の不透明性もここで指摘しておきたい。

政策基準の策定ないし生活権の政策・制度の開発には、たえず、市民自治の原則へとたちかえる必要がある。生活権は、〈国家統治〉の恩恵ではなく、都市型社会における《市民自治》から出発する。自治体、国の政府は直接に、国際機構は間接に、市民の信託機構にすぎない。市民が生活権の政策・制度の開発、政策基準の策定の「政治主体」である。「制度主体」である各レベルの政府は、市民の信託機構にとどまる。

ここから、市民の参画・批判によって、特定政策基準の量充足ないし過剰による政策スクラップ、特定政策基準の質整備ないし新手法による政策ビルドは、つねに、政策発想の転換さらに行政機構の再編を誘発することになる。政策発想の転換さらに行政機構の再編を誘発するためにこそ、市民からみての政策基準の設定と、そのたえざる見直しが不可欠であるという位置づけが必要となる。

〈6〉 生活権の法論理

生活権は、都市型社会の生活様式から導きだされて、今日ではひろく成熟した〈法範疇〉となり、自治体、国、国際機構各レベルの基本法ないし政策法に、その法制化を見出すことができる。

国レベルの基本法としては、『日本国憲法』でいえば、生活権の直接の規定は二五条である。その前提として一一条がある。この一一条は、通常、基本人権の規定と見なされるが、この基本人権を自由権・社会権にわけるとき、社会権は二七、二八条の労働権と、この二五条の生活権からなる（図3－4参照）。

生活権は、すでにみたように、生存権＝社会保障、共用権＝社会資本、環境権＝社会保健へと分化するが、それぞれ独自の政策・制度つまり個別施策＝個別政策法による裏打ちが必要である。労働権も労働諸法を必要とすることを想起しよう。

くりかえしのべてきたが、関連する政策・制度が整えられないとき、それこそ憲法二五条は空文としての「宣言」条項となってしまう。そのうえ、生活権を展開した国際立法としての『国際人権規約A』も、それが実効的となるには、自治体、国の政策・制度開発による自治体法、国法の対応を必要とする。

生活権ないしシビル・ミニマムの定着には、各政府レベルへの権限・財源の配分はもちろん、政策基準をふまえた、いわば法形態をとる政策・制度開発が不可欠である。国法でみれば次のようである。

生存権（福祉法）　高齢年金諸法、健康保険諸法、雇用保険諸法と生活福祉諸法
共用権（都市法）　市民施設諸法、都市装置諸法、公共住宅諸法と地域計画諸法
環境権（環境法）　公衆衛生諸法、食品・薬品諸法、公害諸法と自然保護諸法

生活権の実効には、これらの個別法領域をめぐる自治体法、国法、国際法による各政府レベルでの政策基準の設定、さらに制度基準としての各政府レベルへの権限・財源の配分が中核となる。この各政府レベルの法、つまり政策・制度基準の策定があってはじめて、生活権は、行政ついで司法における、さらには立法にむけての、市民個人の「請求権」となることができる。

もし、このような政策基準ないし制度基準をめぐる法が整備されないとき、憲法二五条をこえて、憲法一一条をはじめ一二、一三条へと逆流せざるをえない。この憲法一一、一二、一三条への逆流は、裁判所に過重の負担をかけることになる。それゆえ、具体的な政策・制度ないしその基準が欠けている個別施策の領域においては、各レベルの議会・政府による、その立法こそが必要なのである。このため、市民活動による、それこそ「不断の努力」（憲法一二条）がないかぎり、党派対立のなかで現実の要請からたちおくれがちとなる。

とくに、日本の国レベルの政治家、財界、官僚では、生活権ないしシビル・ミニマムの確立をめざした近代化Ⅲ型政策へのとりくみは、自治体レベルがふみだしたのにたいして、はるかにたちおくれている。国レベルでは、いわば今日なお近代化Ⅰ型・Ⅱ型政策中心にとどまりがちなのである。この事態を反映して、国レベルでの生活権ないしシビル・ミニマムの政策・制度の開発、とくに財政構造の転換がたちおくれ、これがまた日本の国際経済摩擦を誘発している。

日本が経済大国といわれるのは、低分配・高蓄積にもとづく過輸出によるのであって、市民個々人には国内で経済大国という実感はない。円高となっても購買力は低いというのが実態であろう。その結果、民貧しくして世界一の債権国となっているのである。もちろん、その責任は、明治以来の国家観念崇拝による市民の拮抗力の欠如、ついで戦後は栄光の護憲のみにとどまる旧革新政党の時代錯誤にもある。

この生活権の法形態は、ひろく〈政策法〉と位置づけたい。この政策法は、第8章で詳述するが、時代とともに運用・解釈は変っても法文自体の変化の少ない一般法、基本法と異なって、たえず法文自体について法改正ないし新立法が必要である。でなければ、都市型社会では農村型社会と異なって時代の変化がはげしいので、政策法はたえず時代遅れになってしまう。

この生活権をめぐる法整備は、自治体、国レベルの政府ないし自治体法、国法の課題にとどまるのではない。国際政治機構としての国連による『国際人権規約A』をはじめ、各個別領域では国際専門機構としてのＷＨＯ、ＩＬＯ、ユネスコなどによって専門の条約、決議、宣言、勧告といったかたちをとる国際立法としての国際法が世界政策基準となっている。その背景には、いわゆるＮＧＯとよばれる国際市民活動ないし国際団体・企業の活動もある。

自治体は、日本では、すでに国にさきがけて独自の政策・制度開発をふまえた自治立法、つまり条例による法整備をめざしていることは周知のごとくである。地域特性、地域総合、地域先導をいかしうる先駆自治体が、政策開発をめぐって自治体法を策定してまずイニシアティブを発揮し、ついで国法を変えるという循環もつくられつつある。

生活権をめぐる法論理は、政府の三分化に対応して、自治体法、国法、国際法という緊張・連動とならざるをえないのである。いわゆる国法は、地域特性、地域総合、地域先導をもつ自治体法によって運用されなければならないし、また国法は国際法による相互調整ないし国際平準化をみるためたえず改定が必要となる。

日本では、一九六〇、七〇年代、国レベルの福祉法、都市法、環境法の成立・展開をめぐって、当時の市民運動を基盤に、今日からみれば先駆自治体としての革新自治体が国をリードしていった。この時点で、自治体政策基準＝シビル・ミニマムと国の政策基準＝ナショナル・ミニマム、あるいは条例と国法の関係が、いわゆる「政府間関係」として、明治以来はじめて〈問題〉となる。その後は、国にたいする自治体の政策イニシアティブが、政治的にも、理論的にも、着実に築きあげられていった。当時の論点は、拙著『市民自治の憲法理論』(一九七五年・岩波書店)にまとめてある。

自治体の政策自立とともに、自治体法は国法にたいして独自の意義と課題・責任をもつことが、最近ひろく理解されるようになって、官治・集権型の行政法学も変りはじめる。これにくわえて、自治体も、自治体法、国法、国際法についての、法の選択、複合、解釈あるいは立法という法運用をめぐって、「政策法務」にとりくみはじめたことを指摘しておこう。自治体法務には、訴訟法務と政策法務とがあるが、政策法務が基本である。そのため、国に法制局があるように、自治体が自治体法務担当のための法務委員会ないし法務室を設置するのは当然ということになる(第6章補論参照)。自治体政策ないし自治体法の独自課題を見失って、国法としての憲法二五条から演繹するのみでは、生活権を位置づけることはできない。

そのうえ、国法としての個別法が(1)全国画一、(2)省庁縦割、(3)時代錯誤という欠陥をもつ「悪法」のとき、〈悪法も法なり〉でとどまりうるのだろうか、という基本論点にぶつかることになる(第8章参照)。国法はどんなに理想法であっても、国法であるかぎり、この三論点をかならずもつ。当然、そこに自治体の独自課題にもとづく、(1)地域特性、(2)地域総合、(3)地域先導という自治体法の独自領域がうかびあがってくるはずである。

国の政策基準・国法に強制規定をもつ、いわゆる自治体の「機関委任事務」についても、これが〈自治体事務〉であるかぎり、自治体は、いわゆるウワヅミ、ヨコダシだけでなく、むしろ積極的な政策・制度開発をおこなって、生活権の実効性を高める必要がある。かつて、一九六〇年代まで、自治体の行政水準が国法の要求する水準より低い段階にあるとき、「機関委任事務」という国の行政手法は国の先導という意味をもったとしても、自治体の行政水準が国よりも高くなりつつある今日では、「機関委任事務」も「自治体事務」なのだから、自治体は国の政策水準をのりこえる政策・制度開発の力量を発揮したい。

「機関委任事務」は、官治・集権型の法トリックであるため、今日では「国法の強制規定をもつ自治体事務」と位置づければすむのである。自治体議会による機関委任事務への関与など一九九二年に『地方自治法』の改正をみただけでなく、以前からすでに日本の自治体は「機関委任事務」をふくめた、長期・総合の〈自治体計画〉を策定しているではないか。

国際法についても、生活権の法理論をめぐって、国法中心発想をのりこえる必要がある。国際法の原型は、今日では、かつてのような国レベルでの二国間条約ではなく、国際機構レベルでの多国間の国際立法に変っている。日本でも、このため、『国際人権規約』の批准にともなって、国法の改正が行われたのが、その典型であろう。「国際政治機構」としての国連や、「国際専門機構」であるＩＬＯ、ＷＨＯ、ユネスコなどは、世界政策基準について、包括的あるいは専門的な国際立法を行っている。このため、すでにのべたように、生活権についての各国法の国際調整ないし国際平準化がおきているのである。日本でみれば、閉鎖型政策・制度をめぐる国際摩擦をはじめ、捕鯨、象牙輸入の禁止などを想起しよう。

ここから、新しく次の論点がでてくる。もし、自治体法が、国際法の政策基準によって立法され、これが国法と対立するとき、各国裁判所はこの自治体法を「違法」となしうるであろうかという論点である。このような論点から、自治体法、国法、国際法をめぐる制度間調整さらに裁判管轄についての新しい展望がひらけてくる。各国の裁判所は、国法のみならず自治体法、国際法を管轄していくため、いわゆる「国家機関」ではなく、各国における自治体法、国法、国際法の法調整機構となると位置づけたい。

このようにみるならば、生活権の実効のためには、

(1)　各レベルの議会（立案・決定）、政府（立案・執行）と、裁判所（制度調整）

(2)　各レベルの政策法としての自治体法、国法、国際法

をめぐる、ネットワーク型連動が緊急となっているのである。

法理論は、これまで、生活権ないし社会権をめぐって、〈国家〉の積極介入、つまり「消極国家から積極国家へ」という、安易ないわゆる福祉国家観念による〈国家統治〉型の恩恵・給付という立論にとどまりがちであった。しかし、この国家観念からの理論構成は今日では瓦解する。

今日の基本論点は、〈市民自治〉を起点においた、自治体、国、国際機構各レベルの政府間での、それぞれ独自の政策・制度の開発による、政策・制度基準の策定である。国家統治による積極介入ではなく、市民自治から出発する生活権の公共保障として、(1)各レベルの議会・政府と裁判所、さらに(2)自治体、国、国際機構の相互における政策連動こそが問われている。つまり地域規模から地球規模にいたる〈分節政治〉(第1章6節参照)の形成である。「国家対個人」という国家観念を中軸とした、不作為(消極国家)から作為(積極国家)へという理論図式はすでに破綻したのである。

当然、生活権についての、国家恩恵・国家給付という考え方も崩壊する。生活権の保障は、市民の税金ないし負担を前提とした、自治体、国、国際機構レベルでの政策・制度の開発によるからである。それゆえ、生活権を、国レベルの政策・制度ないし法による「反射的利益」とみなす位置づけも終る。『国際人権規約』の批准からも明らかとなったが、生活権は、さしあたり次にみるように各国不均等の水準であるとしても、〈都市型社会〉で不可欠の、国籍を問わない、いわゆる国家をこえた基本人権として、市民個人の権利なのである。

〈7〉 生活権の今日的問題性

生活権観念には、二〇世紀も末の今日、地球規模で、新しい論点が噴出している。

(1)　先発国中心から普遍人権へ

シビル・ミニマムの設定にともなう生活権の実効化は、近代化ⅠⅡ型政策を終え、近代化Ⅲ型政策を展開しうるほどに工業化・民主化の成熟をみて、都市型社会を成立させた先発国にかぎられているという論点である。いわば先発国独善という一国福祉への批判である。

今日も地球各地に農村の崩壊、都市のスラム、あるいは難民をふくめて、そこに貧困さらに飢餓すらみられる。後発国では、なお近代化ⅠⅡ型政策が基本課題であるため、国際協力があるとしても、かつて先発国がその近代化ⅠⅡ型政策の段階で直面したような「原始蓄積」が不可欠であり、このため窮乏化状況もひろがる。のみならず、先発国による経済援助という名によって、資源収奪・環境破壊と生活崩壊・政治腐敗との悪循環すらひきおこされている。そこには、膨大な原資を必要とする近代化Ⅲ型政策の余裕はない。

そのうえ、近代化ⅠⅡⅢ型政策の展開には、自治体、国それぞれの政府レベルにおける行政機構の形成が基本である。これが組織できないとき、国レベルでの軍独裁となり、事態はさらに深刻となる。せっかく蓄積された原資も先発国からの武器輸入による軍備・内戦に浪費して、Ⅲ型政策どころかⅠⅡ型政策も破綻する。

政府間援助が、先発国からの武器輸出、後発国での武器輸入につながりがちという事態もみられる。このため、先発国・後発国を問わず、軍縮あるいは軍需産業の民需産業への転換によって、ムダな軍事費を生活権の公共保障へとふりむけるべきだという視角につなげる、政策転換・政府転換が必要となる。

だが、生活権の保障は、地球規模からみるとき、普遍人権と位置づけ、先発国の一国福祉、後発国の条件未熟をこえる、国際市民活動レベルついで国際機構レベルでの手法ないし政策・制度も模索せざるをえない。

(2)　人権保障、南北調整、環境保全

生活権については、今日では、地球規模での①人権保障、②南北調整、③環境保全に、これまた地球規模で対応する必要があるという論点である。この①②③いずれもが、核危機、侵略、災害という危機管理とあいまって、先発国・後発国を含めた〈世界共通課題〉となっている。

世界共通課題をめぐって、あらためて、地球規模での生活権理論の構成、ついで政策・制度の開発が急務といわざるをえない。当然、そこに、インターナショナル・ミニマムの策定を前提とした地球規模での福祉・都市・環境政策の緊急性が確認される。ここでは、国際社会の五層化にみあって、Ⅲ自治体、Ⅳ国、Ⅴ国際機構の三政府レベルはもちろん、これに加えてⅠ国際市民活動レベル、Ⅱ国際団体・企業レベルにおける、地球規模での政策の開発・調整・連動が必要となっている。

以上の(1)(2)をめぐる国際戦略としては、まず次があげられる。

(a) 地球規模での情報の整理・公開

(b) 政策の開発・調整・連動のための各国際機構の強化

(c) 富の国際配分、技術の国際移転をめぐる政策手法の開発

国際戦略へのとりくみには、どうしても、インターナショナル・ミニマムという世界政策基準の策定をめざした国際立法ないし国際法の策定という、国際機構の先導性の確立が急務となる。このとき、国際政治機構＝国連は議会・政府の位置をもち、ＩＬＯ、ＷＨＯ、ユネスコなどから国連外の国際赤十字などまで含めた国際専門機構は、いわば省庁の位置をしめる。ここにのべた、(a)、(b)、(c)の国際戦略の展開には、とくに情報、議題、立案の整理をめぐって、さしあたり国際専門機構の事務局つまり国際行政機構の整備も不可欠である。

今日も、航空、通信から貿易、金融、あるいは技術基準、労働基準から文化保護、自然保全までの各政策領域は、この国際専門機構が世界政策基準を策定してはじめて作動している。国連が崩壊したとしても、この国際専門機構は崩壊できない。また、世界共通課題をめぐって毎年準備される国連の国際年あるいは国際会議も、国際世論ない

し国際市民活動の成熟を加速するという意義を強調しておこう。ここから〈世界共通文化〉がうまれて、前述した生活権をめぐる〈世界共通課題〉へのとりくみとなり、さらに〈世界政策基準〉の策定をうながしていく。

とくに、国際コモン・センスをうみだす世界共通文化の成立に留意したい。すでに、地球規模のコミュニケーションないし交流の拡大・深化は、国際市民活動の形成とあいまって、国境をこえた市民個人の自由・平等という地球市民型理念の定着をおしすすめ、閉鎖性・独善性におちいりやすい国民文化を解体しはじめた。その結果、エスニック文化をふくむ〈地域個性文化〉の活性化と〈世界共通文化〉の全般化という文化状況がつくられてくる。とくに、この世界共通文化の成熟には、国境をこえる衛星テレビやニュー・メディアの国際ネットは画期的な可能性を示しはじめている。

世界共通文化は、さしあたりジーンズ、ロック音楽、またコカコーラに象徴されるのだが、これにとどまらず、ファッション、スポーツから芸能、芸術、また食事、住宅、都市のあり方、さらに民主政治理念の拡大、国際世論・国際市民活動の形成にいたるまでをふくめて、国際コモン・センスをかたちづくっていく。

この世界共通文化は、その原型を地球規模での工業化・民主化にともなう大量生産、大量伝達、大量消費にもっている。だが、同時に、新たに地球市民意識を育てていく。この過程で、農村型社会が地域生態系と結びついて数千年かかってつくりあげた地域個性文化も再編されて、新しい活力をこの地域個性文化に与えるとともに、この地域個性文化を吸収して世界共通文化もみずからの内容を豊かにする。その結果、近代にいたって国家が神話化した国民文化ないし国家観念は解体していく。この、世界共通文化ないし国際コモン・センスから、世界共通課題をめぐる市民活動の国際連帯、さらに国際市民活動の独自のひろがりもうまれてきた。いいなおせば、この世界共通文化ないし国際コモン・センスの成熟があって、世界共通課題ないし国際戦略としての、生活権をめぐる地球規模での合意がかたちづくられていく。

以上をふまえて、国際戦略をいま一度考えていこう。

(a) 地球規模での情報の整理・公開

ひろく砂漠化、温暖化、海洋汚染、酸性雨、フロンガスなど、あるいは災害、飢餓、干魃、ついで保健・医療、また食品、薬品、農薬から生活機器にいたる情報の地球規模での整理・公開は、生活権をめぐる政策・制度解決の第一歩である。とくにチェルノブイリ原発事故はきびしい試練としてこれを教えた。

(b) 政策・制度の開発・調整のための各国際機構の強化

すでに今日、国際専門機構を中軸に、生活権をめぐる政策・制度の開発をめぐる交流が、国際会議、国際シンポジウム、国際学会というかたちで、幅ひろく、かつ層厚く、催されるようになった。この国際機構の強化による政策情報の開発・調整は今後加速される。エイズ問題を想起しよう。

(c) 富の国際配分、技術の国際移転をめぐる政策手法の開発

いわゆる南北格差をめぐる「経済協力」の政策手法の開発はいまだ未熟で、政治・行政ないし社会科学の緊急課題となっている。経済協力が後発国の生活崩壊・環境破壊をひきおこし、また軍備拡大・政治腐敗を支えるなど、失敗の連続といってよい。それゆえ、国規模の近代化Ⅲ型政策が、自治体主導の富の国内再配分となり、情報公開・市民参加という政策・制度の開発をおしすすめたように、地球規模での富の国際配分、技術の国際移転のための政策・制度開発も不可欠である。日本のＯＤＡもゆきづまって自治体経由つまり自治体の参画・連携が不可欠となっているではないか。

この(a)、(b)、(c)には、国際機構レベルだけでなく、自治体レベルにも注目したい。この点では、日本の自治体は国際的先駆性をもつ。滋賀県が世界湖沼会議、鹿児島県が世界火山会議、京都市が世界歴史都市会議などをすでに行っている。自治体も地球規模での生活権をめぐる政策・制度解決の模索の一環を、自治体の国際政策による自治

体外交というかたちをとって国レベル以上に独自にになっている（本書第[7]章参照）。

(a)、(b)、(c)の国際戦略へのとりくみは、「冷戦」の終りとあいまって、今後は急展開していくとみてよい。「グローバルに考え、ローカルに行動する」、「ローカルに考え、グローバルに行動する」が現実性をもつ時代に、今後の曲折も予測されるが、ようやくはいっている。

生活権をめぐる政策・制度開発について、最後に、次の可能性に留意しておこう。

Ⅰ　地球生態系と均衡する科学・工学の再編

科学・工学は、これまで効率の追求を課題とした生産科学・生産工学が中心であった。都市型社会においては、いわば地域生態系と均衡する適性技術としての「生活科学」「生活工学」の形成が不可欠となる。下水道の戸別単位あるいは地域単位のプラントの改良から、砂漠化地帯の太陽エネルギーの開発あるいは緑化まで、その課題は山積している。これにたいしては、日本の軽薄短小の技術は大きく寄与しうるだろう。

Ⅱ　市民・生活から出発する社会理論の再編

社会理論を、国家統治からではなく、市民自治から出発する市民の理論に再編するとともに、国家神話・イデオロギーを解体して、政策・制度論に重点を移す必要がある。これまで、社会理論は、かつての保守系・革新系いずれも、国家から出発し、生産（→労働）中心であったが、市民から出発し、生活（→地域）中心にくみなおしたい。政府・生産は、市民・生活にとっては、手段にすぎないのである。

だが、都市型社会における生活権＝シビル・ミニマムの公共保障は、ユートピアの形成ではない。そこには、政策・制度で解決しえない論点が残る。

(1)　政策・制度では「掬（スク）い」きれない論点が、たえず、しかも新しく残っていく。それゆえ、政策・制度からこぼれる問題がたえず問われる。そのうえ政策・制度による解決も一時的で、たえず新しい問題がうみだされる。それゆえ、市民参加ついで行政革新がきびしく問われる。

(2) 政策・制度では「救(スク)い」えない論点が、たえず、しかも新しく残っていく。都市型社会への移行の過渡はもちろん、また成立しても、古来の呪術が社会の基層でたえず再生し、むしろ新宗教の爆発となるのである。都市型社会では、政策・制度の土台となる市民性ないし市民文化の成熟が、あらためて要請される。

それゆえ、この(1)(2)をめぐって、政策・制度についての醒めたリアリズムが不可欠といってよい。つまり、政策・制度は、万能ではない。政策・制度はいわば六〇%しか問題を解決しないことを確認しておこう。一二〇%というユートピアへの進軍はありえないのである。事実、選挙の投票率も六〇%前後でよいではないか。政治ないし政策・制度で「掬い」きれない、また「救い」えない問題領域が厳存していることを確認しておきたい。

生活権とは、都市型社会が「必要」とする市民常識、ついで政策・制度の帰結である。そのうえ、都市型社会は、共同体・身分規制をもつ農村型社会と異なり、たえず新しい「争点」をうみだしていく。それゆえ、生活権の実効には、「必要」と「争点」に対応しうる理論の構成、ついで政策・制度の開発が、市民自治を起点とし、自治体、国、国際機構の各政府レベルで、たえず要請される。

4　権力模型の構造・展開

〈1〉 権力理論の座標軸

権力とは何か、と問われるならば、まず政治とは何かが問われなければならないだろう。その答については、とりあえず、次のようにのべておこう。

政治とは、社会の組織・制御技術、すなわち人間の行動の組織・制御技術である。それゆえ、政治は、人間が社会的動物であるかぎり、地域規模から地球規模まであらゆる生活領域に存在することになる。

この社会の組織・制御技術（art）としての「政治」の手段が「権力」である。しかも、政治が人間活動に遍在しているとすれば、権力も遍在していることになる。

だが、以上の設定は、権力とは何か、に具体的に答えたことにならない。一歩すすめて、今一度、権力とは何か、を問いなおすため、あらためて、この問へのアプローチをこころみてみよう。

1　権力の主体

政治とは社会の組織・制御技術であるという確認から出発しても、政治ないし権力操作の主体は、個人か、集団か、という問がまずでてくる。個人とみるのは、ミクロの接近である。マクロの集団とみるときには、その集団の特定「機構」か集団「全体」か、という論点がまた分化する。しかも、機構あるいは全体という設定自体も、実は抽象観念を擬制主体とするにすぎない。たとえば、「国家」、「国民」、「党」などという「名」による活動には、この機構と全体との矛盾をはらんでいる。こうして、今一度、権力操作の主体について、ミクロの個人とマクロの集団の関係を問いなおすことになる。

2 権力の構造

権力が、手段であるとしても、それはそもそも、「実体」なのか、「機能」なのかという、実体概念と機能概念との対立が次にあらわれる論点である。この論点は、権力を、主体が自由につかえる「道具」としてとらえるのか、それとも主体のおかれた「関係」から想定するのか、という問につらなる。政治家の制度的権限と彼のおかれた政治的環境との緊張のなかで、彼がなしうる可能性いかんにおきかえることもできる。

3 権力の性質

政治つまり人間の行動の組織・制御技術の手法たる権力の操作は、リーダーシップをめぐって、人間の「意識」の操作を中心とするか、人間の「身体」にたいする暴力の操作を条件とするのか、という問題である。この観点からのアプローチは、従来、パワーとフォースの関係におきなおされて、問いつづけられている。ここから権力の機構化をめぐる暴力行使の正統性、あるいは経済性、実効性、ついでみせしめ性の問題となっていく。

以上が、ひろく権力自体をめぐる「典型的な問」であるといってよい。私なりの解答は、第3節でおこなわれるであろう。しかし、以上の問には、さらに次の問が重ねられる。この次の問は、工業化・民主化がすすむ現代にいたって鋭く顕在化してくる問であって、いわば「モダンな問」と位置づけることができる。

4 権力の両極性

権力の主体とは異なって、その帰属はどこか、つまり、少数者（機構）か多数者（人民）かという問である。この問は、支配と服従の一致を前提とする民主政治の内部で、あらためて支配と服従との両極分化にせまることになる。この権力の帰属は、古代地中海文化圏を中心に、君主政治（個人支配）、貴族政治（少数支配）、民主政治（多数支配）の政体循環というかたちで論じられてきた。この論点についての現代的決着は、民主政治における人民（多数者）と代表（少数者）の一致というかたちをとる。

だが、民主政治は、支配と服従との同一性を前提とするゆえ、それ自体、矛盾概念である。このため、組織の規模がおおきくなればなるほど、民主政治内部に、この支配と服従の両極対立が復活し、たえず、権力の帰属は、市民という多数者か、政府をにぎる少数者か、という問にぶつかる。これが市民と政府の区別という問題でもある。つまり少数＝政府、多数＝市民という図式になってあらわれる。いわゆる民主政治をめぐる「少数支配の鉄則」がこれで、そこには直接民主政治と代表民主政治との相克がある。

この民主政治の論理矛盾を極限にまで理論として追求したのは、「自由への強制」を提起したルソーの「一般意思」論であった。この矛盾は、現実に今日の工業化・民主化がうみだす大衆民主政治の空洞化としての現代独裁で爆発する。「民族」の独裁→ファシズム、「階級」の独裁→スターリニズムがこれである。

5　権力の可測性

権力の発動のチャンスを、制度的にルール化して規制できるか、という問である。

今日の民主政治における独裁政治と立憲政治との対立が、この問に接続する。古来、絶対者つまり天・神は「意志」であるか「理性」であるか、というかたちで論じられてきた。

この点で、〈基本法〉による権力の発動チャンスを可測化する制度をめざしたヨーロッパ中世の立憲政治をたかく評価すべきであろう。そこでは、聖宇宙としての天・神による規制のみではなく、慣習であれ、法制であれ、制度による規制を追いつづけていた。ここでは、専制一般の権力＞法のなかで、法＞権力という考え方を定着させていった。

ここから「権力」についても、君主の統治（gubernaculum）と議会による法治（jurisdictio）という観念を分化させ、さらにはこの混合政体から権力分立論をくみたてていく。そのうえ、「法」については、個人の自由・権利の保障という観念ないし制度にまで昇華させていった。これが、立憲政治の含意である。立憲政治は、民主政治が古代地中海の産物であったように、中世ヨーロッパの産物である。

この立憲という権力規制の制度化は、工業化・民主化にともなう権力肥大、さらにはその極点としての現代独裁のもとで自己解体をせまられる。ここで、あらためて、「基本法」という考え方が、リーダーシップあるいは権力の発動チャンスの可測性をめぐる、制度としてのルール化の追求であったことが再確認されることになる。

だが問題はさらにきびしい。というのは「基本法」内部においても、政府の頂点でなおルール化しえない権力の発動チャンスとして「統治行為」「政治事項」さらに「緊急権」という論点がでてくるだけでなく、政府の先端で個々の政府決定をめぐる「行政裁量」「行政指導」がおこなわれるからである。

最後には、革命にともなう基本法の変革が問題となる。憲法制定権力と憲法被制定権力との二重性は、まさに可測性をこえる権力と可測性をもつ制度との緊張を意味する。

ついで、近代以降、権力はいわゆる国家という機構をもったが、今日、この国家をめぐって、あたらしい視角がきりひらかれるようになった。

6　権力の創造性

ここでは、あたらしく、権力は、必要悪か、それとも必要善なのかという問となる。

たしかに、権力は古来存在したが、この問は、きわめて新しい問である。古来、人々の権力にたいする遠近感の相違はあったとしても、権力自体の意味を問われることはなかった。つまり、家長支配を祖型に、権力は、天ないし神の聖宇宙にくみいれられて、イメージされてきたからである。権力の弁証は、聖宇宙における天ないし神の弁証と相関していた。

だが、近代にはいって天・神の聖宇宙がくずれて権力の聖性ないし神秘のヴェールがはがれてのち、権力の手段性が明白になってくる。そこで、はじめて、権力の社会にたいするプラグマチックな意義が問われるようになった。権力はみずから、その存在理由を明らかにし、「正統性」を開示しなければならなくなった。

この問は、一方では権力の性悪説、他方では権力の性善説のかたちをとる。つまり必要悪か、必要善かの対抗である。前者が「悪しき」権力への抵抗という〈権力制限〉のリベラルな発想となり、後者は権力の「創造性」を想定した〈権力崇拝〉の権威的な発想につらなってくる。

この緊張は政治についての発想の相異からくるというよりも、現実の政策課題とむすびついた権力イメージの対立である。今日では、近代化の成熟度からくるのであるが、一般的にいえば、後発地域ほど、近代化つまり工業化・民主化をめざした国家による伝統秩序の打破、資源動員の急務に対応して、権力の創造性という考え方がでてくる。権力自体が、かつての天・神にかわる創造性をもつという幻想となって必要善になる。国家観念崇拝がこれである。近代にはいって権力の宗教的神秘のヴェールがはがれたのち、国家崇拝が新しい政治宗教となる。

近代化＝工業化・民主化への離陸にむけて第一次出発をなしたイギリス、フランス、アメリカ、第二次出発のドイツ、ロシア、日本、第三次出発の現在の後発国では、それぞれ、離陸の段階において、権力の過小のためかえって権力の創造性を前提とした国家崇拝ないし国権政治がみられる。この離陸を達成して近代化が成熟し、動員力・機動力としての権力の強化をみるとき、今度はかえって、権力は必要悪というリベラルな考え方が育ってくる。権力の位置づけをめぐるパラドクスである。

7　権力の効率性

集権化・分権化のいずれが権力として効率的かという問である。

この問も、特殊に今日の問ではない。東方では郡県制と封建制、西方ではインペリウムとドミニウムというかたちで、たえず問いなおされてきた。しかし、この問は、今日、国家を推力とする工業化・民主化の成熟度に対応して、新しい意義をもつにいたった。工業化・民主化の離陸段階では、国家の創造性神話とむすびついて権力の集権的構成が不可避となるが、工業化・民主化の成熟段階では、むしろ権力の分権的構成が不可欠となる。

官治型から自治型へという権力構成の転換はもちろん、工業化・民主化の成熟度に対応した権力の効率性という観点からも、集権か、分権か、があらたに問われているとみてよいだろう。今日の集権・分権という制度選択を党派次元のみでとらえてはならない。事実、いかなる強大な政府も一億の民の声を同時に聞きえないため、一億の民が黙従型では集権・統治ができるとしても、この一億が発言型にかわるときは分権・参加が不可欠となる。

この、4から7のモダンな問は、いずれも、古来の権力をめぐるイメージの対立を、工業化・民主化ついでその推力としての国家の成立という前提のもとで問いなおしたものである。だが、さらに、この工業化・民主化から、新しい独自の問も最後にあらわれる。

8　権力の機動性

今日の政府の権力は、本来的に弱いのか、強いのかという論点である。

現代の国レベルの政府は、工業化によって飛躍的に拡大した生産力を基盤として、肥大した行政・軍事機構をもち、巨大な社会余剰を動員する福祉制度の整備から、マスコミや原子爆弾の駆使にいたるまで、資源動員の機動性が拡大している。この機動性の強化は、工業化・民主化が物資動員、思想動員というかたちで、動員しうる資源を「技術」によって拡大したからである。だが、同時に人々の「批判」がたかまっているため、日々の世論、あるいは選挙から革命によって、政府自体の転換・崩壊の脆さも拡大している。

かつての帝王は、今日の民主政治の民選代表がもっているような権力の機動性をもちえたであろうか。帝王は、せいぜい宮廷内外の特権層に恩恵をほどこし、命令を伝達しえただけである。その武器も、刀、槍、弓にとどまるかぎり、一人を殺しえたにとどまった。今日の民選代表が操作する福祉制度は持続的に人々の最低限の生活を保障し、マスコミや原子爆弾は一瞬にして大量の伝達あるいは殺戮を可能にしているのである。権力は、タテに深まり、ヨコに拡がったのである。だが、この権力の「にない手」は民主政治の民選代表であるかぎり、永遠たりえず、任期のうちだけである。

そのうえ、最後の第4節の分節政治でのべるように、いわゆる国家権力をふくめて特定の政治単位は複雑な政治制約のもとにおかれることになる。のみならず、政府の機構化されたいわゆる〈権力〉は、基本法によって信託された「権限」にすぎなくなるとともに、この権限の発動についてもまた「手続」が不可欠となる。このため、政府は議会にみられるように調整のヒロバとなり、いわば権力の「消失」がおきる。そのうえ、権力自体も行政経営ついで社会管理に「還元」されていく。都市型社会では政治↓↑行政↓↑管理の循環がおきるのである。とすれば、政府の権限が権力として作動するだけなのである。

つまり、地域規模に深化し、地球規模に拡大する「技術」からくる今日の絶大な権力効率は、都市型社会の分節政治状況では「政治」によって制度化されてしまい、無限に縮小されていく。近代化の過程で「国家権力」という妄想をもちえた時代は、自治体、国、国際機構へと政府が三分化する都市型社会が成熟するとき終るのである。そのとき、「国家権力」とは悪の権化ではなく、国レベルの可謬で無能な政府・省庁にすぎない。

以上のように、権力へのアプローチの方法は、典型的問からモダンな問にいたるまで、重畳している。権力の全体は、これらの問を問いつづけるなかで、あきらかにされていくしかない。

〈2〉 権力イメージの歴史背景

以上にみたそれぞれの問において、権力をめぐるイメージのあり方は政治のイメージのあり方と相関していることに留意したい。

古来、地球全域にみられた「専制」におけるように、もし、政治のイメージが家長支配を祖型とする上からの統治型のイメージのみに膠着しているならば、そもそも「権力とは何か」という問自体が生れなかったであろう。そこでは、権力は、家長、ついで天・神の属性と同質であった。けれども、政治をめぐって、統治型のイメージに対立する参加型のイメージが成立したとき、「権力とは何か」という問が「発生」したのである。

危険な類比ではあるが、親のもとの幼い子供は親の権力について疑問をはさむことはない。この子供が育って、自立しはじめたとき、はじめて、親とは何か、さらにその権力とは何かという問を発する、という問題連関をここで想起しよう。そこではじめて、権力の本性、位置、評価の模索がはじまるといってよい。

家長支配を祖型とする統治型イメージの全一支配がくずれて、参加型イメージが形成されはじめ、政治をめぐる問題状況が、統治型と参加型との対立になったとき、はじめて、「政治とは何か」、ついで「権力とは何か」が対立の双方から問われ、しかもこの対立の理論化がめざされるようになる。

それゆえ、「政治とは何か」、「権力とは何か」、という問は、農村型社会の成立にともなう政治ないし権力の発生以来、自覚された問ではない。たしかに、政治ないし権力の運用方法についての透徹した考察は、孫子、司馬遷、あるいはアリストテレス、プルタークなどの名をあげるまでもなく、古来、多数いたであろう。だが、政治ないし権力自体の存在根拠を問うことはなかったといってよいのではないか。いいなおせば、《聖宇宙》のなかでその問があったとしても、その聖宇宙内で答をうるにとどまったのである。

政治ないし権力へのラジカルな問は、共同体・身分→聖宇宙をくずす工業化・民主化の故郷、近代ヨーロッパが最初に問いかけた問であった。工業化・民主化を胎動させながら、農村型社会の伝統的な共同体・身分が崩壊しはじめ、一方では〈個人〉、他方では〈国家〉がうみだされる過程で、それが問われはじめたのである。そこにマキァヴェリの「君主」、ルターの「官憲」、ボーダンの「主権」が登場する。ついでホッブズの『リヴァイアサン』に象徴されるように、〈国家対個人〉をふまえて、「自由対権力」(libertas 対 potestas) という問題意識がとぎすまされていったのである。事実、そこでは、統治型イメージと参加型イメージが分極化していく。個人の社会契約から出発する『リヴァイアサン』自体がこの矛盾の定式そのものであった。

参加型の民主政治を「発明」した古代地中海の共和都市においても、ソクラテスの死の物語にみられるように、このイメージの分裂は自覚されていなかったといってよい。君主政治と民主政治の対立を一人か多数かという権力帰属の数の問題としてとらえる政体循環論も、この分裂の欠如をしめしている。法の支配という立憲政治を「発明」した中世ヨーロッパでも、『マグナ・カルタ』の制定過程にみられたように、王権自体の存在理由は問わず、伝統秩序の確認にとどまった。まして、地球全体では、家長支配を祖型とする、いわゆる「専制」の風土が全般的だったのである。

統治型と参加型というイメージ分裂は、近代ヨーロッパにおいて、共同体・身分→聖宇宙の崩壊過程から、一方では〈個人〉、他方では〈国家〉をうみだすという連関においてあらわれ、その後地球規模に普遍化されていった歴史的分裂であった。

古来、地球上に、幾多の王朝、帝国の興亡があったとはいえ、この王朝、帝国は農村型社会の共同体を土台に、身分によって編成された構築物であった。もしそこに、君主・帝王による、機構化された政治権力の暴虐な発動があったとしても、伝統秩序としての共同体・身分のなかの人々にとっては、一過性の災厄であるか、天・神の摂理にすぎなかった。この暴虐な権力にたいする人民の叛乱があったとしても、それは伝統秩序の攪乱要因にたいする共同体・身分による抵抗にとどまる。この災厄ないし攪乱要因がのぞかれれば、また共同体・身分の伝統秩序への回帰がみられた。

伝統秩序の解体——そこにはじめて人工秩序が問題となる。近代ヨーロッパでの「国家」、「主権」、「立法」という観念の成立がこれである。「国家理性」という言葉が、その問題状況をよくしめしている。それらの観念は人工秩序の構成を意味するようになる。これにたいして「人民」、「自由」、「基本法」の観念が対抗していく。その結果、「革命」も、天体秩序から人工運動に転化した。ここにはじめて、権力とは何かという問が自立したのである。近代ヨーロッパの歴史位置がここで確認される。

数千年つづく農村型社会の伝統秩序の解体という近代になってはじめて、個人にとっての政治の意味を問うことができるようになる。そこから共同体・身分↓聖宇宙を媒介としない、国家対個人、権力対自由、ついで政府対社会という対抗関係が日程にのぼったのである。この対抗関係を、個人から政府を導出する「社会契約」というかたちをとって「説明」していったのは、論理必然的ですらあった。

そこには、「天・神」ないし「血統・伝統」の権威は、もはやない。それゆえ、政治そして権力は、当然、人間から導出されなければならなかった。――自然状態の自然人！からの出発という「社会契約」は、まさに、参加型の政治イメージの提起を意味する。政府は、個人（人民）の〈同意〉のみによって成立する。統治型に対抗する参加型のイメージの成立である。このため、統治型イメージも、参加型イメージへの対抗のため、みずからその根拠を問わざるをえなくなった。

このイメージ対立ないし権力の正統性の問いなおしが、その後革命として爆発する。革命は経済史的にはブルジョア革命ではあったが、同時に、政治史的には参加型の「市民革命」であった。その後、この「市民革命」の参加型イメージに、勤労者、農民も含められ、二〇世紀にはいって普通平等選挙制度が完成する。これが今日の民主政治である。

〈民主政治〉は、〈工業〉の展開によって、その基盤が準備されていく。

第一に、工業は、伝統秩序としての共同体・身分を打破して、プロレタリア化した自由・平等な「個人」を大量に析出していくとともに、この個人の教養と余暇の条件をかたちづくる。

第二に、工業は、分業による市場経済を拡大して、質的な使用価値を量的な交換価値に置換するとともに、大量生産・大量伝達を可能にし、「社会」の平準化をすすめる。

〈工業〉と、〈民主政治〉とは、その組織原理において対応し、同型なのである。工業を基盤とする参加型の民主政治の構想は、あらたに、サン・シモンによって、「人による人の支配」にかわる「物にたいする人の管理」の提起となる。これは「支配対管理」というかたちにおける、国家対個人、権力対自由、あるいは政府対社会の変形にほかならない。

とくに、政府対社会が強調されて、「社会」主義の成立となる。いいかえれば、ブルジョア「政府」対プロレタリア「社会」の提起であった。この問題設定はひきつづき、今日の「官僚管理対自主管理」「管理社会対コンミューン」あるいは「集権対分権」という変奏につらなっていく。

近代から現代にかけては、もちろん、地球規模における戦争と革命の時代であった。つまり、階級対立、民族対立、国家対立が基底にあり、それに資本主義と社会主義との東西対立、工業先発国と工業後発国との南北対立が、地球規模での戦争と革命という状況をつくりだしてきた。

だが、この時代は、政治・権力のイメージとしては、参加型イメージの勝利の時代であった。これがまた戦争と革命を加速してきた。とくに最近では、多様な市民活動が参加型イメージの活性化をめざしている。参加型イメージは、地域規模での自治体レベルにとどまらず、また、地球規模にも拡大されて、国際連盟、国際連合の成立となり、国際市民運動の国際連帯もうみだしている。

二〇世紀が「民主政治の世紀」といわれるのもそのためである。それゆえ、ファシズム・スターリニズムの現代独裁ですら、民主政治を鋳型として沸騰したのである。今日、権力をめぐって、統治型イメージにたいする参加型イメージの優位を確認してよいであろう。

にもかかわらず、参加型イメージの勝利のもとにおいても、権力イメージの祖型ともいうべき統治型イメージはたえず復活する。そこでは、官僚統制・大衆操作によって、参加型は空洞化して統治型に置換されていく。ここであらためて「少数支配の鉄則」が問いなおされることになる。今日「権力とは何か」、をたえず問わざるをえない理由は、この二つのイメージの緊張によっている。

〈3〉　権力の定義と微分・積分模型

権力は、ミクロには人間の行動、マクロには社会の活動の、組織・制御技術である政治の手段であった。それを次のようにいいなおすことができる。

単位Aが、単位Bの行動を動かす、つまり組織・制御することができるならば、AはBにたいして「権力」をもつという。このような「権力」が作動する状況が「政治」関係である。そのとき、AはBを「支配」し、BはAに「服従」するという。もちろん、この支配・服従は原型をいっている。都市型社会の成熟段階では、いわば「身分」型の支配・服従ではなく、ルールにもとづいたAの「権限」とBの「人権」との緊張におきかえられる。

もちろん、単位がABのみでなく、nまでを想定しなければならないが、ここでも、外交、同盟によって、最後にはABの二単位に両極化する。この両極化が政治の宿命である。

このA・Bの関係を権力の微分模型と位置づけたい。これはやがて単位の増大によって積分模型（後述）へと展開するであろう。

ここで、単位A、単位Bは個人ないしその集団の模型化であるが、政治は人間の〈関係〉であることを注目したい。この政治関係が人間の関係であるかぎり、単位A、単位Bのいずれの側においても、それぞれの支配、服従は意識が媒介となる。

権力の作動には、必ず人間の意識が介在している。権力は、単なる物理強制力＝暴力ではなく、単位A、単位Bの関係を基礎とし、それぞれのイメージを媒介として作動する。それぞれのイメージのあり方が、この政治関係ないし権力のあり方自体を決定している。したがってこのイメージのあり方如何によって、政治のあり方ついで権力のあり方自体が変ってくる。ここに、第2節でのべた統治型・参加型という権力イメージの重要性がある。

A・Bの微分模型におけるこの権力イメージのあり方は、つぎに単位の増大による権力の積分模型の構成を方向づける。

では、この微分模型において、権力をどのように定義すべきであろうか（図1-7・本書二二頁参照）。

権力とは、AのBにたいする「価値」配分の「操作可能性」をいう。あるいは、この価値操作にもとづいたAによるBの同意の「調達可能性」をいう。この価値操作が、いわゆる「政策」である。

権力とは、価値――物質的富・精神的名誉の配分の操作可能性、ないしはそれを指向するシンボルによる操作可能性、これにともなう同意の調達可能性、つまり「能力」といいかえてよい。富と名誉つまり価値の操作、ないしそれを指向するシンボルの操作が政治の手法であり、その能力を権力という。

「価値」とは、稀少性にもとづき、物質的富だけでなく精神的名誉をふくむ。富には生活必需品から土地・貨幣・情報がふくまれる。名誉にも身分ないし名声がある。勲章は、ダイヤモンドとおなじく、物質的財貨というよりは、名誉の対象として、精神的財貨といってよい。企業や官庁での地位昇進も、物質的財貨を購う給与の上昇だけでなく、精神的名誉の充足をともなう。

「操作」とは、この富・名誉という価値の付与・剝奪をいう。つまり、ギヴ・アンド・テイクあるいは賞罰である。Aによる価値付与の予測からはBの積極的同意がえられ、Aによる価値剝奪の予測からはBの消極的同意となる。この積極的同意の極限は、価値付与なき同意としての自発的献身となる（同意純化）。逆に、消極的同意の極限は、最後の価値剝奪としての暴力による死傷の脅迫である（同意強制）。しかも、この消極的同意すらもえられないとき（同意破綻）は、Aによる現実の殺傷、あるいはBの叛逆ないし逃亡となる。スケールを大きくすれば、「戦争」あるいは「革命」ないし「亡命」でもある。この間には、いわゆる妥協、取引という損得計算もおこなわれる。

例示しよう。子供に手伝いをたのむとき、

(1)　オヤツを与える（物質的価値付与）　(2)　よい子だとおだてる（精神的価値付与）

という方法がとられるが、子供がしたがわないときは、逆手にでて、

(3)　オヤツを与えない（物質的価値剝奪）　(4)　悪い子だと叱る（精神的価値剝奪）

という方法もとられる。

日頃の躾がよければ、「手伝いたのむ」という言葉だけで子供はうごくが（同意純化）、躾が悪いときはナグルという暴力の脅迫すら必要となる（同意強制）。最悪の場合、子供をナグルか、子供の叛逆あるいは家出となる（同意破綻）。

このような価値付与・剝奪の関係は、ミクロには同僚間また夫妻間、親子間をふくむ日常の人間関係にみられる。マクロには地域規模から地球規模の政府をふくめた社会のあらゆる局面に展開され、それぞれ政治を構成する。

そこでは、農村派は生産者米価の上昇、都市派は消費者米価の下降をねらうが、それは支持階層への価値付与・剝奪の関係である。また、かつてみられた対立図式でいえば、保守派は支配層への価値付与（減税、私有財産の拡大！）、服従層からの価値剝奪（増税、弾圧！）、革新派は支配層からの価値剝奪（増税、私有財産の廃止！）、服従層への価値付与（減税、解放！）をめざしてきた。このようにみれば、政府、政党から個人までの各レベルでの

図 4-1　権力の微分・積分模型

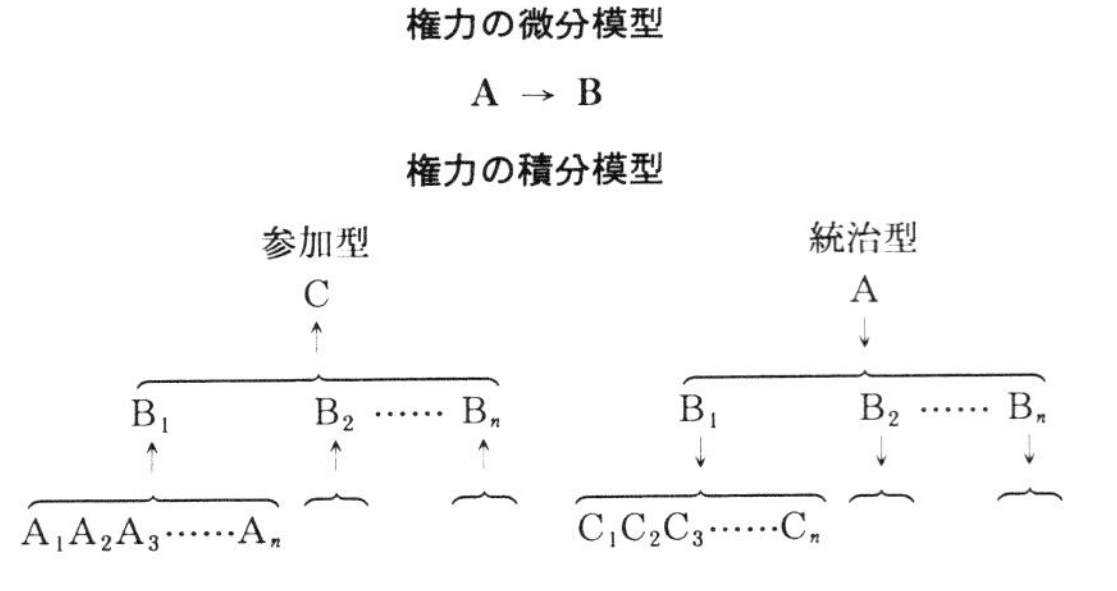

ひろく政策とは、社会の組織・制御をめざして、多数の同意調達を期待する価値付与・剥奪の操作ないしそのプログラムをいう。

精神的価値は勲章、表彰のバラマキのように伸縮性があるとしても、物質的価値は一定の時点では有限つまりゼロサム状況である。そこから、とくに物質的価値の再配分――付与・剥奪関係の変動をめぐる「闘争」がおきる。この闘争の最悪事態では暴力の行使がおこなわれる。その尖鋭な形態が、「革命」、「戦争」である。

もちろん、生産力があがればゆたかになり、ゼロサム状況はプラスサム状況にうつるため、配分のルール化がうまれ、価値の多様化とあいまって、「闘争」は「競争」に転位する。

以上を図式化すれば次のようである。

Aによる価値付与――Bの積極的同意→自発的献身
Aによる価値剥奪――Bの消極的同意→暴力の行使

価値付与・剥奪の一定の関係が持続して定型化するとき、「慣習」ついで「制度」の成立となる。この制度が自立性をたかめて、立法によって規範化されるとき、「法」の形成となる。それゆえ、日常生活の崩壊がないかぎり、通常はこの定型が慣習化されるため、積極的にしろ、消極的にしろ、それぞれの「同意」のあり方は自覚されない。なぜ、毎朝通勤するのか、また赤信号でたちどまるのかは、ほとんどの場合自覚されない。

図 4-2　政府統合模型

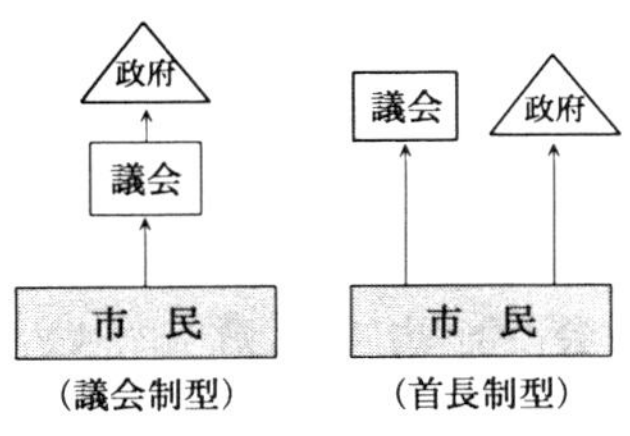

制度が、Bの内面において積極的同意をかちえているとき「正統」な〈権威〉が成立し、他方Bの内面において消極的同意どころか同意破綻がおきるとき「暴力」による〈制裁〉の成立となる。

暴力（物理強制力）の行使は、この意味で、「最後の方法」(ultima ratio)である。それは、Bのみならず、Aにとっても最悪の事態となる。この最悪事態が持続すれば、かならず、「叛逆」「逃亡」を誘発する。

ついで、政治単位をAB二極とする微分模型は、単位Aの増大、単位Bの増大によって、図4-1のように、それぞれ参加型、統治型という二つの積分模型がえられる。

単位Aの複数化は、権力主体の複数化であるため、参加型の権力統合となる。単位Bの複数化は、権力客体の複数化であるため統治型の権力統合となる。参加型は代表をうみだし、統治型はボスをうみだす。前者の典型が市民活動から選挙・議会ついで連邦、後者の典型が長老支配から官庁・軍隊、帝国にいたる。

参加型モデルと統治型モデルは、現実の政治過程ないし歴史現実でもある。白人によるアメリカ合衆国の構築におけるメイフラワー・コンパクトないしタウン・ミーティング、ついで州(state)政府の形成、さらにUnited States of America（連邦）の成立は典型的な参加型である。他方、またプロシアの軍事ヘゲモニーによるドイツ帝国の形成は典型的な統治型となる。

参加型モデルは、第2節でみたように、市民主体の民主政治における権力統合として、今日では普遍性をもつ。それゆえ、現代では基本法の理論構成は、議会制型、首長制型いずれをとろうと、参加型統合となっている（図

4－2）。そのうえ、市民活動はもちろん、政党（党大会・執行委）、あるいは企業（株主総会・取締役会）、労働組合（組合大会・執行委）、また多様な大衆団体、サークルの規約、他方、国連憲章や国際団体の規約までふくめて、参加型モデルとなっている。参加型モデルは今日の組織・機構の母型となってしまったのである。

だが、権力統合の参加型モデルは、いつでも統治型モデルに転化する。あるいは参加型モデルのワク内で実質的に統治型モデルが循環する。これがいわゆる民主政治と官僚統制・大衆操作とのパラドクスである。その極限が人民喝采による現代独裁となる。

図 4-3　政治の機動性の拡大

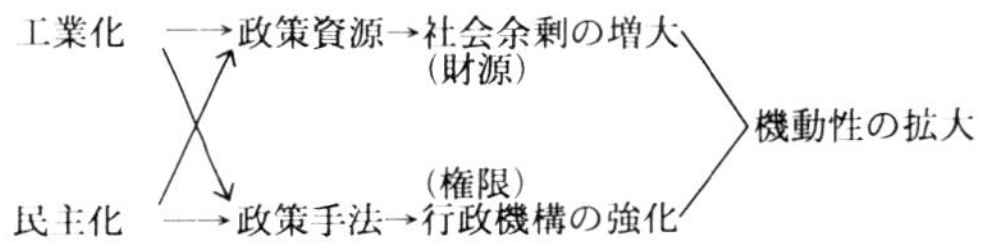

この逆転の過程では、⑴組織の規模、⑵テクノロジーの発達がとくに強い誘因となる。参加型モデルでは、組織の規模が、小規模であればあるほど活性化され、大規模になるほど巨大テクノロジーの操作とあいまって統治型に逆転しやすい。これは、いわば政治物理学的傾向性といってよい。

とすれば、近代以降、民主政治として普遍化された参加型モデルは、ユートピアにすぎないのだろうか。

かつて、生産力の上昇にともなう富つまり「社会余剰」の増大につれ、それを蓄積した穀倉の守護のため、ムラの人々から参加型モデルによって「信託」された長老が、逆にこの社会余剰を収奪し、それに寄生する統治機構をつくり、統治型モデルを制度化した。これが権力機構の自立の原型である。つまり、貢納・徴税、治安・軍事という原基政策の成立である。今日も社会余剰の集約と配分のあり方が、経済、政治それに文化を基本的に規定し、この社会余剰の操作が政府の主要課題となっている。権力の参加型モデルは必ず統治型モデルに転化するという、この問題の解決が、次の分節政治理論の課題となる。

〈4〉 現代の権力状況と分節構成

今日の先発国における都市型社会への移行、つまり工業化・民主化の成熟は、国の政府の機動性の増大をもたらしている。そこでは、工業化は権力の技術構成をたかめ、ついで民主化は権力の作動条件を拡大したからである(図4－3参照)。その背景には、工業化による富の増大、それに民主化がうみだした大衆の参加がある。それゆえ、国レベルの政府とりわけ行政機構の自己増殖は、単なる支配層の論理からのみきているのではない。むしろ工業化・民主化の強力な底圧をそこにみなければならないであろう。しかも、国際間の政治緊張は、行政機構だけでなく、とくに軍事機構の異常肥大をも加速する。その結果、国レベルの政府による、いわゆる物資・精神動員のシステムが強化される。

このような視点からみるならば、現在、おおくの後発国においては、軍事独裁、それにいわゆる国家ないし権力の創造性神話の高揚がみられようとも、工業化・民主化が未熟のため政府の機動性そのものはいまだ過小なのである。この意味で、政府の機動性は、工業化・民主化の成熟する都市型社会の大衆民主政治において肥大する。第1節で、新しい問として、権力の機動性の飛躍的増大を指摘した背景がこれである。

この国レベルの政府の機動性の増大にともなって、かつて、「市民革命」で基本法が構想した「国家対個人」「権力対自由」ついで「政府対社会」という二分法は崩壊する。とくに政府の機動性の増大が、一党独裁と結合するとき、全体政治となり、立憲政治は融解してしまう。

ここでの問題の焦点は、「国家対個人」「権力対自由」あるいは「政府対社会」という基本法が前提とする二分法の形骸化である。かつて国家の形成段階で、

(1) 国家による強制力の独占――〈公共〉概念の成立

(2) 国家にたいする個人の抵抗――〈市民〉概念の成立

を前提に、政府一般にたいする権力制限をめざした参加型モデルによる〈基本法〉概念の成立がみられ、そこに二分法が確立した。

いわゆる国家権力の肥大、大衆政治の沸騰という、この(1)(2)をめぐる二分法の緊張は、国家からだけでなく、大衆からも誘発され、相乗効果を拡大する。この国家と個人、権力と自由、また政府と社会の相互浸透が亢進するならば、その極限は全体主義たらざるをえない。「政治化の時代」と現代をよぶとき、このような状況構造が問題となっているのである。

だが、この政治化の肥大をのりこえる条件もまた〈現代〉の「社会形態」としての都市型社会の成熟によってつくりだされる。

① 政党、団体・企業、さらに市民活動の擡頭によって、国の政府にのみ政治が独占されず、政治の発生源の拡大となり、政治単位ないし政治過程の多元化がおこる。↓政治の多元化

② 生活保障・経済計画の導入とあいまって、国の政府自体も安価な政府から巨大な政府に変るとともに、自治体、国際機構も政府として自立していく。↓政府の重層化

このため、あらためて参加型モデルを前提として、従来の二分法というパラダイムの転換をよびおこす権力統合理論の再構成が政治学の急務となる。つまり、都市型社会における立憲政治をめざす参加型モデルの活性化が日程にのぼることになった。これが、後述の分節政治理論の構想につらなる。とくに日本では、参加型モデルを敗戦後『日本国憲法』として設定しながらも、「市民」、「自由」、「社会」の未成熟とあいまって、明治以来の〈国家統治〉*という観念を転回軸として、政治理論ないし憲法理論は統治型モデルに逆転してしまうため、この分節政治理論の

構想が緊急となっている。

＊　日本で「国家」という言葉をつかうとき、今日も戦前とおなじく、市民の意識状況の島国性、鎖国性、官治性を反映して、市民と政府との区別すらないまま、アニミスティックで神秘的な統一体が想定されている。この事態は、かつての保守系・革新系理論いずれにも共通にみられた。それゆえ、市民と政府を明確に区別し、政府も自治体、国、国際機構にわけて考えるという思考が、日本の思想ないし理論に不可欠である。このノミナリスティックな思考が成熟しなければ、市民と政府それぞれ独自の責任が、国家という言葉によって見失われ、市民が政府のあり方を論ずる政策・制度論が自立しえなくなってしまう。

分節政治理論は、〈市民自治〉を起点として、国レベルの政府に権力を集中（国家主権！）することなく、政府を自治体、国、国際機構に三層化するとともに、各政府レベルでは次の(1)(2)(3)(4)(5)に五元化しようというのである（図1-8・本書三五頁参照。詳しくは、拙著『政策型思考と政治』一九九一年・東京大学出版会でのべている）。

(1)　市民の自由権（市民活動の展開）
(2)　社会分権（経済・社会・文化の諸集団の自治）
(3)　複数政党（政策・政府の選択）
(4)　機構分立（権力分立、法の支配の強化）
(5)　市民の抵抗権（市民活動の展開）

この分節政治理論は、自治体、国、国際機構という政府の三分化をふまえ、この各政府レベルで政治を五元化してとらえていく。まず市民活動としてあらわれる〈市民〉の(1)自由権、(5)抵抗権が基本となる。ついで「社会」内部での(2)社会分権、社会と政府をつなぐ政策連合としての(3)複数政党、「政府」自体における(4)権力分立さらに法の支配というかたちで、政治単位の政府集中ではなく多核分散を指向しているのである。この意味で、これを古典的二分法の分節政治型復活とよんでもよいであろう。

都市型社会の大衆民主政治においては、参加型モデルは、国の政府の肥大もあってたえず統治型モデルへと空洞化する。この空洞化をくいとめ、参加型モデルをたえず再活性化する政治イメージついで制度構想が、この分節政治理論なのである。

イメージついで構想の転換がまず基本である。というのは、「イメージの変革なくして、現実の変革なし」だからである。イメージの変革は、現実の改革の第一歩である。古来、いかなる改革も思想運動としてはじまった。裸の物理運動ではありえないのである。

分節政治理論も、古典憲法理論とおなじく、その起点は個人としての市民の〈市民自治〉である。そこでは、何よりも、市民たちが、日常のミクロ条件において、まず政治主体として、政治の組織・制御技術に習熟するという「市民文化」の成熟が基本となる。でなければ、いかなる参加型〈理論〉も空転し、統治型政治の美称に逆転してしまう。市民たちが、政治客体として受益者にとどまるならば、参加型政治自体が自己崩壊するのである。とすれば、今日の政治・権力の制度化は、各レベルの政府のあり方だけでなく、市民自体のあり方によってこそ、決定される。

この市民の政治習熟は、「啓蒙」によって熟達するのではない。習熟は、「参加」自体による。批判と参画という「参加」自体の経験のなかで、市民は(1)政治・権力イメージを参加型に変えるが、またそれは(2)討論、演説、組織という市民的政治訓練の過程でもある。さらに市民自治を起点におく(3)既成の政策・制度の新しい運用、さらには新しい政策・制度の構想へとつきすすんでいく。

今日では、自治体、国、国際機構の各政府レベルまで、市民によるその直接の参加が可能である。ついで選挙→政党選択をとおして、自治体、国、ついで国際機構は国単位のため間接的だが、各レベルの政府の選択にまでいたる。この「参加」の全過程が、まさに政治ないし権力の分節構成となっていく。これが、市民の《政治成熟》、つまり、市民自治・市民文化の中核問題をなす。

たしかに、市民が徴税を拒否すれば各政府レベルの行政機構は破産する。市民が徴兵を拒否すれば軍隊は破綻してしまう。すでに市民抵抗ないしゲリラも合法的となっているではないか。かつて、ホッブズを批判したハリントンは、この権力の秘密を透視して、「権力の中枢は軍隊であるが、軍隊を喰わせるのは人民である」と喝破していた。逆にいえば、市民の統治型権力イメージつまりオカミ崇拝、さらに理論家たちの〈国家統治〉理論こそが、政府への幻想、つまりオカミの威信をささえているといってよい。

都市型社会の大衆民主政治における個人の無力化という定式を打破するには、市民の文化水準の上昇、ついで行政の劣化という現実をふまえて、まず、以上みたような権力概念の再構成が不可欠である。政治とは「可能性の技術」であるというのは、まずミクロ条件における市民の政治可能性つまり組織・制御技術として設定されなければならない。そこでは、権力は、市民の日常というミクロ条件において、脱神秘化される。そのとき政党も、教条組織から市民の政策連合にかわる。この市民によるミクロの可能性が、自治体、国、国際機構それぞれの〈基本法〉によって積分されて、マクロの各レベルの政府構成となる。

最後に、今日、権力の自己肥大にたいして分節される政治の課題とは何か、が残る。それは、次の二課題にとどまる。

(1)　市民自由の保障　　　　　（民主化がめざした古典的課題＝自由権）
(2)　シビル・ミニマムの保障（工業化にもとづく現代的課題＝社会権）

とすれば、自治体、国、国際機構という各レベルの政府に積分される権力は、(2)のための社会余剰の集約・配分をめざす政府政策への市民参加手続として、(1)を主題にみずから分節していかなければならなくなる。

留意すべきは次の二点である。

① 分権化

シビル・ミニマムの保障、そのための政府計画は、地域特性をいかす自治体主導型へと転換させる必要がある。それは、同時に、自治体政府の権限・財源ついで責任の拡大を不可避とする。つまり、国のナショナル・ミニマムをふまえるが、経済、社会、文化の多核化をうながす自治体主導の分権化が時代の要請となる。

② 国際化

シビル・ミニマムの保障、そのための政府計画は、国際分業を前提としなければならない。それゆえ、シビル・ミニマムも、国のナショナル・ミニマムだけでなく、インターナショナル・ミニマムに条件づけられる。とすれば、自由な参加型の国際政策の展開、ついで国際機構の確立が不可欠である。

このようにみるならば、民主政治をかかげるにもかかわらず、参加型政治を成熟させないこれまでの国レベルの政府中心、つまり国家観念中心の政治発想を転換し、分権化・国際化に対応せざるをえなくなっている。権力の積分モデルは、《国家統治》ではなく、《市民自治》を起点に、地域規模から地球規模まで、《分節化》する参加型となる。

政策 5 工業化・民主化と政策

都市型社会の成立にともなった市民の文化水準の上昇、さらに市民活動の登場もあって、日本においてもようやく、〈政策〉研究がはじまった。社会科学とりわけ政治学は政策の論理を当然の研究対象としているはずであると通常考えられがちであるが、ひろく政治史、あるいは個別の経済政策史、教育政策史などの歴史研究はあるものの、その実態は異なっていた。この政策研究はつい最近まで、日本の社会科学ないし政治学の課題領域となっていなかったのである。(1)

かつて一九七六年、OECDが日本の社会科学の非生産性を調査・批判（『日本の社会科学政策』講談社学術文庫五一四）する以前の一九六五年、私は「知的生産性の現代的課題」（『展望』同年七月号）(2)で、当時の政策課題を整理するとともに、社会科学の政策科学への再編を訴えた。これは日本における政策科学の可能性についての問題提起であった。その後、当時未開拓の領域であった「都市型社会」の都市政策をめぐって、「自治体改革」「市民」「シビル・ミニマム」の設定を起点に、『都市政策を考える』（一九七一年・岩波書店）でその展開をこころみた。

社会科学はもちろん、自然科学をふくめて、ひろく科学は、

Ⅰ　実証科学（分類型思考）

Ⅱ　理論科学（模型型思考）

Ⅲ　政策科学（政策型思考）

というかたちで歴史的に進展するが、この三形態は時間系の発展というよりも相互に循環している。

このⅢ政策科学としての社会科学は、インターディシプリナリな複合性をもつことはもちろん、その内部では

⑴　問題設定・未来構想の方法
⑵　政策論理・制度条件の構成
⑶　補助科学による情報の整理

の各問題層からなっている。

政策科学というとき、最近、コンピューター導入とあいまって急速に開発されつつある⑶補助科学の展開を中心につかわれるケースがおおくなっているが、本来、政策科学は、⑴⑵を中核とする社会科学の第Ⅲ形態としてとらえなければならない。

この考え方の基本発想は、これまで帝王ないし支配層・官僚が独占してきた秘術としての政策型思考を市民に解放し、この政策型思考に習熟することによって市民自体が政治主体となって成熟していくという展望にある。この展望は、また、いわゆる知識人について、特権身分型から市民活動型へという、その再構成にもつらなる。

今日では、日本の政策型思考の成熟条件もととのってきた。それを要約すれば、

①　日本の農村型社会から都市型社会への移行、それにともなう「市民」の成熟の現実化
②　戦前以来、中心争点をなしていた資本主義・社会主義という「体制」の対立の相対化
③　国家観念を崩壊させた自治体、国、国際機構という「政府」のレベルの三分化

という三条件である。この意味で、日本の思想状況の転換がひろくはじまりつつあるとみたい。

この結果、国家主導の近代化にともなう期待と課題を反映してきた、かつての国家神話である〈イデオロギー〉

の時代は終り、市民レベルからの〈政策〉の形成・選択の時代がはじまっている。このため、社会科学のパラダイム転換、さらには「政策科学」への移行が急務になっていくといえる。

本章の直接の課題は、都市型社会の成立段階ともいうべき一九八〇年代以降の日本の政策課題を整理するとともに、ひろく政策構成の論理を追求することにある。

第1節は、たえず無限大に噴出する政策争点を類型化し、当面の政策課題を整理することをめざす。第2節では、政策展開の歴史のなかから、今日の政策課題の意義を位置づける。第3節は、自治体、国、さらに国際機構までふくめて、各政府レベルに対応する政策構想のあり方が焦点となる。第4節の主題は、政策構成の内部論理にたちいった今日の政策状況の摘出にある。

(1)　日本の政治学の実状については、一九七七年の日本政治学会でのべた「政治学の新段階と新展望」（本書第[10]章）で鳥瞰をこころみ、ことに政策論・制度論の未熟を指摘しておいた。

(2)　拙著『シビル・ミニマムの思想』一九七一年・東京大学出版会所収。

〈1〉　都市型社会の成熟と政策課題

ひろく政策は、地域規模から地球規模までをふくめた政治緊張、さらに社会の構造変動の、原因となり結果となってくりひろげられる。政策は、時間的にも空間的にも連鎖する政治緊張のなかでうまれてくる現実の争点をテコとして展開していく。この争点への対応としての政策の構想・対立は、いわば党派を特性とする政治そのものである。そのうえ、工業化・民主化の拡大は、地域規模・地球規模をふくめて、この争点の連鎖状況を加速し、政策による解決の緊急性をたかめている。

日本は、明治に国家を推力とする、官治・集権政治によって〈近代化〉を開始したが、その後一〇〇余年、歴史の惨澹たる屈折をへながら、一九六〇年代以降ついに先発国状況へと移行し、一九八〇年代には都市型社会を成熟させた。つまり、農村型社会から都市型社会への過渡段階としての近代化段階を、日本なりに終えたのである。その結果、明治以来、今日もつづく官治・集権政治を問いなおして、自治・分権政治に移行するという課題が日程にのぼるにいたった。

このような展望のもとで、都市型社会の成熟期における、日本の政治課題を類型化してみよう。

1 政治改革

一九八三年現在、日本の国レベルの財政は周知のように破綻状態にある。その国債依存率は三〇%となり、国債累積残高は一日の利払い二〇〇億円におよぶ一〇〇兆円となっている。この破綻の原因は、工業化の成熟によって低成長経済に移行したにもかかわらず、自民党・財界・官僚の政財官複合が集票を維持するため、かつての高成長段階のバラマキ財政を転換できなかったことからきている。とくに、石油ショックによる国際不況対策として「先進国サミット」がうちだした日本「機関車」論に安易に便乗し、みずから巨額のバラマキ赤字財政に突入したことによる。

バラマキがうみだした巨大な財政赤字を、シビル・ミニマムを整備する福祉・都市・環境政策の水準を保持しながら解決するには、政治バラマキの受益者である大企業、あるいは圧力団体、地域組織、さらにこれらと結びついた自民党族議員を先頭に既得権を確保・拡大しようとする縦割省庁を切開手術する、政治・行政改革が不可欠となる。

だが、問題はさらにひろく、通達・補助金、許認可・行政指導あるいは財政・税制のシクミを改革して、官治・

集権型から自治・分権型へという行政機構の再編が急務となっている。つまり、近代化段階の行政機構から成熟段階の行政機構への再編が要請される。近代化の媒体だった明治国家の解体・再編が日程にのぼっているのである。[1]

だが、財政赤字をうみだしたバラマキのシクミは、今日、実質的に政財官複合ないし自民党永続政権の政治基盤をなしているため、この政財官複合にメスをいれることができない。これが今日の政治構造の最大のジレンマである。そのうえ、第一野党の社会党もこのバラマキのシクミにくみこまれており、ラジカルな改革をめざした対応はできない。かえって公務員労働組合の既得権保守がそこでの自己目的となり、改革の個別論点への「反対」という、保守的な対応にとどまる。

この中核問題にきりこむべく設置された第二臨時行政調査会も、当然この政治構造の中枢へのきりこみをさけているため、具体戦略はなく「かけ声」に終る。[2] 行政改革に本格的にとりくむならば、部分手直しから出発するとしても、以上の理由で必ず、自民党永続政権がつくりだした政財官複合による官治・集権政治から自治・分権政治への転換という政治改革が不可欠となる。

2　経済摩擦

明治以来の政治目標となっていた生産力の拡大は、日本の輸出急増によって、国際経済にたいする衝撃となっている。その結果、逆作用として、日本についての「悪者」ないし「異質」というイメージがひろがっていき、競争力の強化をみた日本の経済システムのあり方自体が批判されはじめている。

第一は、国内過当競争が、また輸出過当競争をうみだし、洪水型輸出となってあらわれるという経済体質である。先端技術を括弧にいれるとしても、鉄鋼、自動車、工作機械というような欧米各国が基幹産業とみなしている領域への洪水型輸出は、強い抵抗をよびおこす。日本の貿易自由論はあまりにもタテマエどおりである。

第二は、官治・集権行政によって過剰規制されている輸入条件の閉鎖性である。これがいわゆる非関税障壁論となっている。これへの批判は、先発国からの輸入についてだけでなく、今後は追いあげつつある後発国からの輸入についても問題となってくる。水平・垂直両方の国際分業から問題がわきおこっているのである。ここでは、日本はホンネでは貿易自由論を否定していることになる。

生産力の各国不均等発展にともなう経済摩擦さらに政治対立は、二〇世紀におけるいわゆる「帝国主義論」の中心論点であった。現在、この不均等発展が、国際経済の相互依存の拡大とともにあらためて激化し、日本が焦点となるにいたった。その国際調整のためには、日本の国内経済システムの再編が不可欠となる。

ここでも、通達・補助金、許認可・行政指導また財政・税制とからんで、政財官複合という前述の政治構造が国内経済システムの再編をめぐってあらためて問われざるをえない。また野党もこの日本型経済ナショナリズムにくみこまれているため、その改革を提起できない。

以上、1が分権化、2が国際化という今日の政治争点となる。

3　安全保障

日本の軍事費は、GNP比一%にとどまるが、アメリカ六%、イギリス五%、西ドイツ三%である。けれども、日本は、分母としてのGNPがおおきいため、財政規模ではすでに世界有数となっている。

これまで、日本の平和運動、憲法規制、それに東アジア諸国からの批判もあって、日本の軍備はおさえられてきた。しかし、GNP比の軍備負担率の過少という論点は、前述の国際経済摩擦にもつながっていく。日本の国民生産力の拡大ないし輸出の増大は、GNP比における軍事費の過少によっているという批判が、冷戦の現実のなかでなりたつからである。

軍事費の抑制には、これまで、平和運動、憲法規制を背景に、社会党をはじめとする野党それに自民党ニューライトの貢献はおおきい。それどころか憲法改正がおこなわれていたならば、朝鮮戦争、ベトナム戦争への日本出兵もおこっていたはずであり、経済成長どころか、日本国内の政治対立は激化していただろう。日本のいわゆる高度成長は、戦後民主主義としての護憲・平和運動がその政治条件を準備してきたのである。

日本としては、第一に、東西の相互軍縮による国際経済の拡大、第三世界の生活水準の上昇の双方をふまえた国際政策をあらためて構築するとともに、その波及拡大のためのイニシアティブをとっていく必要がある。これまでの日本の平和理論ないし平和運動は、あまりにも国内むけの自家消費型にとどまっていたのではないか。

第二に、軍事費の過少という国際批判には、後発国援助の増大だけでなく、軍縮のシクミを日本自体が開発しながら具体的に推進していく必要がある。従来の閉鎖型成金国家という批判から脱却できるかどうかが、国際政策をめぐって問われている。

なお、一九八〇年代にはいって日米軍事連携の強化さらに米兵器売込の圧力があるため、シビル・ミニマムの整備かそれとも軍事費拡大かというかたちで、古典的な「バターか大砲か」という選択肢が復活しつつある。この点では、国の巨大な財政赤字が、消費税などの増税もできないため、その結果として、軍事費にたいする抑制効果をあげている。だが、他方、これまで安易にこの古典的選択肢に依存してきた既成革新政党の発想も、日本が経済大国となったため、すでに説得力をうしなっている。

とくにそのとき、米ソ欧中の大陸国家と異なる島国日本の戦争社会学的脆弱性を鋭く提起すべきである。日本の経済成長は、また日本の国際化つまり国際依存の拡大でもあった。それゆえ、戦時にならなくても、有事というだけで、日本はパニック状態にはいり、自衛隊自体も内部崩壊するという、戦争社会学的脆弱性の理論的究明が急務である。(3)

4　巨大都市圏

今日の日本は、農村型社会におけるムラ自給を崩壊させ、国内・国際の精密な分業によってのみ、ようやく市民生活を維持できる都市型社会にはいった。そこでは、カリフォルニア一州にみたない国土、それも七〇%が山地であるという狭い平地に一億二〇〇〇万人の人口をかかえこんでいる。

この人口のうち、東京圏三〇〇〇万人、大阪圏一三〇〇万人であるから、人口の三分の一は一〇〇〇万人単位の巨大都市圏に集住していることになる。この一〇〇〇万人単位の巨大都市圏は、有事というだけでパニックにはいり、地震などの災害にも脆弱である。くわえて、巨大都市圏は、それ自体巨大な都市公害の発生源であり、また地価の高騰の要因でもあって、国内の経済構造をゆがめている。

日本の経済ないし社会の未来は、官治・集権政治を反映した一極集中の東京圏を国土計画からみてどのように再編するかが、おおきくかかわっている。すくなくとも、有事ないし地震などの災害にもっとも弱い構造になっているばかりか、外からの攻撃にもっとも脆い国土構造になっていることに留意したい(4)。

この国土構造のかたよりもあって、都市・農村の一票の重みのインバランスが選挙制度の再編というかたちで焦点となってきた。この再編がおこなわれれば、農村過剰代表に依存する自民党単独支配の永続はくずれる。一票を平等にした時、衆議院では、巨大都市代表が三分の一、その他政令指定都市等をくわえると半数が大都市代表となることを想起したい。衆参両院をふくめて、この事態は深刻である。

都市化と国土構造との関連が以上の意味で、緊急な政治争点であることをきびしく認識したい。

5　新科学技術

鉄鋼などの素材産業を典型とする巨大技術工業が推力だった時期はおわりをつげ、経済イメージの新しい模索がはじまっている。そこでは、ハイテクからファッション、それに農業にいたるまで、地域特性をいかす小型・適性技術の開発が日程にのぼっている。いわゆる技術のソフト化とか、軽小化とかいわれるのがこれである。いわば産業自体の文化産業・情報産業化が問われはじめている。

経済の構造転換をうながすこの技術の新展開は、また雇用構造の変容と連動している。すでに第一次産業人口は一割をきったが、第三次産業は五割をこえ、第二次産業人口も縮小しつつある。第二次産業人口の増大という古典的社会主義が想定した欧米一九世紀型ないし戦前日本型の労働力構造の変容がはっきりしてきた。さらに平均年齢八〇歳近くという生存年齢の長期化にともない、日本も急速に高齢社会となっていくため、この高齢人口にたいする雇用造出も新しい課題となる。

新科学技術の創出は、国民生産力の適正規模維持というだけでなく、とくに地域経済の活性化による国民経済の多核化、ついで労働力構造の産業別、年齢別の変化への対応という緊急性をもっている。

戦略的意義をもつ今日の日本の五課題を類型化したが、それらはまた、国際的なひろがりにおける次の世界共通課題と即応しながら解決していかなければならない。

Ⅰ　米ソを対極とする地球規模の核危機

Ⅱ　相互依存の拡大にもかかわらず深化する南北格差

Ⅲ　地球規模の工業化、都市化の拡大にともなう環境破壊

この日本の五課題、世界共通の三課題にとりくむには[5]、まず日本の政策型思考自体の前提を変えなければならない。とりわけ、日本は、国際的脆弱条件をもつにもかかわらず、もはや辺境の〈貧しい国〉ではなくなってきたこ

とに留意したい。

日本の個人所得が先発国水準になってきただけではない。市民活動それに先駆自治体の活動によって、福祉政策、都市政策、環境政策の条件でも国際水準に達しつつあるため、地域社会も急速な都市化時代の六〇年、七〇年代のようなナイナイづくしの時代ではなくなってきた。もちろん、周知のように、住宅あるいは下水道や都市緑化などにおいては、問題が山積している。しかし、もはや、ナイナイづくしの時代におけるシビル・ミニマムの〈量充足〉は終りつつあり、あらためてその〈質整備〉が課題となってきた。

いわば、シビル・ミニマム原理による日本の富の再分配（第2節参照）がおきたとみてよいだろう。いずれにせよ、貧困ないしナイナイづくしを前提とした従来の保守・革新のモノトリ・バラマキ型政策の終りは必至となって、政策スタイルの転換が必要となってきた。(6)

さらに、農村型発想を都市型発想へと転換する思考革命が必要となっている。都市型発想の形成をめぐっては、あらためて、次の三つの基層問題への透徹した予測が不可欠となる。でなければ、とりくみ自体が思いつきないし幻想にとどまる。

(1) 社会変動への対応
① 社会形態における都市型社会への移行
② 人口構成の高学歴化、高余暇化、高齢化
③ 経済をめぐる成長鈍化と技術再編

(2) 思想構造における対応
① 価値意識ないし意見・利害の多様性の調整へ

② 直線型進歩から複線型成熟へ
③ 「国家統治」から「市民自治」へ

(3) 政治イメージの対応

① 市民の自発性からの出発
② 制度の分権化・国際化
③ 政策の計画化と文化化

今日の政策をめぐっては、こうして、工業化・民主化の日本なりの成熟による、都市型社会への移行という社会変動に即応して、発想の質つまりスタイルの転換をせまられている。

このような事態に、日本の今日の既成政党は耐えうるであろうか。日本の政党は、今日いまだに工業後発国状況ないし農村型社会の段階でできあがった官治・集権型の政策・制度を原型とした発想しかもちあわせていない。この現実課題と政党政策の乖離は、大量の無党派層ないし多様な市民活動をうみだしてきたが、この無党派層ないし市民活動もいまだ政治構想を欠いている。

ここで、とりあえず、政党配置の現状をあらためて確認しておこう。それはあまりにも膠着した配置といわざるをえない。

政権をほぼ戦後一貫してになってきたため、自民党は行政機構、また団体・企業と癒着しているが（日本型コーポラティズムとしての政財官複合）、その支持率は全野党合計と同じく絶対得票率で三〇%台にとどまり、いつでも大平内閣にみられたような与野党伯仲状況においこまれるようになっている。国会における自民党の安定多数は、農村過剰代表にささえられた過渡の水膨れといってよい。

くわえて、野党も、今日では分散状況をしめす。政党配置は「一強多弱」という状況である。いわゆる五五年体制でも、その前期は自民・社会の1½政党システムといわれた自民党三分の二、社会党三分の一の国会議席比をもったが、後期では二分の一が自民党、のこりの二分の一は多党分散という状況になっている。

だが、以上にみた政治の課題変化、とくに都市型社会への移行という社会の構造変動に対応できる政党はさしあたり不在といわざるをえない。とすれば、政党構造の再編が不可欠といわなければならない。とくに、この都市型社会への移行にともなう、市民の文化水準の変化、団体・企業の政策水準の上昇を背景に、政党もかたい教条組織からやわらかい政策連合に転換する必要がある。

政党配置を検討するにあたっては、次の点を留意しておくべきだろう。自民党は、行政機構ならびに団体・企業との膠着状況にあるため身動きができない。社会党の支持母胎としての労働組合も空洞化し、公明・共産両党はとくにかたい組織のため、党勢拡大のできない構造をもつ。いわゆるミニ政党も流動状態にある。もし自民党が議席数で過半数を割っても、一部野党をとりこめば、野党第一党の急成長がないかぎり、実質的に自民党政権を維持できる。政党配置の転換はさしあたり自民党の分裂を契機とするほかはないが、この分裂はいまのところ政財官複合のなかで回避される。日本の政治は、現在、起爆力を失って、政治改革の時間をムダにしているのである。

今日の政治改革は、日本が、工業後発国から工業先発国へ、農村型社会から都市型社会へ、という構造変動の成熟の結果いわば必然となった課題である。これにとりくむには、農村型から都市型へと発想を転換し、日本の政策構想全体を、従来の国家観念から出発する官治・集権型から市民個人から出発する自治・分権型へのくみかえ、さらに分権化・国際化の推進が不可欠となっている。

かつての保守・革新の政党対立は、農村型発想を前提とし、国家観念を中核とする官治・集権型政治の内部における同型の対立にすぎなかった。革新も自治・分権政治を考えず、ブルジョアからプロレタリアへの、いわゆる国家統治の三六〇度転換を意図したにすぎない。

今日要請されているのは、国家観念の一八〇度対極にある市民個人からの出発であり、自治・分権型による政策・制度、さらに政党配置・構造の再編である。官治・集権政治の延長線上ではなく、自治・分権政治へのラジカルな政治改革のうえにのみ、展開できる(7)。

今日の日本の政治をめぐる問題状況は、それゆえ、政党の配置・構造の再編はもちろん、それ以上に日本の政治発想ついで政治理論の転換をともなう必要がある。この過程は一瞬にして完成する過程ではない。国家観念を中軸とした明治以来、一〇〇年余もつみあげられてきた官治・集権政治をくずすには短期間ではできない。しかし、くりかえすが、以上にみた現実課題への対応には、政治発想のくみかえによる《政治スタイル》の転換が必要なのである。

(1) 大企業や圧力団体、地域組織が、政治資金あるいは票の提供によってそのロビイストたる族議員とむすびついて行政機構を操作するだけでなく、また行政機構も許認可・行政指導、通達・補助金また財政・税制、さらに天下り人事を介して大企業や圧力団体、地域組織と癒着していくという政財官複合の二重のかかわりを、日本型コーポラティズムといってよいだろう。とくに、本来、票田の性格をもつ圧力団体、地域組織だけでなく、大企業が、下請企業への発注操作をおこないながら、あるいは支店網を動員しながら、ある場合企業内労働組合をかかえこみながら、独自に票田を組織していることも注目したい。

(2) 第二臨調の基本性格については、拙稿「行政改革の課題と臨調基本答申」『行政管理研究』一九八三年九月号、拙稿「戦略をあやまる〝かけ声臨調〟」『ジュリスト』一九八三年六月一日号参照。

(3) くわしくは拙稿「都市型社会と防衛論争」『中央公論』一九八一年九月号参照。

(4) 拙稿「東京圏をめぐる戦略と課題」『世界』一九七八年一〇月号、拙稿「国土計画の課題と手続」国土庁計画調整局編『国づくりへの提言』一九八二年・東洋経済新報社参照。

(5) 今日の日本の政策をめぐる総合状況については、拙著『市民自治の政策構想』一九八〇年・朝日新聞社参照。本書は新聞時評の形態をとっているが、それだけに多角的に状況にアプローチしている。
(6) シビル・ミニマムによる政策転換については、拙稿「市民福祉の政策構想」『中央公論』一九七六年六月号。シビル・ミニマムが充足原理であるとともに、抑制原理でもあることについては、拙稿「続・シビル・ミニマムの思想」『地方自治職員研修』一九八〇年四月号参照。
(7) 官治・集権型から自治・分権型への政治スタイルの転換は、〈政策〉だけでなく〈制度〉の官治・集権型から自治・分権型への転換と同時に進行しなければならない点については、拙著『市民自治の憲法理論』一九七五年・岩波書店参照。くわしくは本章第3節でのべる。

〈2〉 近代化政策の歴史類型

では、この《政治スタイル》の転換の意義を、歴史ついで理論のうえで、どのように位置づけうるであろうか。この作業がおこなわれてはじめて、今日の政治課題の座標軸が明確になる。のみならず、なぜ政策科学が要請されるのかという問への橋わたしもできるようになる。

政策とは、社会の組織・制御の技術としての政治による、公共の富(res publica, common wealth)というかたちをとる社会余剰(social surplus)の集約・配分の「手法」と定義することができる。いいなおせば、生産力の増大とともに、生産者を養う以上の社会余剰が公共の富として拡大するが、この公共の富を貢納・徴税として剝奪して集約し、これを配分ないし付与していくシステムとして、政治体制は構築される。この政治による集約・配分、剝奪・付与の関係の操作がまさに政策なのである。[(1)]

生産力の増大は、社会余剰を拡大するため、「公共の富」つまり政治の〈基礎条件〉(動員力)の拡大となる。そのうえ、生産力の増大はテクノロジーの発達をともなうため、社会の「組織・制御技術」の強化をうみだし、政治の〈作動条件〉（機動力）もまた拡大する。

選挙によって成立する今日の政府が、かつての帝王よりも、動員力・機動力の拡大——基礎条件と作動条件いずれにおいても拡大をみているのは、増大した生産力——「富」と「技術」を背景にもっているからである。今日の政府が、膨大な社会余剰の集約・配分によって、行政機構を肥大させるとともに、広汎な経済政策、そのうえ福祉・都市・環境政策をくりひろげ、さらに原爆をもつ巨大な軍隊をもまかないえているのは、このような政治の肥大によっている。

人類史の初期段階では社会余剰がうまれるほどの生産力がなかったが、定着農業のはじまる農村型社会にはいって社会余剰が発生し、その時点で、権力・階級、都市・文明が成立しはじめたことは周知の事実である。定着農業による社会余剰の増大は、政治によって集約され、支配層ならびにその軍隊、僧侶、職人、商人に配分され、これらの各層の集住が都市ついで文明をうみだしたのである。この段階では、政治は、その管制高地たる都市に、領域からの社会余剰（主として農産物）を集約し、さらにその支配する領域を拡大して、王国ついで帝国をつくりだす。

にもかかわらず、この段階の政治が集約しうる富ないし社会余剰はまだかぎられている。たかだか少数の支配層ないしその軍隊、僧侶、職人、商人が喰い飾るにすぎなかった。したがって、当時の政治課題は、貢納・徴税と、そのための治安・軍事にかぎられる。もちろん、巨大な墳墓や神殿の造営も時にはみられたが、政治目標の拡大もせいぜい貢納増大のための治水ないし貢納運搬のための道路にとどまっていたといえる。この段階を〈原基政策〉の段階とよびたい。この事態は、地球各地域で、ヨーロッパ近代の国家建設までつづく。

近代にはいって、工業化・民主化を起動因としてヨーロッパからはじまるのだが、国家（政府装置）の建設とともに、図1-4（本書一二頁）にみたように、〈原基政策〉の根幹をなす貢納・徴税プラス治安・軍事は、政策の原基として当然のこるが、これに新しい政治目標が加わってくる。これを〈近代化政策〉とよび、ⅠⅡⅢ型にわける。これらは、後述するが、資本主義・社会主義を問わず、同型の課題をになっていく。

〈近代化Ⅰ型政策〉

近代化Ⅰ型政策は、「国家主権」をかかげて、いわゆる国家（政府装置）自体を構築するための政策である。これには、

(1) 中央・地方の行政機構、軍隊、議会、裁判所などの創設
(2) 国語、暦法・地図、法制・貨幣、度量衡などの統一
(3) 道路、鉄道、郵便、港湾などの整備
(4) 国家宗教の形成、義務教育の発足、大学などの設置

があげられる。このⅠ型政策はまた原基政策としての貢納・徴税、治安・軍事の効率を飛躍的にたかめる。

〈近代化Ⅱ型政策〉

近代化Ⅱ型政策は、生産力の拡充政策である。初期のいわゆる原始蓄積から現代の成長政策にいたるまでつづく。その間、ムラ共同体の崩壊が近代化Ⅰ型政策とあいまって進行するとともに、資本化をめざす社会余剰の強蓄積のため、農民、労働者の貧困は一時かえって激化する。ここに「階級闘争」が提起される。しかし、この近代化Ⅱ型は当然、生産力ないし富と技術の拡大をうながす。

〈近代化Ⅲ型政策〉

近代化Ⅲ型政策は、近代化ⅠⅡ型によって拡大した公共の富を、市民に再配分する政策である。生産の領域にお

ける最低賃金、基準労働時間をふまえた「労働権」の確立、ならびに福祉・都市・環境政策の領域におけるシビル・ミニマムによる「生活権」の保障がこれである。この段階では「労働権」「生活権」は社会権として国レベルの憲法でも保障されるようになる（第3章参照）。

誰もが推察しうるように、ヨーロッパ近代をモデルとすれば、近代化Ⅰ型は一六、一七世紀のいわゆる絶対国家の形成というかたちで典型的にあらわれ、近代化Ⅱ型は重商主義以降、一九、二〇世紀の経済成長政策、さらに近代化Ⅲ型は二〇世紀にはいって社会権の保障というかたちで、段階的に登場することになる。しかし、この三政策類型は、ヨーロッパ近代に限定されることなく、また資本主義・社会主義の体制の相異を問わず、近代化一般の三政策類型として設定しうる。

日本の戦前の「富国強兵」とは、まさに富国→近代化Ⅱ型、強兵→近代化Ⅰ型だったのである。戦後の「高度成長」政策は、戦前からの富国→近代化Ⅱ型の延長線のうえにあった。近代化Ⅲ型は、戦中、戦後、労働対策としてはじまったが、その後一九六〇年代から市民運動、革新自治体に触発されて変質する。ここでようやく市民に起点をおく自治体レベルから、シビル・ミニマムを公準として、とりくむようになったといってよいだろう。

いわゆる後発国では、近代化をめぐって理論上は、このⅠⅡⅢ型の同時強行が意図されている。だが、近代化Ⅲ型はもちろん、近代化Ⅱ型も充分定着できずにいる。というよりも、国家つまり国レベルの政府の形成という近代化Ⅰ型こそが、その焦点となっている。これがいわゆる「開発独裁」といわれる問題点である。そこでは、近代化をめぐって、かつて欧米や日本がそうであったように、つねに政治緊張がかかえこまれる。

一九世紀欧米の先発国社会主義理論は、ⅠⅡ型がもたらした図5-1のような「抑圧」と「貧困」を解決するために、革命をかかげたと位置づけることができる。けれども、ロシア、中国などの後発国社会主義革命では、ⅠⅡ

図 5-1　社会主義理想の定着と展開

〔社会主義の理想〕	〔基本法による制度化〕	〔世界共通課題〕
A　政治民主主義（抑圧からの自由）→	自由権＝リベラリズム→	A　国際人権
B　社会民主主義（貧困からの解放）→	社会権＝シビル・ミニマム→	B　南北調整
		C　環境保全（19世紀社会主義は想定していなかった）

Ⅲ型の同時強行がめざされたが、実質は近代化Ⅱ型を準備する近代化Ⅰ型の近代化革命だったのである。これは今日の後発国の開発独裁の問題点と同位性をもつ。それゆえ、ⅠⅡ型をふまえる先発国とⅠⅡ型をめざす後発国とでは社会主義の文脈が異なっていたのである。

シビル・ミニマムの公共保障をめざす近代化Ⅲ型は、工業先発国では、二〇世紀にはいって、社会主義理論が想定したような「革命」によらず、資本主義の「修正」というかたちで進行する。それも「基本人権」としての自由権・社会権という憲法規定となり、さらには『国連憲章』『国際人権規約』にまでたかめられていく（図3-4・本書八八頁参照）。

このようにみれば、今日の資本主義・社会主義、工業先発国・工業後発国という、いわゆる東西、南北の政治対立は、工業化・民主化つまり近代化ⅠⅡⅢ型の地域不均等発展というかたちで位置づけられるのではないか。なぜ南の革命が、当初、東の革命をモデルとしたかも説明することができるであろう。しかし、逆に、現在、図5-1のように、「抑圧」「貧困」という社会主義の古典的課題の解決をみつつある西ないし北の先発国の政治現実をみるとき、ロシア革命、中国革命をモデルとした社会主義運動は、先発国で衰退していくのは当然といってよい。

たしかに先発各国におけるそれぞれの政策展開は、それぞれの政治文化を反映した政治イメージのあり方、ついで市民の政治熟度によっても異なっている。だが、これまで、市民の文化水準の低さを前提に、官治・集権政治によって、この近代化ⅠⅡⅢ型の推進がみられた。福祉拡大は行政機構の拡大をうんでいくというパラドクスを想起したい。これがいわゆる「福祉国家」ないし「行政国家」といわれる問題状況である。

このため、あらためて、〈近代化〉をめざした国家主導型から〈生活〉中心の市民主導型への政治スタイルの再編が先発各国において問われるようになっていく。これが、二〇世紀後半の先発各国において、ひろく《市民参加》の政治が提起される理由である。日本では近代化Ⅲ型政策は一九六〇年代以来だが、国ではなく市民活動ないし自治体がになっていく。この参加の政治において問題になっているのは、原理における〈国家統治〉から〈市民自治〉への転換、ことに官治・集権型の政策・制度スタイルから自治・分権型の政策・制度スタイルへの転換であった。

ここからまた、社会主義の古典理論に接続する論点がでてくる。社会主義の古典理論の、第一の課題である抑圧・貧困の解決は自由権・社会権の憲法保障というかたちで実現することはすでにみた。しかし、社会主義の古典理論は、第二に、市民革命の発想をうけつぎ、ソーシャリズムないしコミュニズムというかたちで、《市民自治》を提起していたのである。

社会主義とは、市民社会と政府とを区別し、政府にたいする市民社会の自立からくる「市民」社会主義であった。この「市民」社会主義が、後発国ドイツ、ついでそのまた後発国のロシア革命以降、「国家」社会主義に変質したのである。もし「社会主義」が思想としていきのこりうるとすれば、まさにこの市民自治の原点にかえることによってしかありえないであろう。

日本は、古来、専制政治の思想風土にあるだけでなく、欧米との対抗上、国家観念を肥大させた官治・集権政治で、このⅠ型・Ⅱ型政策を強行したが、ようやくⅢ型政策の段階で市民運動、自治体が自治・分権政治への展望をもつにいたった。このため、従来の近代化政策をおしすすめた国家統治への問いなおしが、市民自治を基点に日程にのぼっているとみたい。これが、第1節で、政策発想の転換が不可欠とのべた理由である。

ここで、今一度、論点を整理しなおしてみよう。

近代化ⅠⅡⅢ型政策は、政策の原基をなす貢納・徴税と治安・軍事という原基政策のうえに加えられた国家によるモダンかつ苛烈な政策であった。この近代化ⅠⅡⅢ型政策は時間的な段階をへて登場するが、今日もⅠⅡⅢ型はそれぞれ独自の政策領域をもち、それぞれ重畳・循環している。

たしかに、原基政策、近代化ⅠⅡⅢ型政策というかたちで政治課題が順次、歴史的に重畳して拡大してきたとみなければならない。だが、今日あらためて問われているのは、〈政治課題〉の量的拡大ではなく、質的転換である。つまり、官治・集権型で拡大してきた原基政策、近代化ⅠⅡⅢ型政策を、分権化・国際化をめざした自治・分権型の「市民政治」という《政治スタイル》に転換させることが問われている。

各政策領域における今日的転換はつぎのようである。

〈近代化Ⅲ型〉

福祉・都市・環境政策の具体的展開は、国レベルのナショナル・ミニマムの法制整備だけでなく、自治体計画による地域特性をいかしたシビル・ミニマムの整備なしにはありえない。さらには、富の国際再配分による地球規模での人権・平和また南北調整、環境保全をめざすインターナショナル・ミニマムへの結合も不可欠である。つまり、市民自治を基軸とした分権化・国際化に対応しうる、政策転換が日程にのぼっている。

〈近代化Ⅱ型〉

経済政策も、今日では分権化・国際化を当然展望にいれることが必要とされる。まず国民経済の多核化による地域特性をいかした地域経済の活性化としての分権化が日程にのぼり、とくに、自治体計画との連携が重視されるようになってきた。しかも、国際経済摩擦にみられるような官治・集権型の閉鎖経済システムを国際化するという課題にも直面していく。それには、経済政策の官治・集権型構成自体を改革せざるをえない。これが、日本では、さしあたり、「規制緩和」の問となる。

〈近代化Ⅰ型〉

これまで統一国家装置の構築が中心課題であったが、今日では市民活動によって、自治体による国の政治の分権化が日程にのぼっている。とくに自治体の権限・財源の拡充が、Ⅲ型、Ⅱ型の政策展開には不可欠であることが理解されはじめただけでなく、このような分権化がともなわないかぎり、国の国際化へのとりくみが不可能であることがあきらかとなった。分権化と国際化とは連動しているのである。

〈原基政策〉

治安・軍事をめぐる政策・制度運用の分権化・国際化も当然の要請であるが、貢納・徴税についても、国の財源の国際移転による国際機構の強化、後発国への経済協力はもちろん、また自治体の財源拡充つまり自治体と国との間での適正配分が不可欠という認識がひろまる。日本の官治・集権型行政の基盤は、全徴税の七割・三割というかたちで国と自治体に配分し、そののち国の七のうち四をあらためて自治体に配分するという、国中心の財源配分のトリックにあることはすでに周知である。

留意しておきたいのは、政策の文化化である。日本も近代化Ⅲ型の福祉政策、都市政策、環境政策のフィジカルな条件において先発国水準にようやくたっしたにもかかわらず、なお、市民の都市型生活意識の未熟、それに国の政策の時代錯誤的な農村型性格とあいまって、これらの政策の文化水準は低劣である。福祉もその内部で縦割に細分化されるとともに、道路は緑化せずにコンクリート舗装するだけ、学校は兵舎スタイル、公園は安物の金網囲い、それに都市自体はスプロールでひろがった。これらはいずれも、自治体計画なき縦割事業・施策という、国の省庁主導の政策水準の低さをしめす。

今日では、「点」としての市民施設、「線」としての都市装置をつつみこみながら、緑化と再開発さらに福祉と文化をふまえた「面」としての風格ある地域づくりが日程にのぼっている。デザイン政策と法務政策の提起がこれを象徴する。それゆえ、今日、地域個性をいかした自治体主導による行政の文化化が、シビル・ミニマムの量充足から質整備へというかたちで要請されている。[2]

一九八〇年代の日本が直面している政治課題は、原基政策、近代化ⅠⅡⅢ型政策の見直しをめぐる分権化・国際化・文化化という政治スタイルの転換にほかならない。第1節で、政策五課題としてあげた⑴政治改革、⑵経済摩擦、⑶安全保障、⑷巨大都市圏、⑸新科学技術のそのいずれもが、この官治・集権政治の転換による自治・分権政治によってしか解決しえない。

とくに強調したいのは、具体的な政策以前の、政策イメージの転換である。外交政策、経済政策、福祉・都市・環境政策、また文教政策というような分野わけをこえて、これらの前提となる政治イメージ全体をどう構成するかという問題である。政治スタイルの官治・集権型から自治・分権型への転換が強烈に自覚されてはじめて、分権化・国際化・文化化にむけての「市民政治」への政策構想が出発しうる。

(1) 政策と権力の関連については拙稿「権力」日本政治学年報一九七九年版『政治学の基礎概念』岩波書店所収参照（本書第4章）。

(2) 行政の文化化つまり政策の文化水準の上昇という課題設定については、日本独自の観点から、都市型社会にみあう行政の自己革新をめざしている点に留意。松下圭一・森啓編著『文化行政』一九八一年・学陽書房。

〈3〉 政策の主体と政府の分化

これまで、政策とは、私たち市民がつくるのではなくて、国家ないしオカミがつくるというかたちで考えられてきた。これは官治・集権型の政治イメージからくる。このような考え方は、国民主権を基点におくはずの新憲法のもとでどうして続いてきたのだろうか。それは次のような文脈でおきる。

国民主権が憲法の基点であるにもかかわらず、選挙によっていったん国会・内閣がオカミとして成立すると、このオカミの政策が「国家主権」の名において、行政機構をとおして立案・決定され、ついで県、市町村をへて下降するとき、国民はたんなる政治対象に転化してしまう。戦後の国民主権は、戦前の天皇主権とおなじく、「国家主権」つまり官僚主権を粉飾していたのである。ここに、明治憲法の戦前から新憲法の戦後もひきつがれた官治・集権政治の構造をみたい。

ここには、二つの含意があるといってよかろう。

第一は、政策形成は、国つまり官僚というオカミの秘術であって、国民主権の主体である国民一人一人としての市民は政治主体ではなく政治客体にすぎない。

第二は、政府とは国のみであり、市町村、県などの自治体は政府たりえないため独自政策を持ちえず、唯一の政策発生源である国の下請機構にすぎない。

この二つの含意は、明治の国家形成以来、今日の社会科学はもちろん、戦後の革新運動においても暗黙に前提とされてきた。既成革新政党内部においても、党中央指導部の政策は正しいが、足腰としての地方組織が動かないという図式となり、かならず党中央から足腰強化論がでてくることになる。ここには、国家観念とおなじくオカミたる党中央の無謬性がかくされていた。

保守・革新同型の政治文化の型としての、このような官治・集権型の政治イメージは、一九六〇年代以降、市民運動の激発、革新自治体の群生によってようやく崩壊しはじめる。

第一の論点からみてみよう。今日、市民の文化水準の変化によって、個々の市民は、政策の批判者であるだけでなく、市民活動さらに市民参加の過程で政策形成の政治経験を蓄積し、政治の〈主体〉となりはじめた。国民主権が「国家主権」に転位して空洞化、形骸化することなく、「市民主権」として活性化・実効化しうる条件がととのってきたのである。

政策形成をめぐって、国・オカミによる官治・集権型の独占の打破は、この市民レベルからくるだけではない。ついで、多様な団体・企業などの集団も政策水準がたかくなり、独自に政策を形成しつつあることはよく知られている。また、省庁や団体・企業の外郭団体化あるいは政策の「商品」化など種々の問題点をもつとはいえ、シンクタンクやコンサルタント会社などの立案水準は、国の行政機構をしのいでいく。

この意味では、政策の発生源が多様化し、政策形成はオカミつまり国ないし官僚の秘術ではなくなっていく。政策発生源が多様化したからこそ、公共政策間の調整、それにもとづく政府政策の決定手続が今日重視されはじめてきた。この政策調整ないし政策決定のレベルも、市町村（基礎自治体）レベル、県（広域自治体）レベル、さらに国レベルに重層化することも漸次明らかとなる。これが前述の第二の論点につながるのである。

政策イメージは、国ないしオカミから下降・放射するという官治・集権型イメージから、市民間、団体・企業間で形成される多様な公共政策が、一定の政治手続によって、自治体レベル、国レベルのヒロバで、政府政策として調整・決定されるという、上昇・統合の自治・分権型イメージへと変容するのである。

それだけではない。自民党永続政権にもとづく構造汚職も露呈し、その間「行政の劣化」もめだちはじめ、官僚への幻想が崩壊する。政策策定をめぐっては、官僚＝中立＝無謬という等式がもはやなりたたなくなる。

そこでは、国の行政機構の存在理由ないし限界について、次の論点がうかびあがっている。

第一は、各国共通だが、国は縦割省庁の集合にすぎないかぎり、内閣においてようやく統合点をみいだしているものの、国の政策は各省庁ごとにセクショナリズムをもち、適時に決定できない。伝統的な文部省の幼稚園と厚生省の保育園の所管対立から、最近の経済外交をめぐる外務省と通産省のせりあいなど、枚挙にいとまがない。とすれば、国内政策をめぐっては、市町村（基礎自治体）ついで県（広域自治体）が、国のタテ割セクショナリズム対立をヨコに統合する地域総合化の拠点となる必要がある。

第二は、国の政策は、経済、外交のほか直轄事業をのぞけば、いわゆるナショナル・ミニマムつまり画一の全国基準の設定にとどまる。基礎自治体としての市町村は地域個性をいかす総合計画を独自に策定し、広域自治体としての県はこの市町村を補完する総合計画をもつという関係にある。ここから、基礎自治体の政策、広域自治体の政策、国の政策、それぞれは、性格と役割とを異にする独自の課題をもつという認識が必要になってくる。

自治体が政府としての政策主体となり、総合計画たる自治体計画の策定が不可欠となるとき、これにたいして国は、内閣の整合性のある「基本方針」はもちろん不可欠だが、総合計画をつくれない。国ではほぼ、経済計画・国土計画において、ようやく計画たりうるのみである。あとは省庁単位の個別の行政計画つまり縦割行政需要の庁内予測にとどまらざるをえない。

以上のように、国の行政機構の実態をみていくならば、国の政策の絶対・無謬という幻想はくずれざるをえない。このため、国の政策は、ナショナル・ミニマムとして、省庁単位での全国画一の大枠ないし全国政策基準の設定にとどまり、それが市民レベル、基礎自治体レベル、広域自治体レベルで、あらためてフィードバックされるという考え方が必要となってくる。(1)

そればかりではない。第三に、今日の先端戦略領域における政策開発には、先駆自治体は国よりも先行しているという事態があきらかになりつつある。この先行は、一九六〇年代、七〇年代の福祉政策、都市政策、環境政策という近代化Ⅲ型政策の展開にすでに顕著にあらわれていた。先駆自治体が先行し、国がおくれて、この先駆自治体の成果のうえに、ナショナル・ミニマムとしての全国政策基準を策定ないし改定するというのが常態となりつつある。地域個性をいかすⅢ型段階では、国の省庁の政策先導の段階が終り、その政策のたちおくれもめだつ。

逆にみれば、市民が政策課題を提起し、先駆自治体が自治体としての政策開発をおしすすめて独自政策をくりひろげ、これをモデルに国がおくれて全国政策基準をつくるというプロセスないしシステムは、都市型社会における通常の政策形成の構造といえるであろう。事実、戦略的先端行政のとりくみにおいては先駆自治体が国に先行している。(2)

政策開発をめぐっては、この分権化だけにとどまらない。日本経済は成熟すればするほど国際化していくが、同時に国際社会自体の国際化もすすむ。そこでは国際機構、つまり国連はもちろんＷＨＯやＩＬＯなどの制度化された世界政策基準も、国レベルでの政策形成の重要な要因となりつつある。国際機構レベルにおけるこの世界政策基準・国際法の策定において、世界のＧＮＰの一割をになう日本の責任もおおきい。

とすれば、従来のような絶対性、無謬性、閉鎖性をもつ「国家」観念を中核とした政治イメージは崩壊する。そこでは、自治体レベル、国レベル、国際機構レベルの政府が三極緊張におかれ、旧来の国家観念は当然破綻する。

ここから、新しい論点に入ることができる。行政とは国法としての「法律の執行」である、という考え方が今日でも支配的であるが、はたしてそうだろうか。自治体、国、国際機構、それぞれの政府レベルで政府政策の策定・執行がおこなわれているのであるから、行政とは、国法の執行ではなく、各レベルの政府の独自課題にともなう政策の立案・執行となる。つまり、自治体の政治・行政、国の政治・行政、国際機構の政治・行政それぞれ課題領域が異なっているのである。政治一般、行政一般は存在しない。それゆえ、法も、自治体法、国法、国際法に三分化する（図1-6・本書一三頁、図3-5・本書八九頁）。

自治体、国、国際機構という各レベルの政府の行政機構も、ここから位置づけなおす必要がでてきた。これを行政機構の五課題として、次のようにまとめたい。

Ⅰ　政治争点の整理・公開
Ⅱ　政策情報の整理・公開
Ⅲ　政策形成への参画（政治決定は議会＋長）
Ⅳ　政策執行への参画（執行責任は長）
Ⅴ　法務手続の選択・確定

従来、日本で各政府レベルともに行政機構の課題を国の「法律の執行」としてとらえてきたのは、後発状況における国の先導性を背景に、Ⅴの法務手続の選択・確定を誤解していたからにすぎない。自治体をふくめ各政府レベルの行政機構は、まず、ⅠⅡというかたちで争点、情報を市民に公開しながら政策立案の前提条件をととのえ、さらにⅢⅣというかたちで市民が政党を介して選出した議会ないし長による、政策調整ついで政策決定、政策執行に、補助機構として参画するという位置づけが必要となる。

日本についてみれば、戦後、高度成長期における国の豊かな財源のバラマキを中心に、政財官複合といわれる、自民党、行政機構それに大企業・圧力団体・地域組織の癒着構造をつくりあげてきた。この政財官複合が明治以来の官治・集権政治の中軸をなし、また構造汚職の培養基でもある。だが、一朝一夕にして再編できない。ようやく前述のように市民活動、先駆自治体による自治・分権政治の試行がはじまりつつある。日本の都市型社会への移行は、国家観念をかかげる官治・集権政治をきりくずす条件をうみだしてきたのである。

都市型社会の成熟を背景に進行する以上のような事態は、政治スタイルの国家統治型から市民自治型への転換をめざす、官治・集権型から自治・分権型への政治再編となる。

（1）日本の行政機構の〈現場〉における政策現実については、拙編『職員参加』一九八〇年・学陽書房参照。またその前提となる情報流については、拙稿「市民・情報・行政」日本行政学会年報『行政と情報』一九八一年・ぎょうせい参照。

（2）この事態の理論構成については、拙稿「現代政治と法社会学」日本法社会学会年報『日本の法社会学』一九七九年・有斐閣参照。

〈4〉 政策型思考と政策科学

政治思考は政策型思考と制度型思考（法学思考）に分化していくが、今日、ひろく市民活動がひろがりはじめたとするならば、政策型思考についての理論化もまたはじまるはずである。

支配の知慧の集約として治者の学ないし帝王学は古来存在していた。近代にいたって、いわゆる国家の成立、展開の過程で政策をめぐる多様な論争もくりひろげられてきた。

だが、政策型思考が国家観念によって美化されるオカミの秘術にとどまっているかぎり、政策型思考を理論化していく動機はひろく成立しえない。各政府レベルをふくめて、政策の形成・選択・執行が、直接・間接に、市民の責任となったとき、はじめて政策型思考の理論化つまり政策研究ないし政策科学の成立が日程にのぼる。各政府レベルにおける政策の形成・選択・執行をめぐる市民の経験が蓄積されてはじめて、この〈経験〉の理論化をめぐり、政策型思考の一般論理の定式化という、政策研究としての政策科学の可能性がうまれる。

「政策科学」という言葉の導入は、第二次世界大戦直後、アメリカの知識人の戦争参加を背景として、ラスウェル等によっておこなわれたのは周知である。この系譜は政策の一般考察への試行という意味では画期をなす。にもかかわらず、この政策科学は実質的にサイエンス型の行動科学とかさなりあっていった。この行動科学は安易な科学主義となって破綻する。(1)

政策の理論化はこの意味でそれなりに歴史をもつが、ここで提起したい政策型思考の成熟を加速する政策科学の形成は、市民の政治参加を基礎に、官治・集権型から自治・分権型への政治スタイルの転換をめざす、市民のポリティクスとしての政策型思考の理論化にある。

市民活動は、これまで「エゴイズム」ないし「なんでも反対」にすぎないというかたちで、市民内部からも、あるいは当然各レベルの政府・行政機構からも、批判されつづけてきた。だが、国家統治型の既成政策システムを転換するには、やはり市民みずから市民自治型の政策型思考を成熟させることが基本となる。ことに、国の官治・集権型のタテ割政策を、自治体による長期・総合の自治体計画を基軸に、ヨコに総合して自治・分権型に再編するには、市民みずからが政策型思考に習熟して、政治主体として成熟していかざるをえない。この過程で、自治体レベル、国レベル、国際機構レベルでそれぞれ、市民型の政策知識人が育っていく。

図5-2　思考類型の対比

政策型	科学型
問題解決 〈決定〉レベル	問題解説 〈情報〉レベル
目的設定 手段論理	目的自由 因果論理
発明的 構想的 規範的	発見的 分析的 実証的
条件複合	条件純化
合意性 選択性	一般性 一義性
Who・How	What

市民のポリティクスによる政策型思考は、図5-2で思考類型として対比したように、いわゆるサイエンスとしての科学型思考とは指向が本来、異なっている。

(1)　サイエンスとしての科学型思考は、既成政治構造を前提におき、政治に「外」から接近していくが、市民のポリティクスによる政策型思考は、既成政治構造の革新をめざして、政治の「中」から政策の構想・調整を課題とする。

⑵ サイエンスとしての科学型思考は、特定の与件を固定し（条件純化）、そのうえで状況を実証・分析するという手法から出発するが、市民のポリティクスによる政策型思考は、むしろ与件を総体としてとらえ（条件複合）、この与件の再編をふくめて、構想・決定にとりくんでいく。

⑴⑵は、市民がまず政治の主体であり、ついで市民生活が総体性をもっていることからくる。とすれば、さらに、⑶サイエンスとしての科学型思考は、実際には不可能な価値「中立」をよそおうけれども、市民のポリティクスによる政策型思考は自由・平等あるいは自治・共和という市民原理ないし「普遍価値」を前提とするだけでなく、調整・決定をめぐる同意つまり「参加手続」にいたるまでをくみこむ。

この政策構想においては、つねに二律背反状況が出現することに留意したい。

政策型思考自体は、現実に直面して、

① 二重状況（ミクロ状況とマクロ状況の二重交錯）

② 二極対立（政治における党派対立の二極分裂）

③ 二元評価（条件・結果についてのプラス・マイナスの二元評価）

という緊張をもたざるをえない。

そこではたえず、ミクロの党派政策（党派による状況操作）とマクロの構造政策（社会の構造変動の誘発）の矛盾につきあたることになる。このため、政策型思考はサイエンス型ではなく、かならずポリティクス型となる。そこでは、政治のとらえ方、つまり問題設定ないし未来構想のあり方が、以上の①②③をふまえて問われる。

そのうえで、具体的政治状況における政策決定にあたっては、その公準として、

⑴ 市民の普遍価値（自由・平等、自治・共和という市民価値）

(2)　市民の参加手続（直接参加を土台とする政治手続・行政手続）が設定される。この、(1)市民の普遍価値の提示、(2)市民の参加手続の構成も、サイエンスたりえずポリティクスとなる。

第1節でみた今日の地域規模から地球規模までの政策課題へのとりくみにあたっては、この意味での市民のポリティクスとしての政策型思考の成熟が不可欠である。いいなおせば、政策型思考は、「情報」というサイエンスのレベルだけでなく、経験の成熟にもとづく〈知慧〉こそが、ポリティクスの中核となる。

それゆえ、第一に、政策はいわゆる理論の「応用」ではないことを強調したい。図5-2にみたように、理論にはサイエンス型とポリティクス型の二つの存在形態があることの識別こそが、ここでの核心なのである。従来、日本の社会科学が不毛と批判されたのは、日本の社会科学者が市民としての政治経験をふまえたポリティクスとしての政策型思考に未熟であったことによる。

また、第二に、政策の構想をめぐって、そのサイエンスとしての「客観性」が問題とされてきたが、これを問いなおす必要がある。この論点は、戦前以来、日本でマルクスに象徴されるような歴史必然という歴史客観性、ウェーバーにつながっていく価値禁欲をふまえた状況客観性のいずれかをめぐって提出されてきた。前者においてはマクロ政治の歴史客観性が、後者ではミクロ施策の状況客観性が問われてきた。

いずれも、その客観性は日常の政策の形成・選択・執行のレベルにおける市民常識ついで市民公準にまで深化されていなかった。この市民公準は、(1)市民の普遍価値、(2)市民の参加手続というかたちにおいてのみ可能となる。かつての客観性論争が不毛な論争であったのは、ここに背景をもつ。日本の社会科学者の内部で、政策形成・選択・執行をめぐる市民としての参加経験の未熟が横たわっていたのである。それゆえ、「客観性」は、現実とフィードバックする、短期の〈実効性〉と長期の〈予測性〉におきかえるべきである。

ここで、市民のポリティクスとしての政策型思考を基軸において、本章の最初にのべた政策科学の問題層を想起しよう。政策科学はつぎの三問題層からなっている。

(1) 問題設定・未来構想の方法
(2) 政策論理・制度条件の構成
(3) 補助科学による情報の整理

(3)からみるが、政策へのとりくみにあたっては、知識つまり情報は不可欠である。この意味で、シミュレイションないし模型という考察手法をふくむサイエンスとしての狭義の「政策科学」の有効な範囲は存在しうるし、その担当者としての専門知識人も必要である。しかし、これは市民のポリティクスによる政策型思考ないし政策科学の、補助科学[2]といわなければならない。

(2)は、現実の政策過程をめぐって、①課題設定、②情報整理、③目標提示、④結果予測、⑤基本構想（いわゆる戦略）、⑥施策選択（いわゆる戦術）、⑦進行管理、⑧政策評価（→課題設定）、という循環構造をもつが[3]、政策論理・制度条件、とくに「政治決定」の理論構成については、第1章4・5節、第6章でのべている。

(1)の問題設定・未来構想をめぐっては、市民の、また社会科学者も市民としての、自由な構想力の熟成こそが基礎になる。そこでは、政策は「予測・調整」としてあらわれるから、

(1) 未来への予測力
(2) 現実への調整力
(3) 市民への説得力

をふくめた、市民の構想力の飛翔こそがのぞまれている。

日本の社会科学は、今日、全体として、パラダイム転換期にあるが、この転換は、これまで日本の社会科学が前

提としていた歴史条件の急速な変化、つまり第123章にみた都市型社会への移行からきている。とすれば、そこに、市民の多様な構想力を背景にもつ、複数政党制にも似た社会科学の複数化が必要となる。

この意味で、市民のポリティクスとしての政策型思考の理論定式化である政策科学ないし政策研究には、①政策の社会前提、②政策の公準、③政策の手法、④政策の手続、⑤政策と政治変動、をめぐる基礎理論の構築が要請される。このため、ポリティクスとしての政策科学は、サイエンスとしての政策科学と異なって、個別政策科学としては存立しえない。市民のポリティクスとしての政策科学の普遍性は、政策型思考の包括的定式化だからである。

ポリティクスとしての政策科学の普遍性は、こうして、前述の

(1)　市民の普遍価値

(2)　市民の参加手続

にくわえて、ここでのべた

(3)　政策型思考の一般論理

という三層の普遍性によってなりたつとみたい。

ひとたび、このようなかたちで、市民のポリティクスとしての政策型思考の立脚点が固められるならば、政策自体については、それぞれ個別の政治課題に応じて、個々の市民が自由に政策を提起しながら、みずから習熟していくほかはない。もちろん、政策構想には若き天才はありえない。具体的な政治参加の多様なチャンスやレベルでの試行錯誤の「経験」のなかから、ひろく市民の政策型思考の成熟がはじまり、そこから市民型の政策知識人も層として育っていくのである。

政治課題はつねに状況から噴出している。市民の文化水準の変化、さらに地域規模から地球規模の情報量の拡大もおこりつつある。その過程で、「市民参加」という言葉が地球規模で成熟した一九六〇年代以降、地域レベル、

国レベル、地球レベルでの市民活動のイニシアティブがきずきあげられつつある。とくに国際市民活動も活発になり、特権的閉鎖的とみられた外交においても、職業外交官の独占はやぶれている。

このとき、職業としての社会科学者のなかからも、学者、教師としてではなく、市民として、ひろく市民活動に参加していく層が輩出している。それどころか、市民活動自体、誰でもその職業をとおして専門をもつため、多様な職業専門家をふくむシンクタンクとなる。まして、市民誰でもなれる議員、長などの、自治体レベルから国レベル、国際機構レベルの政治家は、また市民そのものでなければならない。このとき、官僚も身分意識をつきでて市民にやがて変っていくだろう。

政策をめぐる問題状況は、日本でも工業化・民主化が成熟しはじめて都市型社会が成立する一九六〇年代から、以上のように激変している。すでに、市民活動を起点として、自治体、国から国際機構にいたるまで、調整・決定の手続を改編しながら、政治スタイルが変りつつある。

最後に、市民とは何かがやはり問いかえされるだろう。自由・平等、自治・共和という価値意識をもつ個人という規範概念として設定できるが、実際には今日の普通人としての私たちそのものと答えたい。誰もが市民だし、しかも市民たりうるのである。この意味では、政治・政府、ついで政策・制度、また理論・科学についての考え方の脱魔術化が、本章の課題だったわけである。

(1) アメリカの行動科学の問題点については佐々木毅「ポスト・ビヘイヴィオラリズムその後」『国家学会雑誌』一九八三年五・六号、とくに日本をめぐっては阿部斉「社会工学的思考と現代社会」『世界』一九八三年一月号にくわしい。本章では、サイエンスとポリティクスのレベルのちがいの明確化を試みているが、本文でものべているように、政治への外からのアプローチと政治の中からのアプローチによって、思考態度が異なってくるからである。なお、行動科学批判としては、拙著『現代政治学』一九六八年・東京大学出版会、一二五頁参照。

（2）　計量技術の高度化によるシミュレイション考察ないし模型考察の手法が往々政策科学といわれるが、これはあくまでもポリティクスたるべき政策科学の「補助科学」にとどまる。計量技術を駆使して実際につくられる政策も、いわばサイエンスとしての政策科学の成果というよりも、政治決定の帰結として位置づけるべきである。もちろん、この指摘は、補助科学独自の必要性を否定するものではなく、有効領域の限定とその位置づけにとどまる。

（3）　政策過程については、山川雄巳『政策過程論』（一九八〇年・蒼林社出版）第二章で、ラスウェル、リンドブロム、サイモン、ドラッカー、ソレンセンなどにふれながら、それらの論点を整理している。この領域の先駆研究として画期をなすのはマンハイム『変革期における人間と社会』第二版一九四〇年（邦訳一九五三年）である。

〔補注〕　本稿の註に引用した拙稿は私自身の政策へのかかわりないし経験をしめすが、その後、ほぼ拙著『都市型社会の自治』（一九八七年・日本評論社）、『昭和後期の争点と政治』（一九八八年・木鐸社）に採録している。

補論　政策公準と政策評価

1　会計検査の公準とその変化

いわゆる近代化の過程は、それぞれの国で特性をもつものの、ひろく次のような三段階をたどるとみてよい。

近代化I型段階	国家統一	一元・統一性（主権理論）
近代化II型段階	経済成長	二元・対立性（階級理論）
近代化III型段階	市民福祉	多元・重層性（市民理論）

一九六〇年代にはじまり一九八〇年代には、日本はIII型段階にはいっているにもかかわらず、国レベルの政策はいまだに中発国段階のII型にとどまって、先発国なみのIII型政策の成熟をみないため、国際摩擦もきびしくなって

いる。

この三段階は日本の会計検査の歴史にもあてはまるようである。今日も会計検査院の挨拶文には、明治憲法時代の「天皇ニ直隷シ国務大臣ニ対シ特立」（院法一条）が歴史として強調されている。まさに近代化Ⅰ型段階の考え方であった。戦後はもちろん法改正があり、「内閣に対し独立」（一条）を保障される。近代化Ⅱ型段階の保守・革新の二元・対立というかたちをとった戦後は、自民党長期政権のもとで、会計検査院の活動は「独立」というタテマエで安定性をたもちえたようにみえる。

だが、日本における一九八〇年代からの都市型社会の成熟は、近代化Ⅲ型段階における会計検査のあり方の模索を、不可避としてきた。というのは、これまでのⅠⅡ型段階で自明にみえた「合規性」という公準のみではまにあわなくなってくるからである。会計検査は、この公準が自明にみえたのは、ⅠⅡ型段階では、絶対・無謬の国家ないし国法という観念にささえられていたためであった。Ⅲ型段階では、この国家・国法観念の絶対・無謬性の想定が崩壊する。そこには、国レベルの政府、それも政党政治があるのみとなる。つまり国レベルの政府の脱「神秘」化がすすむのである。

合規性は、次の二点から自明でなくなる。都市型社会の成熟をみるため、第一は市民の文化水準、団体・企業の政策水準もたかくなり、政策の形成・執行は国の政府が独占できず、市民、団体・企業との競争となってくる。第二には、政府ないし法は国レベルだけではなくなり、自治体、国、国際機構の三レベルに三分化する。つまり、合規性は、第一では多元化による挑戦をうけ、第二では各政府レベルに重層化する。

ここから、今日、かつては絶対・無謬とみなされた国法固有の構造欠陥も露呈してくる。⑴全国画一、⑵省庁縦割、とくに⑶時代錯誤という構造欠陥である。いわゆる「法の欠缺」だけではないのである。このため、国法の運用の弾力化はもちろん、たえざる国法ついで施策の改定が日程にのぼることになる。

都市型社会の行政における個別施策は、固有の政策論理と多様な政策論点をもつ。合規性の公準のみでは、会計検査は対応できなくなる。このため、会計検査のあらたな公準として、「施策（業績）評価」についての、いわゆる3E、つまり経済性、効率性、効果性が国際的にも問題となってきた。

だが、経済性は公準たりえない。というのは、都市型社会では、市民の文化水準、団体・企業の政策水準がたかまるため、政府の個別施策の水準が問われるようになる。公共施設のブロック塀や金網塀によって、国や自治体が地域景観を汚していると批判されるようになる。なぜ、生垣ないし公園用フェンスをつかわないのかという批判である。政策の「安かろう悪かろう」の時代は終って、地域景観をいかす行政手法が問われている。入札でも地域景観という質の問題の判定方法の模索がはじまっているのである。これが「行政の文化化」という論点である。施策の経済性よりも、施策の文化水準が重要となる。それゆえ、経済性をはずさざるをえなくなり、経済性は効率性、効果性に解消される。会計検査の公準は、①合規性プラス②効率性、③効果性ということになる。

最近ではさらに、この②③による「施策評価」だけでなく、あらたに「政策評価」も日程にのぼることになった。個々の施策が、いかに①合規的で、②効率的、③効果的にみえても、ムダな施策はムダだからである。市民の文化水準、団体・企業の政策水準のたかまった都市型社会の今日、日本の会計検査もこの問題領域にふみこまざるをえないことになった。

政策評価については、一九九二年『政策評価に関する調査研究』というかたちで会計検査院の検討がはじまっている。この検討の開始をたかく評価したい。

これまで、日本の会計検査院は、いまだ大胆ではないが、『会計検査院法』三四条だけでなく、とくに三六条の法令、制度または行政についての改善意見の表示、処置要求にもとづいて、施策評価をおこなってきた。一九七〇年代から「従来は検査報告掲記事項の対象外とされてきた政治問題、政策問題、社会問題が絡む事項」を「特記事項」として検査報告にもりこんだのも、その一環である（会計検査院『会計検査のあらまし』〔別冊〕一九九〇年、二五四頁）。また一九八一年以降は、毎年、「検査計画に関する基本方針」、八六年以降では「検査計画の策定に関するガイド・ライン」を策定するとともに、一九九〇年以降、ようやくＯＤＡあるいは湾岸平和基金拠出金など「特定事項」もくわえている。

このような「施策評価」の経験のうえに、会計検査の国際動向もあって、あらたに「政策評価」への模索となったとみたい。だが、この政策評価には、きびしい論点がひそんでいる。

2　政策評価は可能か

私なりに用語法を整理しておけば、次のようになる。会計検査の基本公準としての合規性は、現行施策の目的・手段をそのままふまえて、施策実施の現実の合規性を問うことになる。効率性、効果性では、目的をそのままにして手段の選択における効率、効果が問われる。この効率性、効果性は日本で業績評価といわれる施策評価の公準である。だが政策評価では目的自体をふくめて施策全体を評価する。

さきほど、①合規性、②効率性、③効果性という公準にかなっていても、ムダな施策はムダとのべたが、これが政策評価である。このムダな施策とは、政策の実態からみて、

(1)　時代変化に対応できない時代錯誤（過剰規制？）

(2)　政党による集金・集票の党派手段（税の減免、補助金？）

(3)　行政による立案のときの予測失敗（リゾート法？）

などによって、政策目的したがって政策自体が破綻している施策である。

ムダな施策、さらに「政策によるムダ」についてはテレビ、新聞などにあふれている。これが、政治・行政への

批判となり、国会、内閣だけでなく、会計検査・行政監察への不信をうみだしている。率直にこの事態をうけとめるべきであろう。近代化Ⅲ型段階では、市民の文化水準、団体・企業の政策水準がたかまって、絶対・無謬という国家・国法観念がくずれてくるのだから当然である。

けれども、各省庁は、この政策評価をめぐって、個別施策の「目的」を問題にすることを「介入」として嫌う。この個別「施策」の《政策》としての適否を評価する「政策評価」は、それゆえ、会計学の問題領域ではなく、政治学ついで行政学・財政学の問題領域だということになる。政策評価となれば、会計検査は会計技術の領域にとどまりえないのである。そのうえ、ここから、図5-3に整理したように、〈誰〉がムダと判定するのかに、問題の焦点はうつっていく。

図 5-3　政策評価のレベルと主体

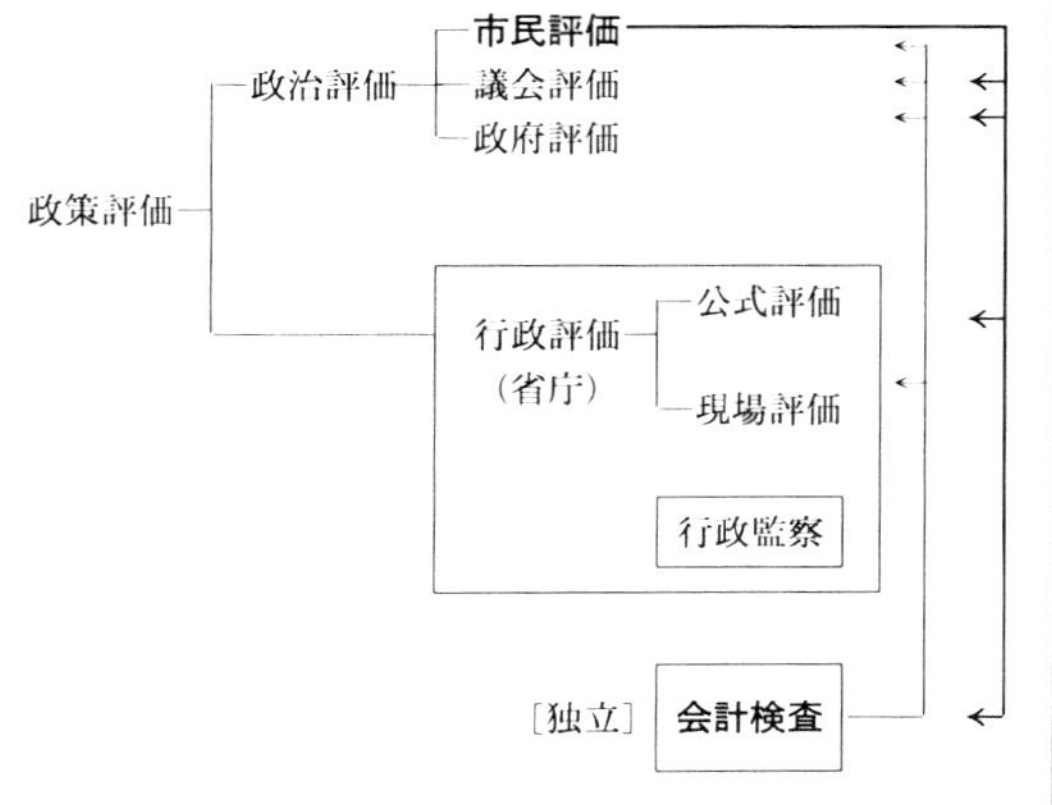

アメリカの会計検査院（GAO）は今日では国会の附属機関として国会に直結するため、報告自体は即事的な客観検査であっても、国会の法案提出・審議ついで予算・決算との関連で、個別施策の政策としての適否をめぐる国会の政策評価とむすびつきやすい。政策評価の基本主体は市民であるが、市民の代表としての国会に会計検査院は直接むすびついているからである。

アメリカでは、国会またはその委員会にだされる会計検査報告は年一〇〇〇件におよび、「その九〇%は議会の要請に基づく調査報告書である」（『けんさいん』一九九二年第六号、六二頁）。「独立」機構としての日本の会計検査院とはあきらかにちがった位置にある。アメリカと日本の会計検査のシクミの対比についての複雑な問題点については、木谷晋市「GAOの監査規準の展開とその要因」（『会計検査研究』第九号・一九九四年）が、これまでの日本における論議を整理して示唆的である。

会計検査院が国会直属であれば、検査が即事的な客観検査であっても、政治評価つまり市民評価、議会評価と直結し、さらに政府評価につなげていける。だが日本の会計検査院は、国会、政府（内閣）いずれからも「独立」しているため、この政策評価ではかえって非力となるという逆説をもつ。

なぜなら、個別施策が、市民からみて(1)時代錯誤、(2)党派手段、(3)予測破綻などによるムダであっても、所管のタテ割省庁は現行施策の絶対・無謬を会計検査院に主張するからである。そこでは、市民評価と行政評価とが対立するのがつねなのである。

会計検査院の「独立」はかえって孤立となって政策評価へのつながりを困難にしがちにしているのではないか。この点「独立」ではあるが、会計検査院の検査計画にたいして国会決算管理委員会議長が要望できるイギリス方式も参考になる（栗原豊久「イギリス会計検査院の会計検査報告に関する一考察」『会計検査研究』第九号・一九九四年）。

3　政策評価と市民価値

ここで、あらためて、施策評価、政策評価をめぐる論点を整理してみよう。図5-4をみていただきたい。

日本の会計検査は「独立」の「事後」検査なので、合規性から順次上段にうつって政策評価にいたるという、前記『報告書』にみられるA型発想では、第2節でみたような省庁の抵抗のため、意欲はあっても政策評価にたどりつけないというジレンマにおちいることになる。

日本では逆のB型発想が必要なのではないか。市民レベルからの政策評価にたえず留意し、さらに市民良識・市民価値をふまえて、合規性ついで効率性、効果性という通常の公準によって、即事的に会計検査をおしすすめるという考え方である。つまり、政策評価の基本は、市民主権の原理から、かならず図5-3にみた「市民評価」である。このため、市民良識・市民価値からの出発が会計検査にも要請されるのは当然である。

会計検査が国会、内閣の政策評価を代行するのではない。あくまでも、会計検査自体は、市民良識・市民価値をふまえた、合規性ついで効率性、効果性にもとづく、即事的な客観検査でなければならない。会計検査は、市民良識・市民価値を起点とすることの自覚が要請されるのである。戦前からひきつぐ「内閣からの独立」を誇りとするだけの段階は終っている。

図 5-4　会計公準と政策評価

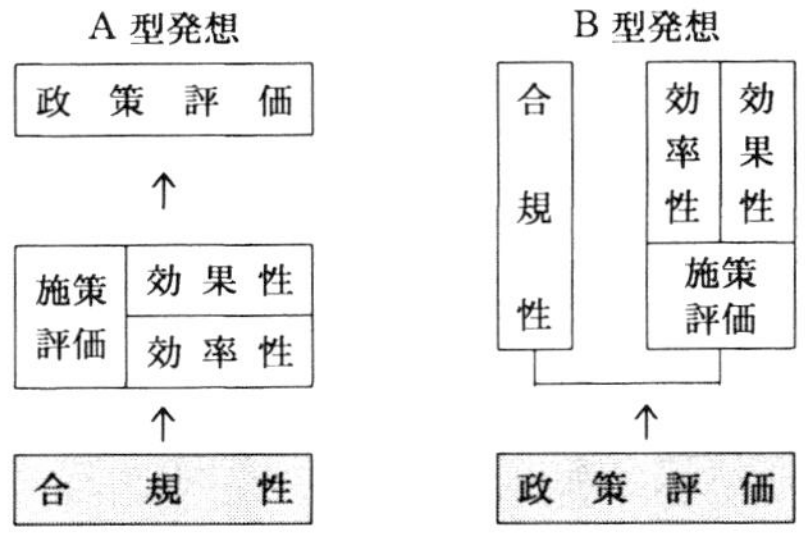

市民良識による市民価値とは、市民主権による市民自由（人権・平和）ならびに市民福祉（シビル・ミニマム）、つまり自由権と社会権の保障を意味する。ひろく基本法（日本でいう憲法）原理といってよいであろう。政策評価をどの政府レベルにおいて〈誰〉がおこなうにしろ、この市民価値は今日ではひろく『世界人権規約A・B』（Aが社会権、Bが自由権）にみられるように、地球規模の普遍原理として承認されている。このような市民価値と、合規性ついで効率性、効果性という会計検査の公準との緊張を、現実の個別施策に即して、たえず問うべきなのである。

合規性についてはリーガル・マインドといわれる「制度型思考」、効率性・効果性にはいわば「政策型思考」の訓練・熟度を必要とする。会計検査には、「制度型思考」「政策型思考」の習熟が不可欠なのである。だが、その前提としては、市民価値にもとづく市民良識が基本となる。

市民評価の公準は、当然、会計検査の公準とかさなるが、つぎのようである（拙著『政策型思考と政治』一九九一年・東京大学出版会、一七四頁）。

(1) 公平性（社会的）　最大正義
(2) 効率性（経済的）　最小費用
(3) 効果性（政治的）　最適効果

会計検査の公準と市民評価の公準のちがいは、会計検査の「合規性」からの出発と、市民評価つまり市民からみた最大正義としての「公平性」からの出発という、それぞれの起点にある。そのため、会計検査では財務型の効率性・効果性が中心となるが、市民評価では市民からみた公共型の効率性・効果性が問われる。この論点は、「収益性」を起点とする企業では経営型の効率性・効果性となることを想起すれば、ただちに理解しうるだろう。

最近では生涯学習とよびかたを変えつつあるが、社会教育ないし公民館の行政を考えてみよう。今日、市民文化活動は多様にくりひろげられているとき、なぜ特定団体だけが「社会教育関係団体」として補助金をうけるのか、さらに公民館の一〇人前後の陶芸教室やケーキづくり教室のためになぜ公金がつかわれるのか。そこに合規性から出発する財務型の効率性、効果性があるとされるかもしれないが、市民評価では公平性がまったく欠落し、公共型の効率性、効果性はそこにはみられない。そのうえ、職員管理・職員運営の公民館を市民管理・市民運営の地域センター方式にきりかえうるのである（拙著『社会教育の終焉』一九八六年・筑摩書房）。とすれば、生涯学習と名称を変えても公民館ないし社会教育行政という政策自体が問題となる。このような政策評価問題が、各省庁による農業補助金のような施策補助から外郭団体補助金のような団体補助まで山積しているのを、今日の市民は知っているのである。

会計検査の合規性から出発するときと、市民評価の公平性から出発するときでは、効率性、効果性の意味が変ってしまう。このギャップから、たえず世論というかたちで、市民評価としての市民批判が噴出してくる。

いわば、合規性は行政からみる視角となり、公平性は市民の視角となる。この視角の違いによって、図5-3の市民評価と行政評価がたえず対立する。この市民と行政との緊張の解決として、国会、政府による政治が問われることになる。

近代化Ⅲ型段階となれば、おそかれはやかれ直面するはずだったのだが、会計検査はようやくこの政策評価問題にぶつかることになったのである。

4 行政の劣化と会計検査

今日の会計検査を考えるとき、また、行政の位置が変ってきたことを理解しておく必要がある。行政の位置変化に対応して会計検査の課題も変る。

都市型社会の成熟した今日、市民あるいは団体・企業にたいする行政の先導性はうしなわれてくる。かつて市民の文化水準、団体・企業の政策水準の低かった近代化ⅠⅡ型段階では、「国家」の名において行政ないし省庁の先導性を想定することができた。市民の文化水準、団体・企業の政策水準が上昇する近代化Ⅲ型段階では、《行政の劣化》こそが問題となってくる。「地方分権」はもちろん、一九八〇年代以降噴出してきた「行政の守備範囲」、「民間活力」、「規制緩和」あるいは「政財官癒着」といったような論点は、このⅢ型段階における《行政の劣化》という文脈で提起されているのである。その結果、絶対・無謬を想定されていた「国家」観念も崩壊する。

このため、時代の変化につれて、既成の施策は飽和ないし老化するとともに、新しい政策課題が続出するため、施策のスクラップ・アンド・ビルド、さらに行政手法の新開発をふくめた、《行政の革新》がたえずもとめられてくる。それだけではない。政策課題がシビル・ミニマムの量充足から質整備へとうつる今日、政策の質つまり文化水準、いわば劣化した行政の水準革新をめざした文化化が問われる。行政は「分権化」「国際化」とともに「文化化」も問われることになったのである。

会計検査は行政監察とともに、施策のスクラップ・アンド・ビルド、さらには行政の分権化・国際化・文化化をめぐって、社会変化に即応する予見性が求められている。そのためには、合規性にもとづく制度型思考、効率性・効果性をめぐる政策型思考の習熟だけでなく、社会変化への見通しつまり予測も必要となる。

社会の変化を予測し、市民価値を基本にするとき、はじめて、会計検査の本来の課題である合規性、効率性・効果性が意味をもってくるというべきだろう。こうして、会計検査は、市民、国会、政府ついで行政機構をつなぐ、情報公開・政策制御の循環のなかに位置づけられることになる。

日本における「独立」の会計検査も、政治つまり市民、国会、政府への情報装置となる必要がある。にもかかわらず、これまであまりにもその活動は「独立」の名で「自閉」的だったといえるのではないか。会計検査院の報告文書は今日なお親しみにくく、情報公開活動のたちおくれもいちじるしい。ようやく「情報開示官庁」にふみだしたといわれはじめたばかりなのである(『読売新聞』一九九二年一二月一三日)。

今日では、会計検査院の研修カリキュラムさらにテキストの抜本改革もぜひ不可欠である。

「……一般の国民の方々の声が非常に重要になってくるわけです。総務庁行政監察局がいくら実態を調査し理論を組み立てて相手省庁を説得しても、最終的には、多数の方々の声がなければ実効ある改善等を勧告することはできないと思います。」これは行政監察を担当する総務庁の広報誌(一九九四年二月号)における「監察マン大いに語る」での発言である。会計検査についても、その「独立性」ついで「専門性」とはなにかをあらためて考えなおしたい。

もちろん、「事前」の会計検査ともいうべき大蔵省主計局による予算編成が、自民党長期政権のもとで、前述したような時代錯誤、党派手段、予測破綻などによる政策のムダがふくらんだだけでなく、また個別施策の飽和・老化をふくめた劣化もすすんで、タテ割政財官複合によるタテ割既得権の均衡になってしまっていることは、今日ではひろく知られている。このため、「事後」の会計検査、行政監察に過重負担がかかっていることも強調しておく必要があろう。予算編成をめぐり、大胆に毎年、「政策評価」による政策再編をおしすすめるため、政府直属の予算庁の設置が不可欠である。

会計検査については、このような先端状況への対応だけでなく、大蔵省所管の『会計法』また『予決令』が古ぼけて批判にたえないシクミにとどまるという基本前提、あるいは施策評価以前の合規性検査の段階で省庁間接待などの予算流用から構造汚職・政策汚職の文脈にまでふみこみうるという基本論点も、いまだ今日のこされたままとなっている。さらに、各省庁での内部検査の強化との連携、外部検査への委託、あるいは施策評価さらに政策評価とむすびつく事業別予算や関連組織との連結決算の作製・公表など、検討すべき論点もひろがりをもつ。

行政は絶対・無謬の完結したシステムではない。つねに社会とともに変る「未完」のシステムといわざるをえないだろう。会計検査の対象としての行政機構は「未完」のシステムであり、会計検査院もまた「未完」のシステムである。会計検査の手法、公準、システムには、あまりにも問題があるためフロンティアにみちみちているといわざるをえない。

分権化 6 政策型思考と自治体

一九八〇年代以降、都市型社会の成熟をみて、日本の政治・行政は、本格的に、分権化・国際化・文化化を課題とする新しい段階にはいった。この分権化・国際化・文化化をめぐる政策開発にあたっては、国以上に自治体の先導性が必要となり、政策型思考の熟成にともなう自治体改革が急務となっている。

〈1〉 政策開発と政府のレベル

政策型思考は、政策開発にあたって、不可欠の思考方法である。拙著『政策型思考と政治』（一九九一年・東京大学出版会）で、その特性をまとめておいたが、あらためて論点を整理しよう。

政策開発には、既成の制度ないし法、行政準則によって個別問題を解決しようとする制度型思考とは逆の、個別問題の解決をめざして既成の制度つまり法、行政準則を革新する政策型思考を必要とする。

明治以来、〈近代化〉の過程で、「政策開発」は国、「制度適用」は自治体という、官治・集権型のシクミがかたちづくられてきた。だが、都市型社会への移行にともなって、自治体、国、国際機構という政府の三分化がすすみ、自治体は、国、国際機構とならぶ独自の政治課題をもつ政府となる。その結果、自治体は、独自の課題領域をめぐって、政策開発が必要となってきた。すでに、日本の自治体は、都市型社会への移行のはじまりである一九六〇年代から、この政策自立をおしすすめている。

都市型社会の成熟をみた日本では、図1-1（本書五頁）のように、政治全体についての考え方の転換が必要となっている。政治全体の見取り図が変るのである。

まず地域規模から地球規模にいたるI市民活動、II団体・企業それぞれが、政策の発生源・批判源となっている。さらにX政党がIIIを党派的にネットワークしていく政治媒体となる。

この多様な政策の発生源・批判源は、もう国レベルの政府だけで、対応・調整・統合できない。III自治体、IV国、V国際機構の各レベルの政府で、問題のそれぞれの特質、レベルに応じて分担せざるをえない。このため、III自治体をめぐって政治の分権化、V国際機構をめぐって政治の国際化が日程にのぼる。絶対・無謬、かつ閉鎖・独善のオカミとしての国家という観念は、当然崩壊する。国家観念にかわって、そこにはIV国レベルの政府があるのみとなる。そのうえ、自治体も、政府として国際政策をもち、自治体外交にとりくみながら、また分権化と国際化を連動させる。

自治体は、各国多様だが、日本の市町村、県にみられるように、基本としては各国共通に、基礎自治体と広域自治体との二層構造をとる。基礎自治体（市町村）は「基礎行政」をおこなう。日本でも、『地方自治法』で「基礎的地方公共団体」と位置づけている。広域自治体（県）は、基礎自治体がとりくみにくい、大型・専門施策を課題とし、基礎自治体の基礎行政にたいする「補完行政」をおこなう。国は、経済運営、国際戦略のほか、直轄事業によるインフラ整備もおこなうが、自治体との関係では、ナショナル・ミニマムとしての政策基準と権限・財源配分の制度基準の法定、つまり「基準行政」をおこなうにとどまる（図1-6・本書一四頁参照）。

市民生活をめぐる課題分担によって、市町村、県それぞれの自治体政府が成立し、国の政府は自治体にたいしては、基準行政の位置にたつ。それゆえ、日本型の既成学説による「機関委任事務」も、国法に全国基準をもつ自治体事務と位置づけなおせばよい。

ここから、今日、つぎの関係が成立する。

自治体	自治体政策基準	（シビル・ミニマム）＝自治体法	地域個性文化
国	国の政策基準	（ナショナル・ミニマム）＝国法	国民文化
国際機構	世界政策基準	（インターナショナル・ミニマム）＝国際法	世界共通文化

自治体、国、国際機構間のヨコ・タテの関係が、いわゆる〈政府間関係〉をなす。官治・集権型の国家観念は破綻して、「遠くなりにけり」なのである。

自治体の政治・行政は、もはや「国法の執行」ではない。それぞれの市町村あるいは県における、政策の開発・執行となる。国法は、自治体が独自政策を開発・執行するときの全国基準という位置をもつにすぎない。

〈2〉 政策の理論構造と政治・行政

政策については、ひろく「目的・手段」の構成とみなされている。だが、この政策の定義は、政策の内部論理にとどまる。政治・行政の現実では、政策とは、現実の〈必要〉つまり緊急となっている「問題解決」のため、「予測と調整」をめぐる政治技術である。問題解決の方向づけが目的であり、そのための資源動員を手段という。

私たち市民は、まず生活のなかで、たえず問題解決に直面している。農村型社会は、この問題解決の型が慣習によってほぼきまっている。都市型社会では、この問題解決をめぐって、個人は自らつねに政策の模索・決定をおこなわざるをえない。

(1)目的地にはどのコースでいくか、(2)子供の教育はどうするか、(3)病気になったら、(4)住宅は、(5)老後は、などなど。日々の市民生活はこのような政策決定の連続である。

そのうえ、生活課題は、ムラ単位の地域自給でほぼ解決される農村型社会と異なって、都市型社会では公共の政策・制度によって解決されざるをえない。ここにシビル・ミニマムをめぐる公共政策が成立する。このシビル・ミニマムの公共保障は、『日本国憲法』二五条あるいは『世界人権宣言』『国際人権規約』にみられるように、基本人権としての社会権ないし生活権となっている（第3章参照）。

図 6-1　政策の三角循環模型

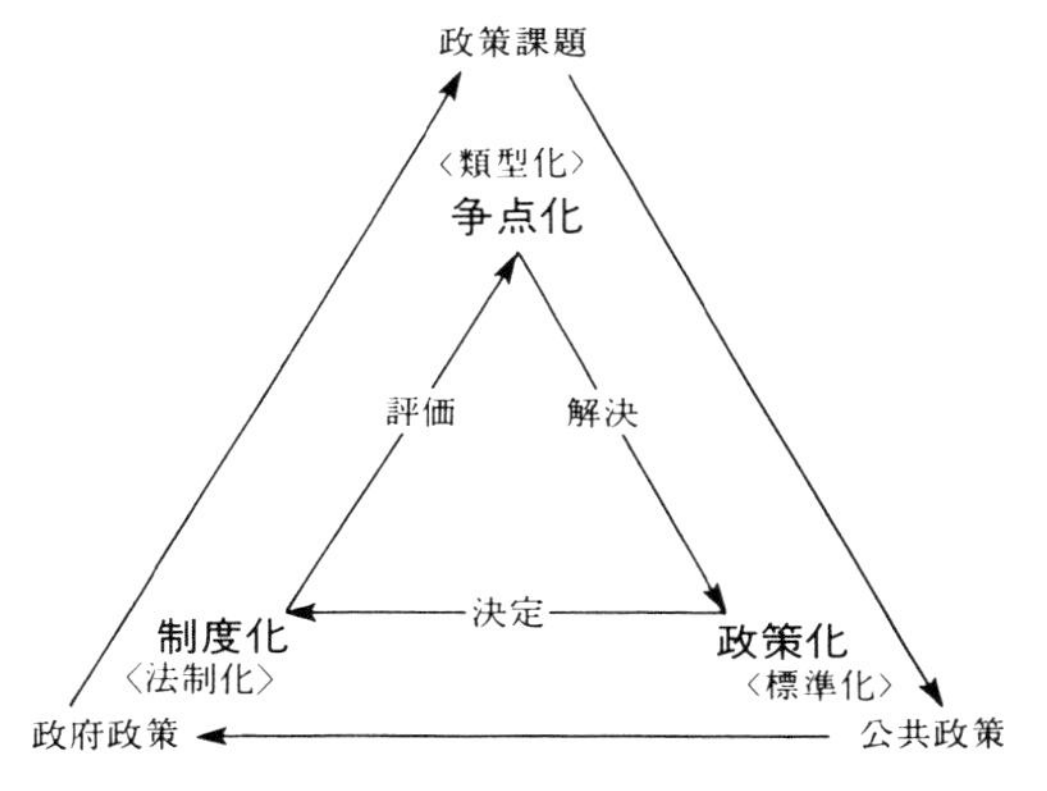

前述の例でいえば、(1)交通政策、(2)教育政策、(3)医療政策、(4)住宅政策、(5)高齢政策などなど、個別の公共政策が不可欠となる。いずれも、市町村＝基礎行政、県＝補完行政、ついで国＝基準行政というかたちで、各レベルの政府によってそれぞれ分担され、さらに国際機構の世界政策基準も引照される。

問題解決としての政策の形成は、図6－1の三角循環をなす。争点化→政策化→制度化の循環である。

だが、あらゆる市民の要求・願望ないしニーズが公共政策の課題となるのではない。つぎが公共政策の成立根拠となる。

(1)　標準解決　個人解決をこえて公共的に標準化しうる解決手段があるか

(2)　資源効果　個人解決よりも公共解決が資源効果がたかいか

図 6-2　政策執行・責任配分模型

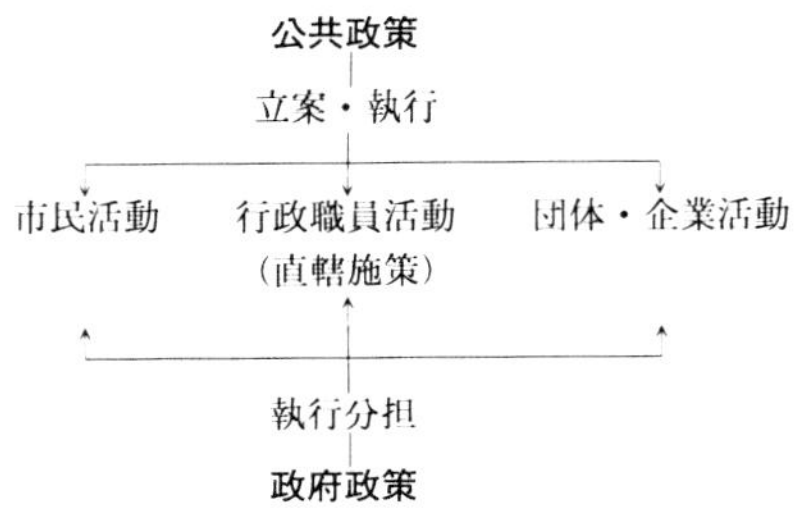

(3)　市民合意　ミニマムの政策・制度として市民合意がえられるか

それゆえ、政治・政府の責任で、政策課題は選択される。そのとき、争点化、政策化は市民もできるが、制度化としての「法制化」が政府の独自責任領域となる（後掲図6－3）。

また、時代・社会の変化によっても公共政策の課題領域はかわる。ナイナイづくしの段階では無視されがちの生活・環境の質あるいは文化水準も、シビル・ミニマムの量充足が終れば、シビル・ミニマムの質整備というかたちで、あらためて政策課題となる。これが行政の〈文化化〉ないし文化行政という、今日の新しい政策水準の模索となる。

そのうえ、以上の公共政策の課題すべてが政府政策の課題になるのではない。まず、図6－2のように市民活動、団体・企業によっても公共政策の策定あるいは執行が分担される。ついで政府が責任をもつべき政府政策も、その執行では市民活動、団体・企業が分担する。

文化水準・政策水準のたかまった市民活動はおのずから政策策定・執行の自治領域をひろげる。団体・企業でみれば、日本では、電気、ガス、鉄道、通信から教育、清掃、余暇活動にいたるまで、企業がすでに高水準で供給している。その結果、政府・行政機構は公共政策はもちろん政府政策を独占しえないだけでなく、市民、団体・企業との競争関係におかれることもあって、政府・行政機構の政策水準の《劣化》がめだつようになっている。今日の「行政の守備範囲」論、「民間活力」論あるいは「規制緩和」問題もその一環である。

都市型社会の成熟をみた一九八〇年代以降、政治・行政は市民あるいは社会を「統治」するオカミたりえない。

都市型社会の政府・行政機構は、市民、団体・企業が発生源・批判源となっている公共政策の「調整」のためのヒロバとならざるをえない。

いうまでもなく、政府政策は、この「調整」だけでなく「予測」をめぐって責任をもつ。この予測が長期・総合の〈計画〉の課題である。政府政策は、予測と調整のシステムとなる。

〈3〉 行政概念の再編と政策技術

公共政策とくに政府政策は、市民の意見、団体・企業の利害をふまえた政党の党派対立、さらに長の決断、議会での討議、行政機構の熟度といった複合の産物である。これを政策過程として整理すれば、図6-3となる。

政策は、最終的には、文書ないし法文となるが、対立・調整という政治の緊張のなかで、多数決という基本法手続によって、制度決定される。政策は、科学の産物ではなく、政治の産物であることを確認したい。科学はそのとき情報のレベルにとどまる。

政策決定にあたって、長・議会は、また、たえず政策の執行可能性を考えていなければならない。執行可能でなければ、いかなる政策も空文となる。事実、空文となっている政策ないし法令・条文がいかにおおいことか。

執行可能には、つぎの二条件が満たされる必要がある。

(1)市民合意　市民さらに当事者市民の抵抗がひろがるならば、政策は「正統性」をうしなって執行不能となる。

(2)職員合意　行政機構の合意ないし事前の参画がなければ、政策は「実効性」をうしなって執行不能となる。

この(1)(2)が、市民参加、職員参加の根拠である。図6-3の③のごとく、政策の決定権限は基本法によって長・議会にあるとしても、①、②、⑤をめぐって市民参加、①、②、④については職員参加が不可欠である。

図 6-3　政策過程模型

段階	主体	番号	過程		内容
1始動 政治決定	政治全体 （市民→長・議会）	1	争点選択	▲	政策争点の選択（issue）
		2	課題特定	情	政策課題の特定（agenda）
		3	目的設定	報	考え方の検討（concept）
2立案 原案決定	長か議会 （行政機構の素案）	4	選択肢の設計	公	政策資源・手法の整序
		5	原案選択	開	提出権者による原案決定
3決定 制度決定	長・議会	6	合意造出	・	基本法手続による調整・修正
		7	制度確認	政	法制・予算による権限・財源
4執行 行政決定	長・行政機構	8	執行手法・準則	治	行政手法・準則の開発・決定
		9	執行手続	調	行政手続の開発・決定
		10	進行管理	整	進行にともなう手順のくみかえ
5評価 評価決定	政治全体 （市民→長・議会）	11	評価・改定	▼	政策効果の制御による争点化

政策が執行可能のためには、この合意条件だけでなく、くわえて職員による政策技術の開発というつぎの技術条件がある。

Ⅰ　①政策手法（基本手段）、②政策技法（行政工学・財務管理）の開発

Ⅱ　①行政準則（要綱などの執行基準）、②行政手続（執行同意手続）の開発

今日、政策開発あるいは政策研究というとき、構想どまり、つまりアイデアだけではだめで、このⅠⅡの政策技術までおりた開発・研究となる。

ゴミ処理を例にあげれば、Ⅰでは、①直営か委託かなどの基本手段の選択、②回収方法から終末処理までの「行政工学」と市民負担ないし発生者負担をふくむ「財務管理」という双方のシステム化、またⅡでは、①ゴミの回収、処理の基準・要綱など行政準則の策定・公開、②ゴミ・ポストの設置・設計から終末処理施設の立地・設計までをめぐる行政手続の策定・公開が、実務としてつめられないかぎり政策たりえない。

Ⅰ①②、Ⅱ①②には、それぞれ、かならず複数の選択肢がなりたつ。選択肢相互のプラス・マイナスの批判をめぐっては、職員機構内部をふくめてひろく党派が成立する。のみならず、その政策の実

わる。

現にはさらに市民の同意が不可欠である。この⑴市民合意、⑵職員合意には、さらに議会ないし政党の責任もく

それゆえ、図6-3の1から5までの各段階で、市民合意、職員合意、さらに議会多数派の結集をめざした、情報公開・政治調整が必要となる。政策過程は、くりかえすが、政治であって、科学ではない。

自治体、国、国際機構を問わず、行政機構は、長の補助機構として、つぎの五課題をもつ。また、これは行政職員一人一人の課題でもある。

Ⅰ　政治争点の整理・公開

Ⅱ　政策情報の整理・公開

Ⅲ　長の政策立案・評価への参画

Ⅳ　長の政策執行への参画

Ⅴ　法基準の確定・運用

行政機構の課題は、Ⅳの執行のみでなく、まず、Ⅰ争点、Ⅱ情報の整理・公開からはじまり、Ⅲ立案・評価にいたる。また、行政とは「法の執行」という考え方は、このⅤについての誤解からくる法学ドグマである。行政とは、法の執行ではない。このⅤについては、自治体政府レベルでは、国法だけでなく自治体法、国際法の選択・複合・解釈、あるいは自治立法をふくむ「政策法務」ないし「法務政策」を必要とする（第8章参照）。

そのうえ、もし、この法が国法のみを意味するならば、国法はナショナル・ミニマムの法制化であるため、⑴全国画一、⑵省庁縦割、また社会変化の加速においつけない⑶時代錯誤という問題点をもつ。それゆえ、もし自治体の政治・行政が国法の執行にとどまるとき、⑴全国画一、⑵省庁縦割、⑶時代錯誤となってしまう。とすれば、自治体は、この国法の宿命にたいして、⑴地域個性、⑵地域総合、⑶地域先導をめざした、独自政策の開発・執行こ

そが課題となる。

一九六〇年代以降、日本の政策過程は、旧来の外国モデル→国（省庁）→自治体という下降型から、これを逆転させた先駆自治体→国（省庁）→居眠り自治体という上昇型にかわっている。のみならず、テクノポリス、リゾート開発から、パイロット自治体、拠点都市まで、国の政策の安易さないし劣化がめだつ。

最後に、〈法の支配〉も、国法のみの支配を意味しない。今日では、自治体法・国法・国際法の三極緊張のなかにおける、政策・制度基準の公開性、平等性、可測性の要請となる。

明治国家型の官治・集権政治は戦後改革つまり新憲法のもとでもつづくが、ようやく一九九〇年代にはいって、自治・分権にむけての政治改革が日程にのぼってきた。これが、『地方自治法』の抜本改正をめざす「地方分権枠組法」問題の位置でもある。

〈4〉 行政の革新と自治体研修

以上、自治体における政策開発の意義をのべたが、あらためて、行政の今日的状況をしめす行政の劣化について考えてみたい。

都市型社会への移行を背景に、市民の文化水準、団体・企業の政策水準がかわり、そのうえ政策型思考を「職業化」する政策知識人の形成あるいは「商品化」するシンクタンクの成立もあって、自治体、国を問わず、行政機構の劣化がめだってきた。情報だけをとっても、行政職員の情報は、自治体、国を問わず、担当のポストつまり縦割の権限・財源についての制度情報が中心で、政策開発に必要な政策情報のタチオクレは著しい。

都市型社会での行政機構は、いわゆる国家の形成段階つまり近代化初期の特権性・先導性をうしなう。事実、行政の劣化をめぐって、行政の「文化化」が日程にのぼる。それゆえ、国をはじめ自治体をふくめて、行政機構はつねに時代オクレとなる、未完のやわらかい組織と位置づけ、たえざる行政の革新を必要とする。

そのうえ、政府交替がないかぎり、自治体、国のレベルを問わず、政財官癒着の政治腐敗が拡大して、行政機構自体を腐食させていく。ここから、自治体、国それぞれで、政府交替はもちろん、行政改革、政治改革がたえず課題となる。

行政の革新をめぐっては、とくに、戦後制度化された職員研修の改革が緊急である。戦後の職員研修は、人事院方式による階層別、つまり管理者、初任者といった身分研修だったといってよい。研修内容では、自治体は国法を執行する国の下請機構とみなされてきた。国法としての行政法の絶対・無謬から出発し、行政行為の公定性、強制性を中軸とした、国家神学としての行政法講義がカリキュラムの中核に置かれていた。この公務員養成用理論では、前述した国法の(1)全国画一性、(2)省庁縦割性、(3)時代錯誤性という構造欠陥を想定もしていなかったのである。

当然、これまでの職員研修では、本章でみた、自治体独自の政策開発さらに行政革新の意義を考えていない。職員の自発性・創造性が強調されていたとしても、既成行政機構への自己馴化のための自発性・創造性にとどまったのである。

日本の自治体改革理論の出発は、都市型社会への移行期である一九六〇年にはじまるが、市民運動の激発を背景に、今日の先駆自治体のさきがけをなす革新自治体の群生とみあっていた。「市民自治による市民福祉」という、革新自治体の理論構成は、今日ひろく自治体理論の原点として定着している。

この理論転換とは別に、自治体職員による政策開発の前史には、一九六〇年前後にはじまる自治労のいわゆる「自治研」があることを忘れてはならない。階級闘争論ないし職場闘争論にとどまったが、当時その発足の背景には都市型社会への移行をめぐる自治体のタチオクレという緊迫感があった。

この一九六〇年代は、農村型社会を原型とした官治・集権政治にとどまっている国の既成政策と、都市型社会を背景にシビル・ミニマムの公共整備をめざす市民運動との緊張が激化し、ついに革新自治体の群生となって、自治体の自立がはじまるという時代であった。

今日の先駆自治体の第一歩がここにふみだされたのである。この先駆自治体としての革新自治体による行政革新・政策開発の模索は、福祉・都市・環境というシビル・ミニマムの政策領域で成果をもち、国の政策を先導していく（『資料・革新自治体』一九九〇年・日本評論社参照）。

だが、職員研修の改革という、行政の内部革新をめざした模索の出発は、ようやく一九八〇年の「神奈川自治総合研究センター」の登場からである。私が原案をつくったのだが、研修所を研究センターに再編していった。これがこれまでの「階層研修」方式からあたらしく「政策開発」方式への転換の突破口となり、ひろく各自治体にひろがっていく。自治省系の自治大学校、市町村アカデミーもその存続のためには大胆なカリキュラム再編が不可避となる。でなければ自治体からみすてられるだろう。

また、自治体職員による政策開発・政策研究をめざした自主研究サークルがひろく各自治体にみられる。職員中心の「自治体学会」（一九八六年発足）をはじめ、自治体関連の学会、シンポジウムの多様化もすすむ。あるいは、庁内では、プロジェクト・チーム方式による政策開発が基本となるとともに、そこには企画室、広報室にくわえ、あらたに国際室、文化室などがひろく設置され、国の省庁縦割をこえた、自治体独自の政策展開をすすめる。

これらが、自治体における政策開発・政策研究のはばひろい土台をかたちづくり、自治体の政策水準の上昇となって、国の省庁を先導している。

各自治体における研修の再編における留意点は、つぎの三点である。

① 研修プログラムを政策開発型に再編するため、階層別から個人参加に重点をきりかえるとともに、政策開発

の経験をもつ庁内外の講師編成
②　国内、国外の先駆行政機構への派遣研修による、情報・技術移転の加速化
③　職員の政策開発・政策研究の成果をめぐって、その発表・評価・採択のシステム開発
いずれにせよ、政策開発にとりくんだ経験のない、訓話型の学者による地方自治啓蒙の時代はおわった。そのうえ、計量手法による模型考察も、生活の質ないし地域特性をふまえる自治体レベルでの政策開発には、直接役だたないことをつけくわえておこう。

*

政策開発をめぐって、水準の高い自治体の行政機構をつくることは、長・議会、とくに長の市民に対する責任である。都市型社会では、政治課題の変化が加速するとともに、すでに市民の文化水準、団体・企業の政策水準が行政をのりこえてきた。このため、国の省庁も同じだが、自治体の行政機構も、たえず劣化する未完の組織とみたい。そこには、政策型思考の熟成による、たえざる行政の革新が問われている。

補論　政策法務と自治体

一九六〇年代末以来、市町村、県をふくめ自治体は法務政策をもつべきだと機会あるごとにのべるとともに、一九七三年の拙稿「市民参加と法学的思考」(『市民自治の憲法理論』一九七五年・岩波書店所収)でも強調してきた。国、国際機構には法務組織がある。なぜ、政府としての日本の自治体は法務組織をつくって自治体法務にとりくまなか

ったのであろうか。

この自治体法務のためには、各部課で政策立案に習熟した職員の兼担する法務委員会が各自治体で必置となる。この法務委員会は、時折必要に応じて庁内幹部が臨時にあつまる例規審査会とは異なる。この法務委員会の事務のために法務室の設置もあってよいし、県や市では不可欠である。ただし、この法務委員会を前提としないと、法務室は国の内閣法制局のように旧型法学理論の秀才たちによる保守のトリデとなる。

ようやく一九八九年に、自治体職員独自のパイオニア・ワークとして、東京都多摩地区の天野巡一、岡田行雄、加藤良重編著による『政策法務と自治体』（日本評論社）が刊行された。「自治体学会」でも、一九九一年の大阪開催以降「法務」分科会がつくられるようになる。行政法学者では、最近、兼子仁（都立大）、木佐茂男（北海道大）、阿部泰隆（神戸大）らの諸氏の賛同をえるようになってきた。

一九六〇年代、日本が都市型社会にはいり、シビル・ミニマムの公共整備を課題として、日本の自治体は「政府」として自立しはじめた。この政府としての自治体には、政策・制度の独自開発が基本課題となる。当然、自治体計画ないし自治体政策基準をふまえた、(1)自治立法（国法からの自治体法の自立）、(2)国法の自治運用（国法の選択・複合ついで解釈）、(3)自治体主導の国法改革が不可欠となり、そこに自治体の〈法務政策〉の確立、つまり「政策法務」の展開が急務となる。

明治から、しかも戦後もつづくのだが、日本の自治体はこの法務政策の意義を自覚できず、ほぼ文書課の片隅においやっていた。すでに、自治体によっては法務室ないし法務担当職員をおく例もあるが、ここでもいまだ訴訟法務中心で、政府としての自治体の基本課題である政策法務にはふみこんでいない。また、自治体議会の立法も国の省庁がつくったモデル条例にひろくたよってきた。

たしかに、一九六〇年代から条例あるいは要綱、協定を模索する自治体の政策法務の展開がはじまっている。その「成果」をたかく評価したい。だが、その「意義」と「課題」についての充分な理論整理はされず、また庁内での組織整備もしてこなかった。これが『新憲法』以来ほぼ五〇年、つまり半世紀の歴史をもつ日本の自治・分権の実状である。

その背景としては、後発国近代化の悲しさだが、第8章にみるように、政策の発生源は国のみで、自治体は国の官治・集権型の政策ないし国法の下請執行機関にとどまるとみなされてきた。行政とは「法の執行」つまり国法の執行とされた秘密である。

Ⅰ　一九六〇年代まで、政策開発ないし立法の情報・技術は国が独占していた。そのうえ、自治体行政の中枢はいわゆる機関委任事務がしめ、ひろく国の縦割省庁からの通達（鞭）と補助金（飴）への依存体質ができあがる。また行政実例も行政範型をかたちづくる。自治大学校をはじめ自治体職員むけの各省庁研修機関も自治体の下属を前提としていた。

Ⅱ　戦後も日本の社会科学は保守・革新系を問わず国中心の理論で、自治体を軽視・無視してきた。東京大学の憲法担当教授宮沢俊義は、戦後も、国レベルの民主主義が成熟すれば地方自治は無用になるとのべていた。行政法学者も自治体の独自法務について考えてこなかった。行政法学では自治体職員による政策法務の展開を想定していなかったため、自治体法務室の設置提案もみられなかったのである。その結果、大学の講義はもちろん自治体の職員研修でも、国中心の官治・集権型法理論が制度化されてきた。

以上の二点は、一九七五年の拙著『市民自治の憲法理論』でものべたが、今日もなおつづいている。その典型的な論点として、国法にたいする自治体法の限界の強調がある。条例・自治体法はもちろん限界をもつが、そのとき法律・国法もまた限界をもつことが理解されず、国法が国家主権観念とむすびついて、あたかも絶対・無謬であるかのごとく想定されてきた。

国法は、論理必然的に、⑴全国画一、⑵省庁縦割、⑶時代錯誤という限界をもつではないか。自治体は、⑴地域個性、⑵地域総合、⑶地域先導をかかげて、この国法の限界をめぐって国法を運用し、現実の要請にこたえていくのが緊急である。これこそが自治立法をはじめとする自治体の政策法務の独自課題である。のみならず、この国法の⑴⑵⑶という構造欠陥については、自治体法から学んで、国法のたえざる改正とならざるをえない。

都市型社会では、一国の法は、国法のみでは完結せず、国際法とともに自治体法との緊張・調整が不可欠となっているのである。都市型社会では、政府が自治体、国、国際機構へと三分化するとともに、法も自治体法、国法、国際法に三分化する。

自治体による法務政策とくに政策法務の確立は、それゆえ、日本の法運用さらに法学を、官治・集権型から自治・分権型に再編するテコである。法務政策なき従来の自治・分権論も不毛といってよいであろう。ここから政策法学の展開が急務となる。

近代化を急ぐ後発国段階では、国が先導をするため、国法というかたちで低水準のナショナル・ミニマムを自治体に強制するという官治・集権政治はやむをえない。けれども、国主導の近代化が成熟して農村型社会から都市型社会にうつり、自治体が政府として自立するとき、自治体固有の政治課題についての法務政策の確立は急務となる。

各自治体独自の「政策」開発を法「制度」として定着させるのが、法務政策とくに政策法務の課題である。この政策法務は、⑴条例・規則ついで要綱・内規など行政準則の策定となる「自治立法」、⑵国法の選択・複合ついで解釈をふくむ「自治運用」となるが、この自治立法、自治運用の基準はその自治体の「基本条例」「自治体計画」である。自治体レベルでは、「基本条例」「自治体計画」は国法の上位規範なのである。ついで⑶自治体の相互連携による「国法改正」もふくめるべきだろう。

一九六〇年代から、自治体法務の蓄積がはじまり、そのうえに、①国法の改革、②司法判決の転換、③行政法学、憲法学の再編がわずかずつおきてきた。この①②③の熟成には、今後加速がつくとしても、もう三〇年、つまり既成法学の発想をもつ行政職員や裁判官、弁護士、法学者などの世代交替が必要であろう。

まず、自治体の法務政策は、たえず変化する行政の課題・手法、準則・手続を法務用語で整理ついで立論・立案しうる自治体法務職員の養成から出発する。弁護士、検察官、裁判官さらに法学者はもちろん、自治体の顧問弁護士をふくめて、変化のはげしい行政現実ないし法運用にくわしくなく、また行政より一歩ずつおくれる。このため、自治体の法務職員こそが自治体法務をおしすすめうる。この意味で、戦前からの官治・集権型の憲法学・行政法学から脱皮して、自治体の今日的課題に対応能力をもった法務職員からなる法務委員会・法務室が市町村、県で必置となる。

法務職員は、地域づくりから環境、福祉、また経済、文教あるいは自治体外交まで関連の法規、判例が複雑化しているため、各領域を分担して専門化することになる。だが一歩すすめて、これらの縦割行政をこえてひろく横割の市民参加・情報公開、ついで行政準則・行政手続をめぐる制度開発が法務職員の本務とみなしたい。今後、条例・規則だけでなく、要綱・内規の全面公開ないし「例規集」への編入が、行政手続条例の策定とともに不可欠となるが、このためには法務職員ないし法務委員会・法務室を必置たらしめるだろう。

以上に対応して、大学法学部のカリキュラムでも、国際法学とならんで先進法学部がほぼ七〇年代から開講してきたように、「自治体法学」は不可欠である。また、これまで私立、国公立を問わず法学部は大都市大学に集中しがちだったが、全国各地の大学で法学系の学部、大学院を新設・拡充して、自治体の需要にもこたえたい。

また、弁護士と協力して、自治体法務にかんする市民型の多様なコンサルタントないしシンクタンクの創設も必要ではないか。各自治体の法務職員による自治体法務連絡会もできてよい。定年退職後の法務職員は全国各地に自治法務研究所をみずから設立していくべきだろう。

一九六〇年代から、戦後も官治・集権型の論理をふりかざしてきた既成行政法学の再編は周知の課題となっていた。私は、さらに行政法という言葉も《政策法》にかえるべきだと考えている（本書第8章参照）。すでに、先駆自治体では、職員研修のカリキュラムから既成行政法学をはずし、政策・制度開発に重点をおきはじめている。この先駆自治体の政策・制度開発にともなう政策法務をモデルとして、自治体法学の独立、ついで国法、国際法をふくむ〈政策法学〉の新生となる。

このような展望をもつ自治体法務の確立は、今後、日本の政治・行政、政策・制度あるいは理論・判決の転換を加速する。

一九九〇年代は、「地方分権枠組法」の策定をめぐって、戦後半世紀つづいた官治・集権型の『地方自治法』の抜本再編が日程にのぼりはじめ、分権化・国際化という一九六〇年代からの政治要請に具体的解答がもとめられている。「市民自治」を基礎に自治体主導の分権化がすすむならば、国も明治以来の「国家統治」から解放され、緊急の国際化にとりくみうるようになるではないか。

国際化

7 自治体の国際政策

〈1〉 国際交流から国際政策へ

日本は、一九六〇、七〇年代の高度成長をへて「経済大国」としての国際責任が問われはじめ、八〇年代にはいってては国際摩擦の激化というかたちで、日本自体の「国際化」がきびしく問われるようになってきた。そこには、一九八八年現在、数字のうえで一人当りGNPがアメリカをこえ、世界一の債権国という現実がある。

この間、日本の自治体も活力をもちはじめ、これまで想像もされなかったのだが、自治体の国際活動はひときわきわだち、先駆自治体の積極的なとりくみが目だつようになってきた。

この事態を反映して、一九八七年、自治省も、『地方公共団体における国際交流の在り方に関する指針』という通達をだすにいたった。一九六〇、七〇年代から先駆自治体が創意をもってきりひらいてきた自治体の国際活動という問題領域に、なぜ自治省が通達を後追いというかたちでだすのであろうか。自治体がすでに展開している国際政策の後を追って指導のための「通達」をだすという自治省の官治・集権型発想を批判したいが、一九八〇年代となれば国際活動が自治体の現実となったという共通の認識がひろくうまれているからだろう。

自治体の国際活動は、戦後はやくから「姉妹都市」提携というかたちで出発した。一九六〇年代にはいると「太平洋市長会議」や対岸をめぐる日本海沿岸のいくつかの自治体会議もはじまり、また広島市、長崎市の平和都市活動、美濃部革新都政による「世界大都市会議」の開催、あるいは神戸市、横浜市などの国際借款もあって、自治体の国際活動は徐々に多様な潮流をかたちづくっていった。

これらの流れを集約して、自治体の国際活動についての、一応の展望をはっきりさせたのは、私は企画段階からくわわっていたのだが、一九七八年にひらかれた神奈川県主催の〈地方の時代シンポジウム5〉「自治体の国際交流」であった。これ以降、この流れに加速度がくわわっていく。

一九八〇年代にはいると、自治体の国際活動は、自治体関係のシンポジウムや雑誌特集における中心テーマとなっている。そのうえ、従来想像もできなかった規模での外国人労働者の増大はもちろん、また産業構造の転換ないし企業の海外移転がもたらす地域産業の空洞化、あるいは農産物輸入の自由化なども自治体への衝撃となり、「国際化」を自治体がこれまで以上にきびしくうけとめはじめるようになった。日本の自治体の歴史は新しい段階をむかえたのである。

だが、これまで論じられてきたのは、自治体の「国際交流」にとどまっていたとみてよい。自治体は、現在、以上にみたような新しい問題状況をふまえて、あらためて政策主体という自己確認をおこない、自治体の「国際政策」の形成という次元への飛躍が要請されている。さきの神奈川県主催のシンポジウムもいまだ自治体の「国際交流」どまりだったのである。

自治体も、政府であるという認識が、いまだ日本に徹底していない。そこでの問題設定は、明治以来の考え方をひきついで、前述の自治省通達のように、国家統治の「下請機関」である自治体の国際交流という発想におしとどめられがちである。

これまで、保守系・革新系いずれの理論においても、たえず、国にたいする自治体の「限界」が論じられ、政府としての自治体の可能性が、理論として見うしなわれてきた。「限界」といえば、国の政府も内からは多様な国内圧力、外からは国際圧力によって「限界」をもち、もはや「絶対・無謬」という属性をもつと想定されてきた「国家主権」観念も破綻していることは、周知の現実となっている。それゆえ、自治体も、政府として、国と異なるレベルでの独自の課題と可能性をもっているのである。

前述した自治省の『指針』をみても、自治体が、国にたいして独自の「国際政策」をもつ政府という考え方はみられない。この通達はのべる。

「地方公共団体が、地域レベルの国際交流を推進していく基本的な意義は、それによって世界に開かれた地域社会づくりを推進し、地域の活性化を図っていくことに位置づけられるべきである。このため、地域の特性を生かしながら、国際交流事業を推進して、住民の国際認識と国際理解を喚起し、国際社会における地域アイデンティティを確立して地域産業・経済を振興することを主眼とするべきである」。

自治省のいう国際交流は、自治体の政府「政策」によるのではなくして、地域活性化のための振興「事業」どまりなのである。それも、国際交流は、自治体主体でおしすすめるのではなく、本来期待される「民間」の交流をオカミとしての自治体が先導すべきだというのである。

「この地域レベルの国際交流の本来望まれる担い手は民間部門である。しかし、この地域レベルの国際交流が急務とされ、その活発な展開が求められている現在、地域における総合経営主体である地方公共団体が当面先導的役割を果たしていく必要がある」。

けれども、事態はこの自治省の想定とまったく異なっている。今日、自治体は、国際交流においても、事業主体ないし経営主体である以上に、政府としての政治・政策主体である。そのうえ、自治体は、漸次のべるが国際政策をもつ必然性がある。すでに、日本の先駆自治体は、国際政策をもちはじめ、世界の自治体のなかでも、国際活動では先駆状況にあり、その国際政策をめぐって独自責任をもつ自治体外交を展開しつつある。

〈2〉 国際社会の重層化

「国際化」は、ひろく論じられているように、日本型文脈ではあるが時代の課題をあらわす言葉となっている。日本は、都市型社会への移行をみて、分権化・国際化・文化化を時代の課題としている。

この分権化・国際化・文化化という時代の課題は、日本の政治、社会、経済ついで文化が、島国という特性もあって、明治以降、あまりにも官治・集権・閉鎖型であっただけでなく、とくに第二次大戦後の政府政策が低い政策水準にとどまってきたことからきている。

「国際化」という言葉は、日本でほぼ一九六〇年代からまず日本の経済ないし企業の国際進出をめぐってつかわれはじめたが、一九八〇年代にはいると逆に日本の自己変革、つまり「異文化との接触・交流にともなう政治・社会・経済ないし文化の自己変革」という意味でつかわれている。このような用法は、今日のところ、日本独自といわれている。

日本は、古代以来、中国文明の辺境にあったが、明治維新の時点で、今度は、今日の地球規模の普遍文明原理となる〈工業化・民主化〉をうみだした欧米の近代化の圧力を、黒船による外圧として「鎖国」日本はうけとめていく。

明治維新は、ヨーロッパ近代がつくりだした工業化・民主化という今日の普遍文明原理への対応をその課題としていた。ほとんどのアジア、アフリカの地域はこの対応に失敗して現実に植民地化の道をたどったが、日本のその対応は、いわゆる「列強」をモデルとする国家（ステート）つまり閉鎖型国家の形成であった。明治の開国とは国家による新しい「鎖国」への移行でもあった。

この閉鎖型国家が日本の近代化を先導し、上からの擬似民主化による工業化を急ぐが、その帰結は帝国主義進出の破綻としての敗戦となる。だが、この敗戦は、民主化＝新憲法という新しい条件を準備し、六〇、七〇年代の工業化＝経済成長を加速し、その後日本なりの民主化・工業化の成熟をうみだす。この成熟は、都市型社会の成立と同時に、国際経済分業へのくみこみとなるため、今度は国際社会から政財官複合による閉鎖型日本への問いなおしとなる。ここに日本自体の「国際化」という課題の成立が不可避となったのである。

〈近代化〉の成熟をめぐるこの「国際化」という日本の用法は、この意味で、かつての社会主義圏についてももちいられたいわゆる「自由化」とともに、今後ひろくつかわれていくだろう。国家主導の後発地域では、日本が国際化というかたちで今日直面しているのと同型の問題状況が、漸次うまれていくからである。

国際化について、「国境をこえる人、モノ、カネ、情報ついで文化の相互交流の加速化による国境の意味低下」というような形式定義をつかうときも、以上の工業化・民主化――国家主導の近代化の各国不均等発展という歴史背景を、つよく自覚しておく必要がある。

この近代化の成熟がうみだす「国際化」は、また、ムラ共同体を原型とする伝統文化を解体・再編する。明治維新はこのムラを原型とし、そのうえに官治・集権・閉鎖型の国家＝行政機構を築きあげたが、今日の「国際化」は工業化・民主化の浸透によるムラ自体の解体をともなって進行する。いわば日本の底辺からの、明治維新、敗戦につぐ「開国」がはじまっているのである。そこには、数千年つづいた農村型社会の土台をなすムラの崩壊、つまり工業化・民主化の成熟にともなう「都市型社会」の成立がある。

いいかえれば、閉鎖型心性の原型であるムラの崩壊ついで国際経済分業・世界共通文化へのくみこみという、底辺からの生活様式・価値意識の転換をめぐって、この「国際化」が問われている。今日では、ムラという甲羅をうしなって、人、モノ、カネ、情報をめぐって直接世界につながってきた。そこでは、外国人のはいったプールでは病気になるといったデマがとぶような、「異人」排斥、「われわれ」中心、という閉鎖型のムラ文化が解体し、開かれた〈市民文化〉の形成が日程にのぼってきたのである。

一九八七年度の日本人の出国者六八三万人（前年比二三・八％増）で、いわば二〇人に一人という割合になる。外国人入国者も二一六万人（前年比六・九％増）におよんでいる。また、一九八六年度で外国籍をもつ八七万人の在住、在留という事態となっている。これには「法外」在留者はふくまれない。八七万人プラスアルファといえば、一億二〇〇〇万の日本人口の一％、一〇〇人に一人という比率にちかくなっているではないか。最近、国際地区化しつつあるといわれる東京都の港区では、人口の六％が外国人で、特別区民税の一〇％が外国人によるという実状もみられる。

それに、生活様式の国際化はいちじるしく、「輸入」が奨励され、エスニック・ブームもみられる。日本自体の伝統も、今日ではこのエスニック・ブームのなかにくみこまれていく。これは永続する事態とみておくべきであろう。文化においても、「国粋」ないし「土着」という幻想の終りとなったのである。

今日では、日本の各地域で農村型社会がつちかってきた〈地域個性文化〉の再編がすすむだけでなく、工業化・民主化という普遍文明原理がうみだす〈世界共通文化〉の成立を確認しなければならない。今日、それは世界共時性をもつ国際市民活動あるいは「若者文化」というかたちであらわれている。かつて一九八五年、アフリカ救援の『ウイ・ア・ザ・ワールド』は、有史以来はじめて日本をふくめた衛星中継テレビによって、ライブリイに地球を一つにむすび、おおくの若者がこれに参加したではないか。

このような状況をふまえて、日本での国際社会についてのイメージ転換も不可避となっている。もはや、かつての主権国家からなる国際社会（community of the states）という理論設定は崩壊せざるをえない。国際社会のイメージは、国家つまり国レベルの政府によってタテに分断されるのではなく、図１－１（本書五頁）のようにヨコに重層化されていく。

Ⅰ　市民レベル。国境をこえた市民個々人の国際交流ないし国際活動はいちじるしい。とくにそこには市民活動の国際連帯また国際市民活動が成立し、多様に活動していく。今日では、この地球規模の市民活動は環境、難民、平和などの戦略領域で国レベルの政府の活動以上の成果をあげるとともに、国連ないし各国際専門機構のNGOとして、国際世論の集約、国際立法の準備の土台となっている。

Ⅱ　団体・企業レベル。商工会議所から労働組合の国際組織をはじめとする多様な国際職能団体、それに企業の国際組織や多国籍企業はもちろん、文化団体、学会までの国際活動はいちじるしい。ここでも、国連や各国際専門機構への、いわば「圧力団体」としての活動も活発となっている。

Ⅲ　自治体レベル。これが本章の主題領域であるが、漸次のべるように、国内政治の分権化とあいまって、自治体が独自に国際活動の主体となりはじめ、国際政策、自治体外交をくりひろげる。近代国家成立以前の中世と問題状況が似てくるのである。

Ⅳ　国レベル。一六四八年のウエストファリア条約にもとづくヨーロッパ国家システムの成立以来、その後のアメリカ、アジアその他における国家の成立もくわわってきたが、その間ほぼ三〇〇年余、国家つまり国の政府は国際社会の基本主体と想定されてきた。しかし、国家の絶対単位性の想定は崩壊した。

Ⅴ　国際機構レベル。第一次大戦後の国際連盟から出発するが、第二次大戦の軍事同盟から出発した国際連合は、今日ではⅣ国レベルでのたんなる連合という以上に、国際社会の独自政府となってきた。そのうえ、Ⅰ国際市民活動、Ⅱ国際圧力活動が国際機構と直接むすびつくだけでなく、Ⅲ自治体、Ⅳ国、Ⅴ国際機構のあいだでも政策連動がはじまりつつある。

このように、国際活動は重層性をもってひろがり、日本語でいう「国際」の意味転換がおきているとみなければならない。

日本文脈では、これまで、国際は、inter-state つまり国家間と考えられてきた。そのため、国際にたいして「民際」という言葉もうまれてくるのである。国際のそもそもが、inter-nation つまり民際であったことを想起しよう。一九世紀初頭、ベンサムが「国際法」をめぐって international という言葉を造語したとき、彼はまさに inter-state ではなく、inter-nation つまり民際を想定していたのである。

当時の文脈では、nation と区別される state は、nation によって副次的に造出される国レベルの government にとどまっている。事実、一九世紀には、周知のように労働者ないし社会主義者のインターナショナルも論じられており、そこでも国家間ではなく、民際であった。国際連盟、国際連合も、nation の連合であり、state の連合ではない。この意味で、国際とは、特殊日本文脈で国家間を想定していたにもかかわらず、国際文脈では実質的に民際であった。

「国際」(inter-nation)の今日的問題状況について、あらためて次の二点に留意したい。

(1) この nation から、Ⅰ市民レベル、Ⅱ団体・企業レベルの分化。

(2) government についても、Ⅳ国の政府からⅢ自治体、Ⅴ国際機構の分化。

現時点では、日本語の国際社会ないし国際化という言葉の「国際」については、以上のⅠⅡⅢⅣⅤの五レベルに重層化されたイメージを不可欠とする。それゆえ、「国際」対「民際」という対抗関係の提起よりも、「国際」という言葉が本来は民際だという意味で、「国際」という言葉の意味転換を考えたい。

最近、国際政治学でも、理論として整理されないまま、国際社会のアクターの多様化を問題にしはじめたのは、このⅠⅡⅢⅣⅤレベルをめぐるアクターの重層化を意味する。つまり、政治状況は、対内的にも対外的にも、国家に集約されるのではなく、Ⅰ市民活動、Ⅱ団体・企業、ついで政府レベルとしてはⅢ自治体、Ⅳ国、Ⅴ国際機構に重層化される。日本文脈での国家中心主義は破綻し、今日、分権化・国際化が同時進行していく。とくに、この分権化・国際化をめぐるⅢ自治体の位置設定が、本章の主題なのである。

〈3〉 自治体の国際政策

今日、市民、団体・企業も自由に国際政策をもち外交をすすめるが、自治体は独自課題をもつ政府として、国、国際機構とおなじく国際政策をもち、外交をおこなう。だが、自治体が政府として国際政策の主体となるとき、必然的に、従来の閉鎖型国家観念が想定していた国家主権という考え方は崩壊する。また、この国家観念とむすびついていた官治・集権型の行政機構の再編が日程にのぼる。

日本をめぐって北、南いずれからもおきている国際摩擦は、国レベルの政財官複合とくに縦割の圧力団体、族議員とむすびついた官治・集権型行政機構の改革能力の欠如からきている。私が経済摩擦というよりも、制度摩擦ないし文化摩擦であるという理由が、ここにある。

日本の行政機構は、明治以来、国内の県・市町村にたいする官治・集権型統治をめざしており、戦後の新憲法による改革にもかかわらず、温存されてきた。「憲法は変れど行政機構は変らず」だったのである。

そのうえ、今日なお、日本の国レベルの政府は、国際批判に対応して、あるいは国際批判を先取りして、国内市場の拡大・開放をふくむ国際的にひらかれた国内改革をおしすすめえない。このため、ドルをためこんだ日本は、とくにアメリカとの関係では、日本の軍備拡大というかたちでアメリカへの譲歩をおこなわざるをえない。一九八

○年代の日本の軍備強化は、圧力団体、族議員とむすびついた日本の行政機構ないし政財官複合が、国際摩擦への対応能力を欠如しているための後始末でもあった。

もし、日本の行政機構を国際対応能力をもつ政策省庁に再編しようとするならば、国内むけの国の権限・財源を県に、さらに県の権限・財源を市町村におろして、国の省庁の活力を国際対応へとふりむけうるよう、政治を自治・分権型に再編せざるをえない。「制度」の分権化がはじめて「政策」の国際化をうみだしうるのである。

例示するまでもなく、今日では、国レベルのあらゆる政策は国際政策として策定される必要がある。通産省の産業・貿易政策はもちろん、建設省と外国企業参入、農水省とコメ、肉、魚、郵政省とＮＴＴやＫＤＤ、文部省と学校制度、厚生省と福祉制度、法務省と弁護士資格、それに自治省と外国籍公務員採用などなど、国内政策の国際化をめぐる緊急課題が山積しているではないか。すでに国内政策と国際政策とは分離できないという事態がおきているのである。

国レベルの国際政策・外交も、外務省が窓口となるとしても、政策が特化するため外務省は独占できず、各省庁も当事者となる。とすれば、省庁は、国内むけ権限・財源を自治体におろして、いわば身軽になって国際政策に習熟する必要がある。このことは誰の目にもあきらかではないか。国の権限・財源の分権化がはじめて国の政策の国際化をうながす、といいかえてよいだろう。

そのうえ、この「分権化」によって権限の拡大した市町村、県、つまり自治体は、また次節でのべるように、みずからもまた国際政策をもち、自治体外交を展開しうるのである。

かつて一九七五年、私は、『市民自治の憲法理論』（岩波書店）で、〈国家統治〉から出発する閉鎖型の「国家法人論」を批判し、〈市民自治〉を起点として国際的にひらかれた「政府信託論」を提起しながら、外交権・軍事権をめぐる国の専権性という国家神話ないし法学擬制を批判した。

外交「権」については、国レベルにかぎるのは、これまで国際法の通念でもあり、国内法としても日本では内閣の権限として、憲法七三条の「外交関係を処理すること」「条約を締結すること」とあるように、国の専権とみなされてきた。だが、これは国レベルでの専権にとどまる。市民、団体・企業レベルでの市民外交ないしいわゆる民間外交はもちろん、政府としての自治体も自治体外交をすでに一九六〇年代以降多様におこなっているのである。これは、テクノロジーの発達（工業化）、市民の発言の増大（民主化）による国際社会自体の、さきにみたⅠⅡⅢⅣⅤという「重層化」から必然的におきる事態である。国はこの事態を国レベルの法権限をかざしておしとどめることはもはやできない。

『地方自治法』には、国の専権をのべた第二条一〇項をはじめとして、自治体外交の禁止規定はない。『地方自治法』は自治体権限について制限列挙ではなく包括例示をとるとともに、その制定当時、自治体外交がはじまるとは誰も想定していなかったために、肯定あるいは禁止の規定をおかなかったことが、今日さいわいしている。

今後、自治体が国際法における法主体として登場していく可能性についても、第5節でみるような理論展望をふかめておく必要がある。また、日本政府が批准していないこともあって市民の常識となってはいないが、『ジュネーヴ条約追加第一議定書』（一九七七年）五九条によって、戦時における「無防備地域」（nondefended localities）の設定権限を「適当な当局」（appropriate authorities）とするかぎり、必然的に自治体がその権限をもつにいたることも留意しておきたい。

「相互依存」「相互浸透」といわれるほど、国際社会自体の〈国際化〉がすすんできたかぎり、自治体独自の政策課題からみても、自治体の国際政策の展開は不可欠なのである。

国際社会の国際化という相互依存・相互浸透の現実はもちろんきびしい。そこには、東西の核軍備があり、南北の格差増大、地球規模の環境破壊がすすむとともに、また

①　市民内部、市民相互の偏見と差別、とくに少数民族ないしエスニックス間の武装闘争と難民化
②　軍産結合をはじめ、ODAをふくめ、支配層の国際連携の秘密性・特権性
③　犯罪・テロの国際化としての国際犯罪・国際テロの拡大

もみられる。国際社会の「国際化」の過程は、過渡期の今日、矛盾そのものといってよい。

にもかかわらず、そこに、地球規模の経済分業・文化伝達の加速化とともに、マクロないし長期の展望としては、工業化・民主化にともなって、〈地域個性文化〉の再編だけでなく、地球規模での〈世界共通文化〉の成立がつぎのように、漸次進行する。

(1)　生活様式の平準化（工業化のコロラリー）
(2)　人権保障の平等化（民主化のコロラリー）

その結果、①国際人権、②南北調整、③環境保全をめぐる「世界共通課題」が成立し、自治体も国、国際機構とおなじく、これに自治体の独自課題としてとりくまざるをえない。というよりも、地域特性をいかしうる自治体の寄与がそこでは不可欠であり、国、国際機構との政策連動が要請されている。自治体のシビル・ミニマム、国のナショナル・ミニマム、地球規模のインターナショナル・ミニマムの三極緊張が提起される理由である。

こうして、自治体の意義の見直しの必要性が、国際化にともなってかえって拡大する。自治体でも、国際化はまた分権化につらなっているのである。かつて、農村型社会の多元・重層政治において、日本では堺、博多など、あるいはヨーロッパのハンザ同盟や中国、イスラムの交易都市など、ひろく都市が独立の外交主体たりえたことはよく知られている。一七世紀におけるヨーロッパでの国家の成立とともに、外交権・軍事権は国の大権ないし専権とみなされるようになったにすぎない。

だが、二〇世紀も終りとなって、国際社会の重層化をみて、Ⅰ市民レベル、Ⅱ団体・企業レベルの外交が活力を

もちはじめるとともに、Ⅲ自治体外交がよみがえり、Ⅳ国をこえて、Ⅴ国際機構レベルの自立もはじまった。国際社会は、先進国からはじまる工業化・民主化の成熟につれて、あらためて多元・重層構造をもつのである。

政府としての自治体は、この自治体外交をふくめて独自の国際政策をもち、庁内に国際室、外国に駐在室をおくようになってきた。そのうえ、日本の県、政令指定都市はもちろん、あるいは一〇万単位の都市自治体も、国際的にみて一国なみの財源、人材をもっているのである。

〈4〉 国際政策の類型と展開

では、自治体の国際政策は、どのような展開をみせていくのだろうか。自治体の国際政策は、おなじく政府としての国、国際機構と課題領域を異にしているのはもちろん、また市民レベルないし団体・企業レベルの活動と、自治体という政府レベルの活動との間にもちがいがある。自治体の国際政策は、自治体としての「独自課題領域」における「政府政策」なのである。

自治体の政府政策としての国際政策は、たしかに市民活動、団体・企業の国際協力の支援は当然おこなう。これ自体、政府としての自治体の課題領域である。だが、自治体の国際政策はこれにとどまりえない。

そこには「わが」自治体の独自政策課題の解決が基本にある。「わが」自治体の独自政策課題を解決するという必要性、緊急性が自治体の国際政策を不可欠としているのである。福祉、都市、環境また産業、文教あるいは人権・平和の「政策情報」の開発から、自治体計画方法、自治体工学、自治体財務という「政策手法」の開発まで、自治体共通課題が地球規模でひろがっているからである。それゆえ、自治体の国際政策は、この意味で、自治体の独自課題領域の地球規模での確認となるはずである。

かつて、戦後はやくから「姉妹都市」ないし「友好都市」の国際提携がおこなわれたが、これをふくめた自治体間の国際連携は、自治体の国際政策の初歩と位置づけることができる。そこには相互訪問からイヴェントとしての文化・産品の交流、留学生交換などがみられる。

これには、観光気分、ヨコならびの流行、一過性の親善イヴェントなど、首長・議員中心の空マワリが批判されてきた。これでは自治体版鹿鳴館外交にすぎない。それゆえ、自治体間の国際提携を、自治体による「国際交流」レベルから、自治体の「国際政策」レベルまでひきあげることが今日の急務となっている。とくに日本では、提携都市も北と西にかたよって、東と南に弱い。国が北と西にかたよっているとき、自治体は東と南を重視するという見識も必要となろう。

この自治体間の国際提携にたいしては、むしろ目を内にむけ、外国人と共生する地域づくりこそが自治体の国際政策の本来の課題、という論点がだされてくる。いわゆる〈内なる国際化〉問題である。「郷に入れば郷にしたがえ」といったような外国人にたいする独善意識、そのうらがえしとしての異人趣味の時代は、すでにすぎさっているはずである。むしろ今日、異文化との接触による自治体行政の自己革新が要請されている。

とくに、日本近代史の構造そのものとなる在日朝鮮人問題だけでなく、日本史の成立自体とからむアイヌ問題を想起すべきであろう。アイヌ問題では、今日も明治三二年制定の『北海道旧土人保護法』がのこっている。しかも、これらには、日本人のムラ心性による同質性幻想が基底にある。

ここから、自治体間の国際政策についても、まず「外」より「内」に重点をおくべきだという論点がでてくる。事実、外国人が「わが」自治体に一人住むというだけでも、従来の自治体行政のあり方の問いなおしとなる。外国人登録をめぐる窓口からはじまり、外国人の教育・福祉から課税、図書館や医療の利用方法、あるいは外国人むけ広報、外国人むけ日本語学習など、さらに外国人の自治体参加の制度づくりまで、既成自治体施策への衝撃となる。

この問題領域のおおくが放置されてきたのは、日本の行政が、自治体もふくめて、同質性幻想のもとに日本在住外国人を差別ないし無視してきたことによる。そのうえ、この論点へのとりくみは、逆に、戸籍、印鑑証明など従来の日本人むけ施策の問題点まで、あらためて露呈させることになる。

自治体が地域の国際化施策として安易におこないがちな国際イヴェントはショウでおわり、以上の論点に直接せまりえないことを強調しておこう。イヴェントとしてのオリンピックや万国博覧会の開催が政府政策の国際化と直接つながらないのと同じなのである。これも、自治体版鹿鳴館外交にとどまりがちとなる。

論点は一歩つきすすんで、出入国管理から外国人登録の制度改革をはじめ、閉鎖型の国の施策の問いなおしもはじまる。自治体レベルからの政策の国際化は、「人権」を中心に具体事例をふまえて国の政策の問題点をあきらかにし、その改革をせまる。

そのとき、「国籍問題」は国レベルの争点であり、自治体レベルでは国籍いかんを問わず、市民としての「基本人権」の保障が課題となる。これが『国際人権規約』にみられる、国境をこえた人権の普遍性の保障である。この意味で、自治体の戦略的意義はおおきく、これに対応する政策・制度開発が先駆自治体を中心にすでにはじまっている。

つまり、外にむけての国際政策どころか、あるいは外にむけての国際政策をすすめるにも、わが足下が問いなおされるのである。自治体の今日の政策水準の上昇からみて、この領域における自治体先導型の国の政策転換を期待したい。

では、自治体の国際活動はどのような可能性をもつのだろうか。これこそが〈自治体外交〉の独自内容をなす。

1　政策情報の国際開発

今日、自治体は、地域特性をもつ独自の自治体政策づくりをめぐって、地球規模における政策情報を集約しはじめた。自治体政策は国にたいして独自の課題領域をもっているため、地球規模での自治体間の相互交流が不可欠となる。国の省庁は、当然、国レベルの政策情報しかもっていない。自治体は、それゆえ、国境をこえて直接、独自に、自治体間で地球規模での政策情報の交流・開発をおこなうことになる。

自治体が責任をもつ独自の「課題領域」としての地域づくりには、産業、技術はもちろん、環境、緑化、水道、医療、福祉、また文化、教育など、いわゆるシビル・ミニマムをめぐる多様な自治体の政策課題がそこにある。

①　個別交流型　個別調査団の派遣など、個々の政策情報の交流・開発

②　定期協議型　自治体間の協定による定期的な政策情報の交流・開発

③　自治体会議型　個別課題についての政策情報の交流・開発（世界歴史都市会議〔京都市〕、世界湖沼環境会議〔滋賀県〕、世界大都市会議〔東京都〕など）

④　国際組織加入型　自治体国際組織の加入による政策情報の交流・開発（国際環境自治体協議会〔ＩＣＬＥＩ、事務局トロント市〕など）

政策情報の交流・開発は自治体の本来の課題領域から必然となる国際活動である。それゆえ、この活動のためには、「わが」自治体の政策課題がたえずその自治体で確認されていることが不可欠である。また各国の自治体が国をこえておこなう自治体の独自課題をめぐる政策情報の交流・開発は、既成の国中心の政策情報の質を変えていく。

2　行政技術の国際協力

自治体は、国境をこえて、災害時の緊急援助も当然ふくまれるが、個別の自治体間、あるいは外国の国の政府や

市民などとの協定にもとづいて、地域づくりから生産技術などをふくめた自治体行政技術の交流・開発をめざし、要員、情報、資金の国際協力を直接おこなっている。また、前述したような姉妹都市提携をこの型にきりかえていけば、自治体間での政策必然性がでてきて、国際提携の具体的な課題がより明確になるとともに、成果をもつようになっていく。

自治体ことに市町村は、抽象的図式的な国レベルの「政策情報」とは異質の、自治体行政をめぐる具体的直接的な「行政技術」を蓄積している。環境庁は地域レベルの公害制御技術を知らず、消防庁も地域レベルの消防車運用技術をもたない。厚生省は衛生管理技術、運輸省は港湾操船技術、建設省は下水道配管技術に直接習熟していない。とすれば、これらの行政技術をもつ市町村間の行政技術の直接交流こそが必要となる。

自治体間の国際協力は、先発国の自治体から後発国への垂直援助がおおいが、この垂直援助においても、後発国からも学ぶという水平援助の基本をみうしなってはならない。日本の自治体についてみれば、とくに、行政の文化化をめぐって、建築の修復や都市の修景を先行の外国自治体から直接学ぶことが急務となっている。

この点で、一九八七年に、『外国の地方公共団体の機関等に派遣される一般職の地方公務員の処遇等に関する法律』ができた。今後、ＰＫＯなどにおける選挙管理技術などをはじめ、自治体職員の積極的な国際活動がまたれるし、市民も自治体職員のこのような国際活動を支援したい。

最近では、行政技術の移転ないし要員養成の援助については、北九州市や神奈川県など、国際交流・研修の専門センターづくりがはじまっている。この方式もそれなりに成果をもつが、隔離されがちな専門センターをつくるよりも、国際化という日本の自治体への衝撃効果をひろげるためもあって、市町村や県の庁内に直接うけいれるＯＪＴ（仕事を共にしながらの研修）方式を中心にとりくみたい。

3 自治体間の圏域協力

以上の1、2は、また圏域で恒常化、制度化されて国境をこえた自治体間の直接の協力関係をつくりだす。ＥＣを背景にもつヨーロッパ自治体連合がその典型である。日本におけるその胎動としては、関連外国自治体との協力をめざす北海道の北方圏、北陸の日本海圏、九州の黄海圏、南方圏などの構想がある。このような構想の成熟は、やがて、太平洋あるいはアジアをめぐる自治体間協力を活発にしていくが、さしあたり後述の国土構造の再編という意義をになっている。

4 国際共通政策の展開

自治体は地球規模で、その独自の課題領域をめぐって、一般戦略を展開しうる。

(1) 地球規模の自治体連合　「国際自治体連合」（ＩＵＬＡ）はすでに『国際自治体憲章』の策定推進をはじめとして国際連合レベルでの活動をおこなっている。そのほか「都市連合」（ＵＴＯ）などをふくめて自治体間の多彩な国際ネットワークがつくられている。また、それぞれの国際専門機構もその専門課題ごとに自治体との直接連携をはかっている。国連環境計画機構（ＵＮＥＰ）と世界湖沼環境会議あるいは閉鎖海域環境会議などがその例である。

(2) 平和戦略の構成　自治体は、その国際政策として、国から自立して、独自に多様な平和活動をくりひろげうる。ヒロシマ、ナガサキといわれるように、広島市、長崎市の平和活動は、自治体の国際政策として特記してよいだろう。ヒロシマ、ナガサキによる持続した平和活動は、ひろく核をめぐる世界の世論を変えてきたのである。

自治体の平和政策としては、軍事基地へのかかわり方を括弧にいれれば、

① 「非核都市」宣言

②「無防備地域」予備宣言

を今日の時点であげることができる。

①日本では一九五〇年代の原水禁運動以来の背景をもつため、この領域では世界にさきがけているが、一九八四年には、「非核都市宣言自治体連絡協議会」も発足する。国際的にみると、一九八〇年イギリスのマンチェスター市が提唱した「非核自治体会議」などが注目される。地球規模での自治体平和戦略の模索といえよう。

②自治体宣言によって侵攻軍の停止はもちろん自国軍の撤退もうみだしうる「無防備地域」設定をふくむ『ジュネーヴ条約追加第一議定書』が、各国で批准されて市民の常識となり、自治体が条例によってその予備宣言にとりくむならば、国による戦争は実質的に不可能となる。そのうえ、自治体の責任によって、かつてのサイパン、沖縄にみられたような市民まきぞえという悲劇の再現を防止しうるはずとなる。

そのうえ、かつて拙稿「都市型社会と防衛論争」（『中央公論』一九八一年九月号、『戦後政治の歴史と思想』ちくま学芸文庫所収）でのべたように、都市型社会となった日本の国際化とは、実質的に国際経済分業へのより深いくみこみを意味し、有時には日本全体のパニックをひきおこす脆い構造をつくりあげたため、行政をも崩壊させてしまうことになる。この都市型社会における市民生活の問題性を自治体もたえず再確認しておかねばならない。

なお、日米安保条約をめぐる米軍基地については、自衛隊基地をふくめて、どのような政策をもつかが、日本の自治体のきびしい試練になっている。

ついで、以上のような独自の課題領域をもつ自治体の国際政策・自治体外交の展開は、国土構造の多核化を誘発する。日本でいえば、官治・集権政治の自治・分権政治への転換は、東京一極集中を制御して自治体と国土の新しい可能性をもたらす。

X　国際活動拠点の造出

自治体としては、より長期的な展望で地域個性をつくりだす国際活動拠点の造出を考えたい。これは、自治体ないし自治体連合によってつくられ、地域活性化の波及効果がおおきい。

ハードとして

①　国際コンベンション装置の設置

②　空港、港湾、通信機構の国際機能の強化

ソフトとして

①　ホーム・ステイ、ペンション、ホテルのネットワーク

②　協力ボランティア活動のネットワーク

③　ｉマークのインフォメーション・センターの設置

などが、一般にいって、最低必要となろう。

このような自治体としての地域づくりが基本であるが、とくに国際政策ないし自治体外交の手法によっても推進しうる。

ⓐ　国際機関の誘致（ジュネーヴ、ブラッセル、バンコックなど）

ⓑ　国際イヴェントの開催（オリンピック、万国博、あるいは見本市、スポーツ競技、文化祭、また国際会議など）

ⓐでは、横浜市の国際熱帯木材機関、大阪市の国際環境技術センター、沖縄県の国際マングローブ生態学協会などがある。ⓑでは、文化型発想の鹿児島県・霧島国際音楽祭、利賀村・世界演劇祭、武蔵野市・国際オルガンコン

クールなども留意したい。このⓐⓑには、各自治体の国際政策は当然だが、また自治体の外交手法の熟度が要請される。

Y　国土構造の再編

自治体の国際政策としては、国際活動による直接効果の追求もあるが、Xでみたようなかたちで、自治体ないし自治体連合が、国際活動拠点をつくり、地域経済ないし情報集約の波及効果をおしひろげ、やがて国民経済ないし国土構造を多核化して、その地域の位置をたかめていくという戦略政策を考えたい。

とくに、隣接外国とのむすびつきによる国際協力と国土構造との関連に留意する必要がある。戦後、いわゆる「表日本」としての太平洋工業地帯の形成は、日本海側にくらべた自然条件の優位にあるのではなく、南からの資源の輸入立地、アメリカむけの輸出立地によっていたことはよく知られている。日本に隣接する大陸とくに朝鮮半島をめぐって、古代では北部九州地方あるいは日本海側が「表日本」であったし、海の道としての瀬戸内海も国土構造におおきな意義をもっていたように、特定時代の特定地域の経済活動は、またその時処での国際交流のあり方に条件づけられている。

現在、北方文化圏をかかげる北海道とシベリア、北欧、カナダ、アラスカ、また日本海沿岸自治体とシベリア、朝鮮半島、あるいは九州、沖縄と朝鮮半島、中国、台湾やアセアン地域との相互交流の活発化は、やがては日本の経済・国土の構造を変える可能性をひめていると考えていく必要がある。日本海沿岸自治体では、戦後、これをみこした独自の自治体外交を一九六〇年代からおしすすめてきた。

東京は、現在、日本経済の地位上昇をみて、ロンドン、ニューヨークとならぶ二四時間型の国際情報・金融都市をめざしているが、東京は、(1)地域の自治体、(2)国の首都、(3)国際都市という三重機能をもち、国土構造の東京一極集中を加速している。各自治体が、あるいは自治体連合というかたちをとりながら、全国各地で国際活動の拠点整備にとりくむならば、集権型政治の分権化とあいまって、国土構造の多核化を誘発しうるだろう。この意味でも、自治体の国際政策の意義と必要を強く訴えたい。これまで、この国土構造の多核化について、以上のような戦略展望をもたないため、国土計画、経済計画をふくめて、あまりにも官治・集権型の国の省庁は無策であった。

ここで、自治体の国際活動をめぐる主要施策と安易に考え、自治省も推奨している、自治体による市民や団体の国際活動への助成を考えてみたい。

たしかに、市民レベル、団体・企業レベルの国際活動について、それぞれの自治体はまた独自の政策と基準にもとづいて助成することがあってよい。だが、市民、団体の国際活動は、それぞれの市民、団体の独自責任においておこなうのが原則である。つまり〈市民自治の原則〉がこれである。しかも、市民や団体・企業の国際活動は、自治体の国際政策をこえたゆたかな多様性をもってすでに展開されている。第1節にみた自治省通達にみられるような、自治体のオカミとしての「先導」自体がもはや成立しえない。

この関係は、自治体や国の低水準の社会教育・生涯学習行政と、多様でゆたかな市民文化活動との関係と同型である。むしろ、国際政策をもちえないような居眠り自治体が、安易に市民ないし団体への「助成」というムダをおこなうという自己満足におちいっているのである。市民活動は、本来、多様でゆたかな市民国際活動として自立している。

市民の国際活動はまず「一部の人」からはじまるとしても、いつまでも「一部の人」にとどまってはならないはずである。それゆえ、自治体が特定の人々を中心に安易に外郭組織としてつくっていく「国際交流協会」は、市民や団体の国際活動の選別となるため、呼び水としての過渡性をあきらかにして早急に廃止したい。また、「国際交流基金」についても、自治体の事業の弾力化という理由で、外郭組織として安易につくられるが、自治体の国際政策による事業は議会提出の予算でこそ責任をもってとりくむべきであろう。それゆえ、安易に、協会、基金というバイパスをつくらず、自治体の国際活動を議会の公式の議題にすることが、自治体議会の発想の国際化のためにも、ぜひ必要なのである。

以上の可能性をもつ自治体の国際政策は、それぞれの市町村、県でプログラム化されて〈自治体計画〉に集約される必要がある。でなければ、自治体の国際政策は市民合意、職員合意をえた戦略となりえない。〈自治体計画〉には、具体性のある国際政策をその戦略として組みこむのは当然となる。

〈5〉 自治体機構の行政革新

自治体の国際政策は、すでに先駆自治体が独創性をもってくりひろげている。自治省や外務省などが自治体の国際交流を「先導」するといっても、すでにたちおくれて不可能である。

国際政策は、市民、長・議会の責任によるのは当然であるが、これを行政として展開するには自治体機構の行政革新が不可欠である。この行政革新の成熟度が、今後、国際政策をめぐる自治体間格差を決定していく。

従来の閉鎖型のムラ心性を基盤とした日本の自治体においては、すでにみたように、外国人が一人住むだけでも文化ショックとなる。だが、これまで日本の法制ないし行政は、外国人の在住を想定もしないか、無視していた。在住外国人の国内法的地位は、一九七九年の『国際人権規約』、一九八一年の『国際難民条約』の批准以降、漸次変りつつあるとはいえ、それまで法制ないし行政にとっては、無とみなされていたのである。『日本国憲法』も基本人権をひろく「個人」ではなく「国民」の権利とみなすという閉鎖性をもつ。

それだけではない。自治体の国際活動が活発となるならば、外国文による諸証明発行、外国使節との交渉など、これらは、庁内での行政ショックとなる。この行政ショックに注目するとき、姉妹都市などこの四〇年にわたる自治体間国際提携が、いかに地域ついで庁内をすどおりして上滑りであったかが、あらためて理解されるだろう。

今後は、自治体の国際政策の展開とあいまって、庁内の行政体質を変えていく必要がある。自治体レベルでも、外政が内政を変える時点がはじまったのである。国際政策の展開は、なおおおくの自治体にとって「前例」のない事態であるかぎり、それに先駆自治体においてもなおおおくの「未開」の領域がひろがっているかぎり、その推進は自治体の行政機構ないし職員意識の革新を不可欠としている。さしあたりは次の論点をふまえていく必要があろう。

(1) 専門職員の育成

外国語に堪能なだけではもちろん自治体の国際政策の担当者になれない。それゆえ個別施策にもくわしく、また企画・調整もやりうるような職務での訓練が不可欠である。でなければ、外国の自治体ないし市民、国、国際機構との国際協定、あるいはこれからはじまってくる自治体事業への外国企業の参入などに対応しうる職員は育たない。たんなる通訳ではだめなのである。もちろん、外国語に堪能でなくても、国際政策の専門担当者になれる人材もおおいはずである。国際儀礼についての常識をもつ職員の養成も、これまた今日では自治体の常識となる。

さしあたり、国際政策への全庁的対応を加速するには、日本語の国際通用性には限界もあるため、まず必要な外国語について通訳・翻訳のできる職員が必要となる。庁内で職員をみつけられない外国語については、市民の外国語ボランティアのリストをはじめとする態勢づくりがのぞまれる。先駆自治体ではじまっているように、新職員採用にあたっては一定枠での外国語要員を確保する必要もあろうし、外国人の実質的な採用にもふみきりたい。

(2) 国際室、駐在室の設置

県、大都市自治体はじめ、ひろく国際室の設置がみられるようになったが、この国際室は、自治体の今日の戦略課題である分権化・国際化・文化化をめぐって、ヨコ割におかれる企画室、国際室、文化室というかたちで、不可欠となる。この国際室は、各自治体での統一窓口となり、国際政策の企画・調整をおこなうとしても、具体的な個別の対応ないし解決は、各タテ割担当部課におろしてゆき、全庁に国際化をめぐる対応能力をたかめていく必要がある。企画室、国際室、文化室がタテ割行政になってはいけない。つまり、プロデューサー型ないしプランナー型の活動がそこで要請される。

なお、県や大都市自治体は外国に駐在室を設けて情報・外交を担当させているが、今後、自治体内での専門職員の養成のためにも、この駐在室制度を注目しておきたい。

(3)　外国人参加制度

市民参加方式ないし審議会方式として、外国人参加制度が不可欠である。ここでの外国人の発言は、外国人の人権保障に直接むすびつくことはもちろん、日本の行政実態への批判となって、日本の自治体行政の体質革新につらなっていく。日本の行政の国際閉鎖性を自治体レベルから打破するには、これがもっとも有効であろう。

将来の展望としては、スウェーデンがすでにおこなっているような一定条件の在住外国人への自治体選挙権を考えるべきだが、ここでのべた外国人参加制度の設置はこの選挙権の前段階という意味ではなく、今日からでもすすめうるという意味もあって、実質的な効果、意義を明日からでも期待できる。

この(1)(2)(3)をめぐる行政革新がすすんではじめて、自治体の国際政策は構想レベルから実効レベルにうつっていく。すでにのべたが、総合計画としての〈自治体計画〉の柱となる国際政策のなかに、各自治体の国際化をめぐる行政革新の課題を明示したい。国際政策ないし自治体計画の策定には、それこそ市民参加・職員参加の手続が不可欠であり、これによって各自治体の国際政策は、市民合意、職員合意という推進力をもつことができる。

今後の自治体の重要な課題領域としては、自治体レベルでの国際法務の確立を考えておきたい。いうまでもなく自治体間、あるいは各国の市民ないし国、国際機構との国際協定というかたちで、自治体の国際法務がはじまっている。つまり、法の基本である「合意は守られるべし」（pacta sunt servanda）によって、自治体レベルの国際法務が実効性をもっているのである。また今後、自治体施策についての国際入札もひろがる。このような自治体国際法務がつみあげられていくとき、自治体自体も国際法の法主体として成熟していくであろう。

自治体の国際政策ないしこの国際法務をめぐっては、最後には、

(1) 自治体の国際政策が国法と抵触するときどうしたらよいか

(2) 国際政策の主体としての自治体は国際法で有権的たりうるか

の二点に集約されていこう。

以上の二点をめぐる解答としては、

① 自治体の国際政策は、国法、国際法のいずれにたいしても無力である

② 自治体の国際政策は、国法を変えつつあるように、国際法も変えていく

のいずれかが予期される。①は自治体の国際政策を想定もしていなかった既成学説のくりかえしにすぎない。むしろ②をめぐって、すでに次の論点がうまれている。

国連の『国際人権規約』やＩＬＯ、ＷＨＯなどの国際専門機構が条約、宣言、提言というかたちでうちだした政策基準（国際基準＝インターナショナル・ミニマム）は、今日では国の政策基準（国基準＝ナショナル・ミニマム）にたいしてだけでなく、国境をこえてすべての人々を普遍的に個人として対象としはじめたかぎり、同時に、直接、自治体の政策基準（自治体基準＝シビル・ミニマム）と関連してくる。もし国基準の改定が国際基準にたいしてたちおくれているとき、自治体は国際基準に直接準拠した自治体基準の策定も必要となる。もし自治体が、環境や福祉の基準、さらには「難民」の受け入れや「無防備地域」など国際基準をふまえた政策決定・条例制定をお

こなうとき、これを、裁判所は違法とみなしうるか、という新しい問題点がでてくることになる。こうして、自治体法（条例）、国法、国際法の関係の見なおしがはじまる。

のみならず、現実に、自治体による国際活動が活発になれば、当然、自治体レベルをめぐって国際ルールがやがてつくられてゆき、その結果、この自治体レベルの国際ルールに対応して、国法、国際法いずれもが変っていかざるをえなくなる。自治体国際法務という新しい領域がうまれるかぎり、法学の再編はもちろん、この実務に対応できる自治体職員の厚い層の育成がのぞまれる。

これらの過程で、やがて世界自治体議会といったような組織がうまれ、国連にも、そのふさわしい位置をしめていくことを想定しておく必要があろう。現在、国連で『国際自治体憲章』が策定中であるが、すでに活動している「世界自治体連合」（ＩＵＬＡ）とは別に、国連にしかるべき位置をこの世界自治体議会はもつと想定しておきたい。この点については、ＥＣによる一九八五年制定の『ヨーロッパ自治体憲章』ならびに一九七五年発足の「ヨーロッパ自治体会議」の位置が参考になろう。

自治体の政府としての国際活動がつみあげられて国際ルールができあがれば、やがて「自治体国際法」がうまれ、自治体の「外交権」も理論として定着することになるはずである。

＊

国際活動は、自治体、国というような「制度」を媒介とした「政策」の次元だけではない。ある日ある所での、ふとした心あたたまる個人のふれあい、あるいはその想い出こそが、国際活動の原点であろう。また、個人における、自由・平等、自治・共和という市民精神の成熟も、国際活動には不可欠である。だが、今後、市民、団体・企業、ついで政府としての自治体、国、国際機構という各レベルの重層性をふまえた国際政策のあり方、あるいは国際政策相互間の緊張が問われつづけられるだろう。

日本の自治体は、国際政策をもちはじめたばかりだが、すでに国際的にみてもひときわ先駆性をもち、原型となるような国際活動をつみあげつつある。日本の自治体の明日を期待したい。

法学 8 現代法と政策法務

〈1〉 現代悪法論の提起

現代悪法論という問題設定は刺激的である。ここで、悪法論というかたちで提起したい論点は、変化のスピードがはやくなっている都市型社会の今日、「行政法」、この行政法によって直接間接に実効的となる、福祉法、都市法、環境法、また経済法、文教法など個別政策領域の「社会法」を中心とする国レベルの現行成文法は、法改革がたえずおこなわれないかぎり、時代の要請に対応できないという事態である。これを、成文法の規範性の現代型危機といいなおしてもよい。ここに、「政策法務」ないし「政策法学」の展開が急務となってくる。

都市型社会の今日もなお、大学における講壇解釈、それも裁判における法廷解釈を前提とする日本の法理論は、法政策というかたちでようやく、法の欠如をうめるための立法論にとりくみはじめたとはいえ、法律つまり国レベルの国法としての成文法をあたかも「完璧であるかのごとく」（ウェーバー）想定してきたのではないか。法解釈においては、「規範としての法」を設定することから、心理必然的に正法観念を前提とせざるをえない。

この「規範としての法」をめぐる法解釈にたいして「事実としての法」を対象とする法社会学においても、日本では、正法観念を前提としていたように思われる。「事実としての法」自体の、具体的かつ構造的な欠陥を問題にしてこなかったからである。マルクス主義法学がうたわれるときも、いわば理論によって理念化された「ブルジョア正法」が批判されるにとどまった。

時折、法の欠如（欠缺）が問題となることがある。法学辞典にもその項目があり、法哲学でも論じられることがある。だが、この法の欠如は、正法を前提としたうえでの欠缺にすぎないのである。

法理論を一歩つきでて法現実にふみこめば、日本の現行成文法としての国法の具体的〈欠陥〉について、当然、国会での政治として論じられ、近時は市民活動あるいは自治体から、ついで国際間でも、批判がなされている。また、実際、国会ごとに多数の法改革がおこなわれている。にもかかわらず、成文の国法自体の欠陥が、理論として整理されたかたちで、包括的に問われたことはいまだない。この意味で、日本の法理論は、法社会学・法哲学をふくめて、正法観念を明示・黙示の前提としてきたのである。ここでいう成文法の〈欠陥〉についてはタブーとなっていて、思考停止におちいっていたといわなければならない。

このような正法観念、つまり成文の国法はかならず正法であるという法のとらえ方には、日本において、これまで国法がはたしてきた歴史が、その背景にある。

日本における近代法、つまり国法としての成文法は、明治維新、さらに敗戦後の戦後改革においても、明治憲法、新憲法をはじめ上からのオカミ＝国家による近代化革命をにない、国法が国民にたいする先導性を発揮してきた。そのとき、国家の法ないし国法という成文法は、絶対・無謬とみなされたのである。日本の法理論は、天皇の法であった戦前はもちろん、戦後すらも「国会」の法ではなく〈国家〉の法をかかげるため、法を絶対・無謬の「正法」とみなす、オカミによる官治の理論ないし啓蒙の学であった。市民を起点とする立法ないし法改正、また法運用は想定もされなかったのである。

一九六〇年代以降、ようやく、日本における都市型社会の成立、それにともなう自治・分権型の新慣ないし法意識がうみだす市民活動の展開、さらに革新自治体の群生によって、現実の成文法つまり国法が時代の要請にこたえていないという、その構造欠陥が具体的にあらわになりはじめた。この画期的事態については、すでに、拙著『市民自治の憲法理論』(一九七五年・岩波書店)、ついで法社会学会編『日本の法社会学』(創立三〇周年記念号、一九七九年)の拙稿「現代政治と法社会学」(拙著『都市型社会の自治』一九八七年・日本評論社所収)でまとめておいた。その後、以上の事態はさらにふかまっているため、この法理論のタチオクレをきびしく問う必要がある。

〈2〉　現行成文法の構造欠陥

ここであらためて、一九八〇年代も終りという時点にたって、現行成文法の国法としての構造欠陥をみておこう。この構造欠陥の露呈は、都市型社会への移行にともなう成文法の規範性の現代型危機として、位置づける必要がある。

現在、国民主権の制度手続として、政治の基本をなす選挙法が市民の主権性を否定するベカラズ集にとどまり、また議員定数配分についても農村過剰代表のため法としての正統性をうしないつつある。政治の原基をかたちづくる税法も、とくに担税度あるいは捕捉率をめぐって、批判に耐えない構造になっている。この事態は、どのような改正をのぞむにしろ、共通の理解となっているではないか。

そのうえ、行政法は、従来から問題となっているのだが、縦割省庁主導の「官治・集権」構造は、機関委任事務ないし通達・補助金あるいは許認可・行政指導という行政手法の温存、さらに情報公開・行政手続の制度開発の未熟をはじめとして、〈分権化〉への抑止条件となっている。また、成文法全体の「閉鎖」構造は、ひろくは世界政策基準への対応、さしあたっては出入国管理、貿易管理あるいは弁護士、医師、教師あるいは公務員の資格などをめぐり、日本の法制の〈国際化〉の阻止条件となっている。

社会法としての、福祉法、都市法、環境法についていえば、一九六〇年代以降、個々の改革がつみあげられてきたにもかかわらず、その骨格をなす官治・集権構造のみなおしを必要としていることは、所管省庁の厚生省、建設省、環境庁がよく理解している。そのうえ、福祉法については、地域医療・保健との関連づけが不可避となっているだけでなく、公務員、大企業職員から農民まで階層間の制度格差がはなはだしい。都市法についても、市町村の権限強化が中心課題となっているのみならず、都市計画法、建築基準法の底抜けは周知である。環境法については、現行法が後手後手になって、たえず現実の要請からのタチオクレが問題となっている。

さらに、農水省所管の『農業基本法』も日本経済の国際化を背景に再編を必要としているのは当然であり、文部省所管の『教育基本法』については拙著『社会教育の終焉』（一九八六年・筑摩書房）にのべておいたが、農村型社会の発想にとどまる。そのうえ、先端技術へのアプローチにたちおくれ、また脳死や知的所有権からはじまる未開拓の新しい広大な法領域がひろがりつつある。

以上のように、現行の成文法が問題点にみちみちているとすれば、もはや「正法」観念を想定した「規範としての法」という、これまでの安易な法イメージ自体が破綻したといわざるをえないであろう。

では、どうして、現時点で、現行成文法の構造欠陥が噴出してきたのだろうか。

第一には、日本における都市型社会の成立である。古代にはじまり、明治以降もつづいた農村型社会が、一九六〇年代以来、都市型社会に移行するという大転換である。このため、成文法の再編が不可欠となり、つぎの論点がでてくる。

(1)　法律前提の転換　　国法の前提を、国家観念によって閉鎖された農村型社会から、国家観念を突破して国際的にひらかれた都市型社会に転換すること

(2)　法律構成の転換　国法の構成原理を、市民活動の成熟とあいまって、国家統治＝官治・集権型から市民自治＝自治・分権型に転換すること

第二に、成文法としての行政法ならびにそれによって直接間接に実効的となる社会法は、都市型社会を反映して、次にみるような国法固有の問題性を宿命としてもっている。

①　低位画一性　全国規模の最低基準であるため、地域個性をいかせない低位画一性をもつ。
②　省庁縦割性　各所管省庁の縦割系列で立案され、通達・補助金、許認可・行政指導によって運用される。
③　時代錯誤性　政財官の既得権とむすびつくため、社会の加速する変化にたいして必要な改革がおくれる。

この第一、第二の条件に、成文法の規範性の現代型危機が出現しているのである。これは、都市型社会の成熟にともなって必然となった成文法の構造欠陥の露呈である。

「事実としての法」にとりくむはずの日本の法社会学が、日本の「事実としての法」の以上のような問題点をとりあげていく緊急性を強調したい。この論点に日本の法社会学がとりくめなかったのは、日本の法社会学が、都市型社会の政策法としての行政法・社会法をこれまでその主要対象からはずし、農村型社会を前提に民法をモデルとしてきたためと思われる。だが、今日、成文の法律つまり国法の全体をみるとき、六法全書の頁数の圧倒的多数をしめていることからも理解できるように、行政法・社会法へのとりくみが不可欠なのである。

〈3〉　一般法・基本法・政策法

明治以降も、日本で「法」というとき、伝統発想による〈自然〉のなりゆき、あるいは〈天〉という宇宙理念とむすびついて、現行成文法の実態を無視した正義とか規範という法ユートピア、いわば日本型ともいうべき正法観

念を仮定してきた。とくに国法については、絶対・無謬・包括という国家観念が、この日本型正法観念を加重する。そのとき、法のモデルとしては、成文法としてあまり変化しない民法ないし憲法を想定し、政策にもとづいてたえず変化すべき行政法・社会法つまり《政策法》をモデルからはずしてきたのではないか。

都市型社会となれば、政策法としての行政法・社会法が国法の圧倒量をなすのである。現代のいわゆる「法のインフレ」とは、政策領域の拡大にともなう行政法・社会法の洪水をさしている。

政策法が、第2節でのべたように、都市型社会ではたえず悪法になるという構造必然性をもつとするならば、これにたいする市民の批判は当然であろう。このため、市民から立法という法改革がたえず要請されることになる。事実、国会による毎年の新立法ないし法改正によって、成文法としての行政法・社会法はたえず変っているのである。

このため、国法については、私法、公法、社会法といったような旧来の領域別法類型と異なった構造別法類型として、図8-1のような一般法、基本法、政策法という法類型の再編を提唱したい。

一般法　「近代」の市民社会だけでなく、さらにローマ法以来、交換・分業社会での共通の型を持つ、民法・刑法である。「現代」の今日では、この一般法は、政策法の量・質における拡大によって、法論理学的性格をもつようになると同時に、他方、民法自体も利益考量というような政策型解釈（政策考量!?）、あるいは刑法でも治安立法による政治罰にかわって行政技術としての行政罰（政策罰?!）の増大にみられるように、政策法的運用へと傾斜していく。

基本法　政策の政治枠組をかたちづくる自治体の基本条例、国の憲法、国際機構の憲章つまりファンダメンタル・ローである。この基本法は自治体、国、国際機構の各政府レベルの政治枠組を設定している。だが、その規範性はまた逆に政策法のあり方に具体的に依存する。なお、日本の教育基本法、農業基本法などは、基本法という名

図 8-1　国法類型の考え方

	領域別法類型	構造別法類型	
政府レベル	公　法	**基本法**	憲法（政府の組織法）
〈中間〉	社会法	**政策法**	行政法＋―社会法―労働法／福祉法・都市法・環境法 ―経済法 ―文教法 ―税法・警察法・軍事法
市民レベル	私　法	**一般法**	民法・刑法（市民社会の一般法）

の、それこそ特定政策発想による政策法にすぎない。

政策法　政策法は、自治体、国、国際機構の各政府レベルにおける政策立案・執行の基準となる、制度基準をふくむ「政策基準」である。政策・制度基準としての政策法は、市民からみて自治体、国、国際機構の各政府それぞれの活動ないし政策に定型性・可測性をあたえていく。

以上の法類型について、図示すれば図8－1のようになる。

留意すべきは、いわゆる「法」の執行という擬制はありえないことである。政策法についていえば、自治体、国、国際機構は、それぞれが立案した「政策」を執行する。それゆえ、国法としての政策法は国の政策の立案・執行をめぐって成文化された国レベルの政策・制度基準なのである。自治体の条例、国際機構の条約（多国間）もおなじである。法が執行されるのではない。各レベルの政府の政策が立案・執行される。この立案・執行についての成文の政策・制度基準が政策法である。

法社会学においては、これまで成文法を〈裁判基準〉と位置づけてきたが、これは法社会学が民法を中心とする一般法モデルを主流としたためである。この行政法＋社会法・経済法・文教法などという政策法をとりあげるとき、この政策法は、法として最終的には裁判基準となるが、さしあたり政府・行政機構の〈政策・制度基準〉であることを強調したい。

政策法は、第2節でのべた意味で、第一に、長期的にみて、都市型社会に対応しうるよう今後再編しうるとしても、さしあたり日本の今日の時点では都市型社会への対応ができていないこと、また第二の、短期では、①低位画一性、②省庁縦割性、③時代錯誤性という構造欠陥をもつのは、政策法の法としての宿命であること、を確認しなければならない。

政策・制度基準としての政策法については、社会の変化につれて、解釈対立というかたちでたえず解釈しなおされるだけでなく、既成法のたえざる悪法化のゆえに、基本としてはたえず立法ないし改正されなければならないという、社会工学型発想が不可欠となる。ここで、旧来の解釈論が前提としていた日本型正法観念は崩壊する。

〈4〉自治体法・国法・国際法

法概念については、近代化をめざした国家による制定法つまり国法としての成文法が、これまでその原型とされてきた。だが、都市型社会の成立、ついで自治体の課題増大、国際社会の独自機構化もあって、分権化・国際化がひろく時代の課題となった今日、この成文法は国法のみにかぎられない。つまり、この国法を、おなじく成文法としての自治体法、国際法との三極緊張の関係で位置づけるという課題が、日程にのぼってくる。この事態は、絶対・無謬・包括と考えられてきた官治・集権・閉鎖型の国家観念ないし国家主権観念の崩壊をともなっている。

まず、〈自治体法〉(前掲拙著『市民自治の憲法理論』一七七頁以降参照)の提起は、なによりも、正法観念にもとづいた憲法→法律→条例というような官治・集権型法段階論の破綻となった。

もし国法が、時代の課題に対応しえずして、欠如(欠缺)するだけでなく、とくに①低位画一、②省庁縦割、③時代錯誤という構造欠陥をもつ悪法のとき、私たち市民はこれにどのように対処すべきであろうか。そのとき、市民は、この悪法にたいする批判として、国レベルの国法の改正→立法、さらに国会ないし政府の転換にとりくむのはもちろん、さしあたり自治体レベルにおける①国法の運用（選択・複合、解釈）さらに②自治立法をおしすすめ、ここから③国法の改正にとりくむ、ということになる。この①②③が自治体の政策法務の三課題である。「悪法も法なり」という諦めにおちいることはできないのである。

そのとき、条例という自治体法は、国法の構造欠陥に対応して、

(1) 低位画一の国法にたいする「地域個性」の展開

(2) 縦割省庁別の国法にたいする「地域総合」の発揮

(3) 時代錯誤の国法にたいする「地域先導」の提起

となる。そこに、自治体法によって自治体独自の課題ないし権限・財源・責任が設定される。自治体法は、官治・集権型の既成法段階説がのべるように、国法に下属するのではなく、独自の課題ないし権限・財源・責任による法域をもち、さらに国法を独自運用して、国法改革を先導する。このとき、各自治体はその基本条例・自治体計画を基準として国法の選択・複合、解釈、ついで自治立法をおしすすめるため、自治体ではこの基本条例・自治体計画は国法の〈上位規範〉となる。

国際法についても、現在、二国間条約を中心とする時代は終っていく。国連ないし国際機構による国際立法――国際人権規約、国際難民条約をはじめ、あるいはＷＨＯ、ＩＬＯ、赤十字などの国際専門機構による福祉・都市・環境、経済・文教ないし人権・平和にかんする世界政策基準をめぐる国際立法の時代にはいってきた。法ないし政策基準の国際化の時代になってきたのである。

今日、二国間条約と国際機構による国際立法との間には、いわゆる国レベルと国際機構レベルという政府レベルの相違があることを確認しておかなければならない。それゆえ国家主権の名によって、国際法を水際でせきとめるという閉鎖国家の時代は終り、ここでも国法至上主義は破綻する（第[7]章参照）。むしろ世界政策基準としての国際

法によって国法は国際平準化されていく。

政策法をめぐって法というとき、シビル・ミニマムをめぐる自治体法、ナショナル・ミニマムをめぐる国法、インターナショナル・ミニマムをめぐる国際法という三極構造の理解が不可欠となった。ここからも、法概念の転換がおきる。今後、各国の裁判所は国家機関というよりも、各国内での自治体法、国法、国際法の間の制度調整機構となっていくだろう。

これまで、国法が成文法概念を独占し、法と社会、法と政治というような対置法における法とはもっぱら国法であった。だが、今日の都市型社会では法は国法のみでは完結しない。今後は成文法ないし法は、自治体法、国法、国際法へと三分化する。国法はそのとき、自治体法、国際法によって批判されるという緊張関係にはいっていくのである。

〈5〉 法理論と法務政策

日本の法理論は、第1、2節でみたような歴史・理論の背景のもとで、正法とみなされる国法の解釈論が主流をなしてきた。だが、自治体法、国法、国際法をふくめて、成文法は絶対・無謬の正法ではない。そのうえ、政策・制度基準としての政策法を中心に考えていくならば、一般法、基本法をふくめて、ひろく政策による〈法運用〉ないし《法務政策》という考え方を導入する必要がでてくる。すでに憲法については憲法政策という言葉がつかわれている。法は市民ついで各レベルの政府の法務政策によって運用されているのである。

法運用は、各レベルの政府の法務政策とむすびついている。この法務政策による法運用は、くりかえしのべてきたように、特定の政策解決をめざした法解釈、新立法だけでなく、まず法選択・複合から出発する。この法選択の事例として、道路に自転車が放置されているときを考えたい。この自転車を、ゴミとみるときは清掃法、交通妨害とみなすなら交通法、遺失物とみなすときは遺失物法などなどというような、法ないし所管の選択が、そこにおきる。のみならず、さらに法ないし条文の複合は、政治・行政の現場では、今日の複雑な福祉・都市・環境、あるいは経済・文教、また人権・平和にいたる法の全領域で、たえず、おきているのである。

以上の①法の選択・複合・解釈ついで②新立法をふくむ法運用ないし法務政策は、当然、自治体レベル、国レベル、また国際機構レベルの政府・行政機構における不可欠の課題である。いわゆる政策法は、自治体レベル、国レベル、国際機構レベルで、相互に抑制均衡という緊張をもちながら、それぞれのレベルの政府政策の責任にもとづいて運用されていくのである。成文法は、その「選択・複合・解釈」「立法」をめぐって、各レベルの政府の法務政策によって運用されるといわなければならない。この各政府レベルの法運用の基準がまた各レベルの政府の基本法ないし長期・総合の予測ないし計画なのである。

いうまでもなく、政策法の運用の枠組としては、各国の「一般法」、各政府レベルの「基本法」があるが、この枠組に規制されながら、「政策法」は自治体、国、国際機構の各レベルの政府によって運用される。

この法運用ないし法務政策の公開基準として、自治体レベルでいえば、自治体は

Ａ　基本条例　（法運用の基本基準）

Ｂ　自治体計画（法運用の調整基準）

を策定しなければならない。その結果、これまで国レベルにおいて内閣法制局・法務省を中心に、「国家の秘術」となっていた〈法運用〉の法務技術は、国の国会はもちろん、自治体レベルでも習熟するとき、ひろく市民に公開されることになる。

ここから、国レベルだけでなく、自治体レベルにおいても、裁判に対応する「訴訟法務」とは別に、法運用のた

めの「政策法務」の確立とその要員養成が緊急となってきた（第⑥章補論参照）。自治体にも、法務委員会ないし法務室が不可欠なのである。

法務政策は訴訟法務と政策法務からなるが、政策法務が基本である。とくに政策法務は、自治体が政府としての政策主体となるため急務となっている。というのは、国法の全国画一、省庁縦割、時代錯誤という事態のなかで、自治体の政策展開には法務政策の確立が不可欠だからである。各自治体は独自政策についての政策法務を確立しないかぎり、その権限・財源の独自運用はできない。

法理論は、解釈にとどまらず、法の選択・複合また立法をふくむ〈法運用〉の《政策法学》となることが必要となる。法務は、国レベルにとどまらず、市民レベルを基礎に、自治体レベル、国際機構レベルをふくめて展開されるが、そこでは、法務政策ないし政策法務が法の選択・複合・解釈ついで立法をめぐる法運用の中核となる。日本における都市型社会の成立にともなう分権化・国際化を背景に、解釈論・立法論のみならず、それをふくめた政策法務として、法の運用ないし法務政策が、ひろく今日問われていると考えたい。今日、明治以来の解釈・立法という二分法をこえて、それをつつみこむ法運用としての法務政策が、問われているのである。

*

法をめぐるこの現代型論点へのとりくみは、法学全体の今後に期待される課題であるとともに、また政治学の課題でもある。政治学は、戦後、サイエンスをめざして政治過程の実証研究を中心に展開されてきたため、政治学の本来の課題であるポリティクスとしての政策・制度論に今日も未熟であるが、この政策・制度論の領域では、以上にのべたように、自治体法、国法、国際法という三極緊張における法務政策ないし政策法務の位置設定が緊急となる。

9 行政・行政学・行政法学

〈1〉 行政学と行政法学の問題状況

戦後も半世紀、この間、時折スレチガイがみられたが、行政学と行政法学との本格的な対話は、不幸にもおこなわれてこなかった。おなじく、行政ととりくみながら、なぜ行政学と行政法学とのあいだに対話がなかったのだろうか。その理由は、戦前からの伝統をもつ行政法学があまりにも官治型であり、戦後に実質的な出発点をもった行政学はあまりに若かったからであろう。

日本が都市型社会にうつる一九六〇年代から官治型行政法学の再編は誰がみても不可避となっていた。だが、それから三〇年、ようやく一九九三年、不充分ながらも懸案の『行政手続法』の制定をみ、「地方分権枠組法」の策定も日程にのぼって、行政法学の理論構成の転換が急務となる時点をむかえるにいたった。若き行政学も漸次理論としての蓄積をかさね、政財官複合をめぐるあいつぐ構造汚職の露呈、ついで自民党長期政権の崩壊もあって、ひろく政治・行政の再編をその理論課題とせざるをえなくなっている。ここから、あらためて、行政法学、行政学のいずれもが理論としての実効性を問われることになった。

行政法学は、憲法学とともに、明治国家ないし『帝国憲法』の定着を背景に、帝国大学法学部における講壇理論として成立する。戦前としてはリベラルといわれた美濃部理論も、周知のように一九世紀ドイツ法学の理論構成を原型とする、国家統治型の官治・集権理論であった。

戦前の行政法学における国家統治＝官治・集権型の理論構成は、『新憲法』の制定にもかかわらず、戦後もひきつがれ、国ついで自治体の公務員養成用の中枢理論となってつづく。日本の行政法学は、新憲法制定による外見の修正をおこなっただけで、農村型社会プラス国家統治という戦前の理論体質をひきついでいた。それゆえ、日本が都市型社会に移行する一九六〇年代にはいって、有史以来最初の市民活動の出発、自治体改革の展開をみ、行政法学は憲法学とともに理論破綻をおこしていく。この事態は、一九七五年、拙著『市民自治の憲法理論』（岩波書店）で整理し、理論構成つまりパラダイムの転換を提起した。

当時の問題提起が行政法学に衝撃であったにもかかわらず、その後もこまぎれの状況対応がつづくにとどまり、行政法学の理論構成全体の再編・転換を内部からうみだしえなかった。一九九二年におよんで、阿部泰隆の『行政の法システム』（上下・有斐閣）が、「日本の政治・社会の病理現象・欠陥のかなりも行政法システムの欠陥と連動」しているとして、「法の欠陥を構造的に明らかに」しはじめる。戦後半世紀にして最初の、行政法学内部からの問題設定であろう。歓迎したい。

他方、日本の行政学は、明治の前史は別として、一九二一年（大正一〇年）、東大の蠟山政道、京大の田村徳治が行政学の講座を同時にひらくというかたちではじまり、それぞれ辻清明、長浜政寿らにひきつがれて戦後の行政学を準備し、その後戦後世代が育ってくることになる。行政学の今日の水準は、西尾勝『行政学』（一九九三年・有斐閣）にしめされているが、本書には行政学の成果一覧がのっており、行政学の理論蓄積も一望できる。

以上の行政学と行政法学のそれぞれの歴史からくる相互分断と同様の不幸な関係は、政治学と憲法学、また国際政治学と国際法学との間にもみられる。

日本の戦後政治の基本法理論を提示すべき憲法学についてみれば、行政法学とおなじく明治憲法を背景にもつ国家統治型の理論蓄積が主流をなしているため、ここでも、政治学の若さとあいまって政治学との対話が閉ざされてきた。政治学は、丸山眞男が敗戦直後の一九四七年、「科学としての政治学」（同著『現代政治の思想と行動』一九五七年・未来社所収）でのべたように、戦前の政治学をラジカルにみなおすという再出発を提起した。天皇制の禁忌・検閲のもとで未熟にとどまり、そのうえ状況便乗すらおこなわれたという反省がそこにあった。

いわばゼロからの出発といったきびしい出発点を、戦後の政治学は、ひろく行政学、国際政治学をふくめて、設定していたのである。そこには、戦前の国家統治型理論構成を温存させた憲法学、行政法学、国際法学の戦後史とは異なった歩みがあった。このため、政治学と憲法学の間にも、対話どころか交流も充分おこなわれていない。政治学と憲法学、行政学と行政法学、国際政治学と国際法学との関係はいわば同型なのである。

とくに、憲法学は、前掲拙著でのべたように、戦前とおなじく憲法を「国家統治の基本法」と位置づけ、また今日も国レベルの政府を「統治機構」とみなしているのだから、戦後五〇年つまり半世紀における人権・平和の論理の展開にもかかわらず、国民主権はたえず〈国家主権〉に転化させられるという理論構成から脱却できていない。このような憲法学主流の国家統治型理論構成は、明治憲法を今日もひきついで、新憲法違反となっているといわざるをえない。「市民自治の基本法」としての憲法を想定できなかったのである。

そのうえ、国境をこえた普遍人権である人々（people）の基本人権を「国民」（nation）の基本人権と設定してきたため、今日では対内・対外双方の国際化にたいする対応力を日本の憲法学はもっていない。すでにはじまっている自治体の国際政策による自治体外交の理論化にもとりくみえない。いわば閉鎖国家型の一国人権・平和理論だったのである。当然、ここからも憲法学の理論転換が不可避となっている。

この憲法学・行政法学・国際法学の国家統治型理論構成は、明治以来の官僚養成用理論という特性をしめすことにあらためて留意したい。明治以降、帝国大学法学部の中枢は官僚の統治技術としての法学におかれ、政治学は官僚の教養という位置をもっていた。そのうえ、敗戦による占領が戦前の行政機構を温存する間接統治であり、戦後改革も戦前官僚の主導であったため、国家統治型理論構成も存続してしまった。ここが、前述した政治学の戦後再出発との違いなのである。

だが、戦後の政治学は、戦前への反省から、サイエンスをめざす「実証分析」としての〈政治過程〉論にかたむいて、政治学本来の課題領域であるポリティクスとしての〈政策・制度〉論を軽視したかぎり、政治統合ないし政策・制度の基本法をめぐる憲法理論を欠き、これに習熟しえなかった（第⑩章参照）。政治学からも、法学へのアプローチの接点をみずから閉ざしてきたのである。

以上の論点は、あらためて拙著『政策型思考と政治』（一九九一年・東京大学出版会）でのべ、自治体、国、国際機構という政府の三分化をふまえた、政治と基本法、ついで行政と行政法の統一把握をめざした理論の構想となっている。

つぎに、政治学と憲法学、行政学と行政法学、国際政治学と国際法学との間には、以上にみた日本における歴史背景とは別に、本来の緊張がある。というのは、政治学、行政学、国際政治学は存在論的アプローチ、憲法学、行政法学、国際法学は、規範論的アプローチという、とくに新カント派以降先鋭となってドグマ化された方法論の対立がある。これは周知の論点である。

この方法の相異を安易に承認するとき、かつてドイツのイェリネクにおけるような「存在論」「規範論」の二方法の併存という「二面説」となる。ここから、その方法純化をめざしたカール・シュミットのいわゆる純粋「政治概念」とケルゼンのいわゆる「純粋法学」との対立がうまれた。第二次大戦後のアメリカでもこの純粋化は、システム型の政治学・行政学と分析論理型の法学というかたちでその変形はつづく。だが、存在と規範の純粋化された二元論では問題回避となるだけである。

近代におけるいわゆる国家の形成を前提に、市民革命によって理論化された、政治における基本法原理、ついで行政をめぐる法治原理をここで想起しよう。

国際政治学・国際法は本章では一応括弧にいれるが、政治学・憲法学はともに、政治による基本法の制定、基本法による政治統合の枠づけ、行政学・行政法学もともに、行政による行政法の立案・執行・評価（決定は議会・長）、行政法による行政への制御のシクミをとりあつかわざるをえない。それゆえ、今日ひろくみられる、実証分析としての〈過程〉論――政治過程論・行政過程論は、いわば基本法（憲法）論なき政治学、行政法論なき行政学といってよいだろう。この〈過程〉論は、「存在論」型の実証理論をめざすため、法の策定・運用を不可欠とする「規範論」型の〈政策・制度〉論を切りおとすことになってしまう。

当面の主題である行政学に即していえば、行政学は行政法自体をも存在としてとらえ、この「存在」としての現行行政法の実態についての実証分析をふまえながら、現行行政法の改革をめざす「規範」型の政策・制度論をつくりだす必要があるのではないか。日常の行政が行政法を規範としているかぎり、行政法の問題点は行政自体の問題点なのである。当然、行政の欠陥はまた行政法自体の欠陥でもある。行政と行政法は、のちにのべるが、〈現場〉では区別できない。行政の改革はかならず行政法の改革となる。

「現行」行政法の問題点・欠陥にするどくきりこみえないとき、行政学は行政の「現状」を実証的にえがこうとしても、かえって対象をみうしなって図式考察になる。他方、行政法学は「現行」行政法の絶対・無謬を想定する教義学としての行政神学となる。

今日、都市型社会の成熟とみあって、国レベルの国法としての行政法は、これまでの法学発想では想定もされなかったのだが、①全国画一、②省庁縦割、③時代錯誤という問題点を構造欠陥として露呈してきた。その結果、法文としての既成国法を前提とする古典形態の法治原理は崩壊していくのである。なぜなら、行政が既成国「法の執行」ないし既成国「法の支配」であるとき、国の行政は自治体をふくめて①全国画一、②省庁縦割、③時代錯誤となってしまうではないか。

ここに、国レベルの行政法の構造問題が危機としてあらわれる。とすれば、国法を自治体法、国際法との緊張関係におくとともに、国法としての行政法のたえざる再編、それゆえまた行政自体のたえざる革新が不可欠となってくる。行政学あるいは行政法学が、都市型社会からくる行政革新という今日的要請にこたえて、知的生産性をもちうるとすれば、大胆に、この行政ないし行政法の革新という領域にふみこまざるをえない。「存在」と「規範」の分裂に還元できない、行政学・行政法学の共通課題は、この行政革新にある。

行政革新において、行政学・行政法学の対話ないし交流・協力の「必要」が日程にのぼる。そのうえ、行政革新は、行政機構の〈現場〉だけでなく、〈政府〉をめぐる政治変動がかかわるとき、政治学・憲法学の問題領域につながっていく。また、国際化の関連でも、国際政治学・国際法学も当然関係する。

一般に、政策・制度の革新は図6-1（本書一九五頁）のような争点化・政策化・制度化という三角循環をなし、政治・行政過程の中でくりひろげられる。都市型社会における社会変化の加速によって、たえず政策・制度の革新においこまれる今日、この政策化・制度化をめぐって、〈法制化〉という制度改革がたえず日程にのぼることになる。それゆえ、政治学・行政学・国際政治学も、過程論的アプローチにとどまることなく、政策化・制度化をめぐる規範論的な法学思考訓練が不可欠といわざるをえない。

日本の憲法学・行政法学・国際法学は、これまで、国法を絶対・無謬とみなした解釈論中心の現行国法至上主義においりがちで、制度としての現行国法の再編をめざす立法論には否定的となっていた。のみならず公務員養成用理論ないし省庁御用の行政イデオロギーになりがちであった。とすれば、法学には、行政学との協力はもちろん、政治学、国際政治学との協力も不可欠である。

この指摘にたいして、行政法学からは、最近は多様な新展開があるとの反批判をうけるかもしれない。だが、いまだ行政法学の理論構成の転換はみられず、状況対応の微調整にとどまっている。もし、この程度の新展開をみとめるとしても、現状はさらにきびしい論点をもつ。というのは、既成の官治・集権型法理論できたえられた自治体、国の行政職員ないし官僚が今日の行政機構をかたちづくり、また裁判官、弁護士もおなじくこの理論で育っているのであるから、新理論の浸透・定着には世代交替ともいうべき三〇年はかかることになる。事実、日本の自治体、国の各レベルにおける行政の現場には既成理論がはびこっているため、今日も行政革新ついで政策開発・研修改革のさまたげとなっている。

とすれば、「行政法」をふくむ現実の《行政》と、理論である行政学・行政法学とを区別したうえで、都市型社会における《行政》ついで行政法の再編ないし行政革新をめぐって、行政学・行政法学の理論責任が問われることになる。

〈2〉　都市型社会における行政

では、行政学、行政法学が理論課題としている《行政》を、どのように位置づけたらよいのだろうか。都市型社会における行政の位置をみさだめないかぎり、行政学・行政法学の今日的視野がきりひらけない。

通説による行政の定義には、これまで、消極説と積極説とがみられ、行政関係刊行書の巻頭をかざってきたことは、よく知られている。

消極説とは、「国家機能」から立法、司法を除くという、いわゆる行政残余説である。これは、絶対君主のいわゆる国家統治権から立法、司法を自立させた立憲君主制の成立経過を反映している。しかも、この考え方は日本の今日では、三権分立というかたちをとって、行政権に立法権、司法権を介入させないという行政独善、いいかえれば国民主権ないし国会の空洞化をもたらす官治理論となっている。この定義は最後には行政機構の活動が行政であるという同義反復となり、思考放棄の定義となる。

積極説は、行政を「公共の福祉」を直接推進する国家機能とみなす、行政の目的論的定位である。この定位は、かつて警察国家型国家統治をめざしていたが、今日では行政国家型積極行政を正統化する政治的な定義といってよい。この目的をかかげるかぎり、政府ないし行政機構の個別施策は、「憲法の実現」をめざした善政とみなされ、個人は「公共の福祉」へと強制される。なぜなら、「憲法の実現」「公共の福祉」の内容は、市民自治から出発せず、国家統治つまり国レベルで決定しうるとみなされるからである。

以上の定義は、近代における国レベルの政治装置ないし行政機構をめぐる国家観念の成立を前提に、この国家の発展段階に則した位置づけとなっている。つまり絶対国家（積極説）→立憲国家（消極説）→行政国家（積極説）という流れである。いずれの定義も、行政は、⑴国家観念から出発し、⑵国レベルの行政機構に独占されている。だが、都市型社会にはいった今日、行政の位置は、⑴市民からの出発に変り、⑵政府は三分化するため、国家観念から解放される。都市型社会の成立にともなう、この行政の位置変化をまず考えていこう。

歴史的にふりかえれば、生活条件をめぐって、次のような定式となる。

農村型社会　生活条件の地域自給→**慣習**　　　←共同体・身分

都市型社会　生活条件の公共整備→**政策・制度**←行政機構

農村型社会から都市型社会への過渡の移行期には、近代化をめざすための資源の動員・機動をめぐって、「国家統治」の名における、国の行政機構の先導性が期待されていた。だが、近代化が成熟して、農村型社会から都市型社会への移行をみるとき、「市民自治」が起点となり行政の位置は変ってしまう。

行政は、都市型社会では、市民の生活条件の公共整備つまり社会工学としての「管理」をになう。共同体・身分の慣習は政策・制度によるシビル・ミニマムの公共整備へと変るのである。都市型社会では、社会の「管理」という政策・制度システムが、行政ないし行政機構によってになわれていく。国家ないし行政からの出発ではなく、市民ないし社会からの出発が基本となる。

農村型社会の共同体・身分が崩壊する都市型社会では、社会の「管理」という社会工学的問題状況が成立し、この管理をになう行政機構が不可欠となる。このような管理という行政機構の現代的課題を、「支配（国家統治）から管理（社会工学）へ」の転換というかたちで最初に予言したのが、サン・シモンであった。

都市型社会の今日からみれば、農村型社会から都市型社会へという近代化の推力としての国家、つまりマルクスやウェーバーが「近代」としてとりあつかった国家統治型行政機構（旧官僚制）は、「現代」の都市型社会における社会管理型行政機構（新官僚制）の前史だったのである。

そのとき、この都市型社会の社会管理型行政機構をいかに市民が組織・制御するかをめぐって、〈基本法〉による政府の構成となる。いわば、管理→行政→政治というのが、社会の構造からみたときの行政の位置である。市民の課題からみるときは、政治→行政→管理となる。なぜなら、政府が、市民から信託された権限・財源ついで責任を明示した〈基本法〉にもとづいて、行政機構を組織・制御し、社会を管理するからである。

いうまでもなく、この行政機構は、近代が発明した「官僚組織」として編成され、動員力・機動力ないし効率のたかい機構となっている。「官僚主義」といわれる思考・行動の病理をもち、その独善あるいは肥大・腐敗がたえず批判されるとしても、行政機構は都市型社会の社会工学をめぐって不可欠となっている。

そのとき、市民自治という基本法原理によって、行政機構は市民の「代行機構」、政府は市民の「代表機構」となることに留意しよう。市民が政府・行政機構の「政治主体」であるため、政府は市民にたいして直接責任をもって行政機構を組織・制御する「制度主体」ということになろう。行政機構は、制度主体たる政府の「補助機構」なのである。

都市型社会ではまた、政府は、自治体、国、国際機構へと三分化する。それゆえ、行政機構も、各政府レベルそれぞれ独自の課題に応じて、自治体レベルの行政機構、国レベルの行政機構、国際機構レベルの行政機構へと三分化する（図1-6・本書一四頁、図3-5・本書八九頁）。

各レベルの政府・行政機構の費用は職員給与をふくめて各政府レベルでの〈税〉によってまかなわれ、政府間でも調整される。市民の税こそが政府・行政機構の存在条件なのである。

都市型社会が成熟してくれば、以上の論点が明確となるため、国レベルの政府に想定されてきた、絶対・無謬の主権をもつという国家観念は破綻する。このため、行政の位置も、国家観念からではなく、以上にみたように市民ないし都市型社会の生活構造から出発することになる（本書第2・3章参照）。行政機構は、その課題、権限・財源、責任を、市民が〈基本法〉によって設計する人工装置なのである。それゆえ、神秘の国家観念を前提とする、行政の消極説・積極説のいずれもが、都市型社会では破綻する。

都市型社会で、各レベルの政府の行政機構に期待されている課題領域はつぎのようである。

① 管理型課題（管理による統合）

(a) シビル・ミニマムの管理（社会管理）

(b) 経済・貿易の管理（経済管理）

(c) 機構・情報の管理（行政管理）

② 政策・制度型課題（政策・制度による統合）

(a) 市民活動・圧力活動の窓口（調整による統合）

(b) 計画＋法務・財務（企画による統合）

(c) 権限・財源による執行（執行による統合）

①は市民ないし社会からの、②は①を基礎に政府からの行政への期待である。②は①を前提とする帰結である。都市型社会でのこの①②は、行政機構独自の〈社会工学〉型課題領域である。政府交替つまり革命・政変、あるいは政策転換があっても、この課題領域は継続し、これを行政機構がになう。

都市型社会の《行政》について定義すれば、「行政とは、自治体、国、国際機構の各レベルで、市民が政治・政府によって組織・制御する社会の管理」となる。

そのうえ、都市型社会では、この管理をになう行政をめぐって、国の行政機構による行政の独占も終っている。行政機構は、かつてのような「国家行政」を独占するゆえの特権性はもちろん、今日では自治体レベル、国レベル、国際機構レベルそれぞれで「公共行政」を独占するゆえの独善性も喪失する。

今日、図6-2（本書一九六頁）のように、市民ないし社会が解決すべき政治課題いいなおせば公共政策・公共行政の課題は、①市民活動（地域規模から地球規模）、②団体・企業（地域規模から地球規模）、③政府（自治体、国、国際機構に三分化）によって〈分担〉されるのである。また、公共政策・公共行政の特定領域として政府がになわなければならない政府政策・政府行政にかんする執行においても、今日では、③行政機構だけでなく①市民活動、②団体・企業によって、〈分担〉される。

ここからも、国家ないし国の行政機構の特権性・独善性を想定してきた、行政の旧来の定義は崩壊せざるをえない。事実、都市型社会の膨大かつ精巧な管理は国の行政機構だけでにないうるはずはない。

都市型社会では、いわば行政概念の「革命」がおきるのである。第一が、さきにみた自治体、国、国際機構への行政の三分化であり、第二がここでみた市民、団体・企業、行政機構による行政の三分担である。国家観念による行政概念の独占が、この第一、第二の双方の意味でくずれさったのである。

では、各政府レベルでの行政機構ないし行政職員の課題は何か。それはつぎのようである。

(1) 政治争点の整理・公開
(2) 政策情報の整理・公開
(3) 長の政策立案・評価への参画
(4) 長の政策執行への参画
(5) 法務手続の選択・運用

行政機構は、各レベルの政府ないし長の補助機構として、(1)(2)を前提に、(5)の法務をふまえて、長の責任である(3)(4)という政策の立案・執行・評価への参画をおこなう。政策の「決定」は議会・長による。

そのうえ、行政は前述の「管理による統合」「政策・制度による統合」をになうため、行政をめぐってたえず政治が発生する。市民、団体・企業、ついで政党あるいは政府という政治単位だけでなく、行政機構自体も政治の発生源となる。行政機構は、すでに国家観念によって聖化された特権官僚組織ではない。行政機構は三政府レベルとともに、つぎのような外部・内部からの緊張によって、たえず自己革新をせまられる、未完の組織にすぎない。

① 政治　長・議会の決定↕市民活動、団体・企業の批判・参画
② 課題　政策の執行↕政策の立案・評価
③ 責任　部課の専門性↕政策の総合性
④ 基準　個別決定↕法・準則

⑤　決定　組織の上から下へ↕組織の下から上へ

最近の政治学は、残念ながら、コンピューター・モデルによる入力・出力発想にみられるように、行政をブラックボックスにいれがちなため、行政機構も政治発生源であることをともすれば忘れてきた。だが、行政機構自体が以上の五点から独自に政治をはらんでいる。行政機構をブラックボックスとするような政治学は空洞となり、今日性をもたない。

都市型社会の行政は、管理↕行政↕政治の緊張において位置づける必要を、こうして理解されるであろう。ついで、この行政と法の関係をあらためて考えていこう。

〈3〉　行政における法の位置

行政と法との関係については、近代におけるいわゆる国家の成立以降、法治原理を前提に、行政とは「法の執行」つまり国法の執行とみなされがちであった。

行政とは「法の執行」であるというこの考え方は、君主、議会、人民、あるいは国家観念いずれにせよ、その主権の名において、制定法による国単位の統一支配、つまり国法による「法の支配」を意図していた。その理論表現の最初が、立法を主権の中核においたボーダンの主権観念であった。ホッブズはこの主権観念を社会契約論によって再編し、制定法理論を完成させている。ついで、ベンサムさらにオースティンの影響によって、制定法による法治理論はひろく近代国法理論の中枢をかたちづくる。ドイツ公法学の法実証主義もその影響下にあり、ついには政治を国法に還元する純粋法学にいたる。この法治理論のカラクリは、国家という名の国レベルの政府による一元・統一支配としての国家統治をめざすにあった。

行政を法つまり国法の執行であるというとき、そこには次の三前提があった。①国法の絶対・無謬性、②地域の政治・文化の個性ないし自治体にたいする国法の至上性、③外国にたいする国法の閉鎖性、これである。この三前提が国家主権観念の核心である。

そのうえ、法の執行というとき、行政における個別の行政決定と国法との間には、たえずズレという距離がのこる。このズレのため、行政職員の独自課題として、〈現場〉における行政手法・行政準則・行政手続のたえざる開発が不可欠となる。

だが、日本の公務員養成用テキストでは、(1)「通達」ついで「補助金」を仲介として、このズレがあたかも無であるかのごとくかくされてきた。のみならず、(2)「行政裁量」ないし「行政指導」というかたちで、かえってこのズレが逆用されている。法の支配が国法の執行に還元されるには、このズレをめぐる(1)(2)の二重のトリックが必要であった。

これだけではない。第一に、法律すなわち国法は、政治・政策を排除して、絶対・無謬の法規範に純化されて、法の支配は現行国法至上主義に転化する。第二に、この国法観念から、立法＝議会、行法（行政）＝政府・行政機構、司法＝裁判所という法をめぐる権力分立論をくみたて、この三権のなかで立法・司法に侵害されない行政の不可侵性、ついで行法ないし法の支配にもとづく行政の絶対・無謬性をこの権力分立論からみちびきだす。第三に、この国法観念から、法の執行という名分のもとで、行政手続ぬきで個別の行政決定の絶対・無謬性までもみちびきだし、これがいわゆる「行政行為」の公定性・強制性となっていく。

行政法学における戦前から戦後も五〇年、半世紀つづく官治・集権型理論構成は、このような文脈で、絶対・無謬という神の理性にもにた国家の理性である国法観念から出発していた。行政法学はそれこそ行政神学だったのである。

だが、第8章にみたように、都市型社会では、国家の理性とみなされる国法の絶対・無謬性が崩壊する。国法の①全国画一、②省庁縦割、③時代錯誤という構造欠陥が露呈する。国法はつねに〈悪法〉たらざるをえなくなるのである。

この①②③の構造欠陥は、いかなる理想法をつくっても、国法であるかぎり、宿命として逃れえない三構造欠陥である。この国法の構造欠陥は、これまで行政法学はもちろん憲法学、あるいは法哲学・法社会学が想定もしてこなかった緊急論点である。

国法の①②③という三構造欠陥にたいしては、自治体は、⑴「自治立法」つまり条例としての自治体法の制定、あるいは⑵「自治運用」つまり国法の選択・複合また解釈、さらに⑶自治体主導の「国法改革」をふまえ、自治体政策の①地域個性化、②地域総合化、③地域先導化をおしすすめざるをえない。自治体は国法のたんなる執行下請機関ではもはやない。

都市型社会では、自治体は政府として自立する。自治体は地域における政府として政策開発の主体となるため、この国法の構造欠陥①②③にたいして、⑴自治立法、⑵国法運用、⑶国法改革によって、政策の①地域個性化、②地域総合化、③地域先導化をめざす〈政策法務〉へのとりくみとなるのである。そのときの自治体基準は、自治体基本条例ついで自治体計画である。自治体レベルでは、この自治体基本法としての基本条例、ついで自治体計画が国法にたいする「上位規範」となる。国法中心の法段階理論はここで破綻する。

また、国法の独善性・閉鎖性については、『国際人権規約』をはじめとした国際法つまり国際立法による、各国の国法の国際平準化が要請される段階にはいってきた。この国際法としての多国間開放条約は、①国際人権、②南北調整、③環境保全をはじめとする世界共通課題についての世界政策基準の国際立法なのである。

このため、国法をめぐっては、

(a) 国法のたえざる立法・改正の促進
(b) 自治体法による国法運用の多様化
(c) 国際法による国法の国際調整

が急務となっている。ここから、あらためて、自治体法、国法、国際法という、政府の三分化に対応した法の三分化と相互緊張・連動の確認が必要となる。都市型社会では、法は国法のみでは完結しない。

ついで、行政とは「法の執行」つまり行法ではない。行政とは、三政府レベルで、それぞれの政府課題に対応した〈公共政策〉の調整をおこない、基本法手続によって策定される「政府政策」の立案・執行である（図6－2参照）。そのとき、三政府レベルの政府による〈政策〉の立案・執行の「基準」として、自治体法、国法、国際法が策定されると考えればよい。執行されるのは、基準としての法ではなく、三政府レベルの政府の政策なのである。いいかえれば、行政とは、法の執行ではなく、政策の実現なのである。

法の支配ないし法治原理でいう法とは、変化のはげしい都市型社会では、もはや農村型社会の「永遠の法」（天・神の法）、ついで近代以降の「国家の法」（国法）ではない。法の支配・法治原理とは、自治体法、国法、国際法という三制定法をめぐる、行政の公開性・平等性・可測性の要請である。この行政の透明化としての公開性・平等性・可測性には、各政府レベルの制定法だけでなく、各行政機構の行政準則、行政手続も当然ふくまれる。

ここから、法システム全体の中での行政法の位置づけも変ることになる。私は一九八八年法社会学会四〇周年記念シンポジウムの報告（本書第8章）で、図8－1（本書二四三頁）のように、行政法を「政策法」と位置づけなおすことを提案した。

一般法、基本法と異なって政策法は、現実の政策課題のプラグマティックな社会工学的解決のために、たえず制定あるいは改定されなくてはならない。でなければ、政策課題がたえず変って法が時代おくれとなる都市型社会の要請に、行政法はこたえることができない。ここで、都市型社会への移行にともなう社会工学的要請としての政策・制度の不可欠性が、行政法のインフレをひきおこしていることをあらためて想起しよう。

こうして、膨大な行政領域におけるこの政策法の立案・執行・評価をめぐって、行政学と行政法学とのたえざる協力というフロンティアがうかびあがっている。このとき、行政学は実証型理論から政策・制度型理論へと再編されて、行政法改革の基礎理論を準備したい。また行政法学も執行をめぐる既成行政法の解釈論にとどまらず、立法論にふみこんで政策法務というかたちで「法務政策」にとりくまざるをえない。

行政学と行政法学との協力には、このような相互の理論再編が必要なのである。従来のように、行政学は行政過程の実証研究、行政法学は既成行政法の官治解釈では、その間の交流自体が無理だったのである。

行政における法務政策ないし政策法務の開発にとりくむには、国の法制局あるいは国際機構の法務委員会とともに、法務委員会ないし法務室を各県、各市町村に設置する急務を、とくに提案したい。新しい政策の開発には、たえず既成法の法改正ないし新立法を必要とするかぎり、各レベルの政府・行政機構は、それぞれに専門の法務職員を養成して、自治体法、国法、国際法をふくめて、法の立法、選択・複合・解釈、いわば法運用に習熟すべきなのである。

日本の自治体レベルではとくに、明治以来の官治・集権型国家統治の手法である、国の機関委任事務方式ないし通達・補助金、また許認可・行政指導を予定してきたため、自治体独自の政策法務ないし法務政策の確立、そのための法務職員の養成をつい最近まで考えもしなかったのである。一九六〇年代以降、福祉・都市・環境あるいは経済・文教などをめぐって自治体法務の成果をもつにもかかわらず、行政学・行政法学いずれも自治体レベルでの政策法務の展開を想定してこなかった。この事態は、日本の行政学・行政法学が国レベル中心の官治・集権型理論構成をいまだ脱却できていないという現実をしめしている。自治体が政府として成熟するため不可欠の、政策法務の確立ついで法務職員の養成を考えてこなかったのである（第⑥章補論参照）。

変化の激しい都市型社会にはいって自治体が政府となってきた今日、以上のように、自治体の行政職員には政策・制度開発さらに法運用の熟度がもとめられている。行政職員の研修カリキュラムから従来の官治・集権型の行政法講義の廃止が検討されるようになったのは、ここでのべた行政法をふくむ行政の今日的問題点を鋭くしめしている。前述したように、自治体レベルをふくめて公務員養成用の行政法学は、戦前以来、国法至上の行政神学にとどまっていたのである。

「政策開発」ついで「政策法務」を急務とする、各政府レベルでの行政機構のこの課題に、行政学、行政法学はこたえうるであろうか。すでに各政府レベルでは、従来の職員研修所を政策開発センターにいかに再編するかを模索している。このとき、行政学は既成行政過程の実証分析をこえて「政策・制度開発」をめざす理論たらざるをえないし、行政法学も「行政法→行政行為（行政過程）→行政訴訟」の図式からはなれて「政策法務」型の理論構成つまり政策法学へと変らざるをえない。

〈4〉 行政の劣化と行政学・行政法学

都市型社会の成熟にともなって、近代化の過渡推力・媒体であったいわゆる国家は、自治体、国、国際機構という政府の三分化のなかの、国レベルの政府にすぎなくなる。国家統治を明示または黙示の前提としてつくられてきた行政学・行政法学のパラダイム転換は緊急となっている。

都市型社会への移行をめぐる今日の行政の戦略課題は、分権化・国際化・文化化となり、日本でもつぎのような事態が進行する。

(1)　分権化　一九六〇年代以降、都市型社会への移行にともない、市民運動の激発、革新自治体の群生、また自治体改革、シビル・ミニマムの理論提起がはじまった。一九九〇年代にはいるとつぎの段階として、戦後半世紀つづく『地方自治法』の再編さらに明治国家の解体をめざす「地方分権枠組法」の策定が日程にのぼる。

あたかも二〇世紀初頭、イギリスの都市社会主義、アメリカの都市行政学の登場などと対応する事態が日本でもおきているのである。ここから、以上にのべたように、日本の行政学・行政法学も、自治体政府ついで自治体法をふまえる理論構成をめざしたパラダイム転換という新しい理論フロンティアがかたちづくられてきた。国家主導の近代化をおしすすめているアジア、アフリカなどでも、都市型社会の成熟がすすめば、今後おなじく分権化という事態がおきる。

(2)　国際化　一九七〇年代となれば、日本の経済大国への移行とともに、対外的には経済摩擦、対内的には国際人権をめぐる争点が噴出しはじめ、さらに世界共通課題をめぐって国際機構レベルでの日本の責任もあたらしく課題となってきた。一国単位のみの閉鎖型発想の転換が必至となったのである。

そこでは、地球規模での①国際人権、②南北調整、③環境保全、また危機管理としての核、侵略、災害というような世界共通課題をめぐって、国際機構（国連＋国際専門機構）レベルによる、インターナショナル・ミニマムつまり世界政策基準ないし国際法の策定・立法、ついでこれによる国法の国際平準化が日程にのぼる

国際機構レベルでの国際行政の成立をめぐっては、この国際行政をどのように位置づけるかも、行政学・行政法学の新しい課題領域となってきた。日本ではこれまで、国際機構については制度解説にとどまり、国際行政機構の研究がほとんどおこなわれていないのは、一国単位の鎖国思考にとどまっている結果といってよい。

(3)　文化化　一九八〇年代になって、日本の近代化の歴史にはじめて、シビル・ミニマムの「量充足」という段階をおわりはじめ、あらためて、シビル・ミニマムの「質整備」を課題とした、行政の文化化ないし文化行政が日

程にのぼってきた。

市民の文化水準、団体・企業の政策水準の変化に逆比例して、行政の文化水準、政策水準の低下ついで先導性の喪失という、行政の〈劣化〉がめだつようになってきたからである。いわゆる「民間活力」あるいは「規制緩和」という論点、またひろく分権化・国際化をめざした自治体、国際機構と、国の省庁との関係の見直しのはじまりも、この行政の劣化という事態を典型的にしめす。行政決定の絶対・無謬ないし「行政行為」の公定性・強制性という幻想の前提がくつがえったのである。

国レベルの行政の劣化は、すでに国が政策形成を独占しえなくなる都市型社会に移行した一九六〇年代からめだちはじめる。当時の市民運動・革新自治体が先導した政策・制度の革新の成果はようやく整理されつつあるが（『資料・革新自治体』一九九〇年・日本評論社参照）、以上の分権化・国際化・文化化は実は革新自治体からはじまる先駆自治体が国を先導していたのである。つまり自治体・国の政府間関係は、漸次、国主導から自治体主導へとかわっていくのである。

国の先導性の崩壊は自民党長期政権による国レベルの政財官複合の膠着によっている。そのうえ、先駆自治体がいまだすくないとしても、自治体が三〇〇〇余あり、そのどこかで、たえず、自治体相互に連携しながら政策模索がなされているのだから、国より自治体が先導性を発揮するのは当然だろう。政策循環は、つぎのように、後発国型から先発国型へとかわっていく。

後発国型　外国モデル→国→自治体
先発国型　先駆自治体→国→居眠り自治体

このため、後発国型政策循環を想定してきた従来の行政学・行政法学のパラダイム転換が不可欠となるとともに、このパラダイム転換をめざす行政学・行政法学の交流も緊急となっていくのではないか。

自治体をめぐっては、行政学・行政法学が想定しなかったつぎの新しい理論フロンティアもひろがっている。

① 分権化　自治体による法務政策・デザイン政策の確立から行政工学・財務管理の展開、あるいは行政手法、行政準則、行政手続の開発まで。

② 国際化　自治体による国際政策・自治体外交の推進から、外国人の政治参加の制度化、くわえて国際法・国法・自治体法をめぐる制度間の調整まで。

③ 文化化　市民文化活動の自立による社会教育・生涯学習行政の終焉から、行政の劣化を克服するための庁内「自主研究グループ」の群生、職員研修カリキュラムの再編まで。

自治体行政の〈現場〉では、すでにこれらをめぐる政策・制度の開発がみられ、一九六〇年代以降三〇年をつみあげてきた。これらの成果をくみこむことによって、これまで国レベル中心だった行政学あるいは行政法学のパラダイム転換が加速される。

また、国、県、市町村の各レベルでの政財官癒着の露呈は、行政学・行政法学においても、各政府レベルでの政財官複合の日本型特性の究明、ついでその制御手法の開発を急務としている。この行政機構、団体・企業、族議員の結びつきという縦割政財官複合は、日本だけでなく、先発国、後発国共通にみられる。またその起源もふるく、かつてW・ウィルソンやカール・シュミットが議会委員会制度の成立による議会審議の地下室化をのべているし、圧力団体論あるいはコーポラティズム論もこの論点に対応している。しかも、この政財官複合は、国際機構でもかたちづくられるため、政府のレベルを問わず、ひろく一般性をもつ。

この政財官複合については、その一般性と日本型特性の究明をふまえた制御手法の開発が、日本の政治学・憲法学はもちろん、行政学・行政法学に問われてくる。

日本については、さしあたり、許認可・行政指導、また通達・補助金をめぐって、制度つまり行政法としての

「省庁設置法」「業法」「士法」の検討が不可欠である。だが、この領域の研究のタチオクレはいちじるしい。政財官複合の成立は、たんなる政治癒着ではなく、法制とくに業法による制度化という成立条件をもっている。行政機構、団体・企業、族議員は、そのための「お手盛法」を制定しているのである。

この政財官複合の深部は、時折、各政府レベルでの汚職の摘発のとき露呈するが、談合、ヤミカルテルから政治資金、天下り人事まで、日常の慣行として構造化されるとともに、各政府レベルにおける政治・行政の権力核をかたちづくっていく。それゆえ、政府交替によるこの政財官複合のたえざる破壊、ついでその透明化のための立法によるルール化が問われる。この領域にせまらないかぎり、行政学・行政法学は、いわば行政職員養成用理論に堕してしまうのではないか。

さしあたり、森田朗『許認可行政と官僚制』（一九八八年・岩波書店）、新藤宗幸『行政指導』（一九九二年・岩波書店）、山口二郎『政治改革』（一九九三年・岩波書店）、村松岐夫『日本の行政』（一九九四年・中央公論社）などにつづく業績が期待される。

問題は以上にとどまらない。都市型社会では、福祉・都市・環境から経済・文教あるいは警察・軍事まで、行政の個別分化がはげしくなり、それぞれの個別行政は、かたよっているにしろ、独自の行政理念・行政手法をうみだしてくる。これらの個別行政領域は、行政一般ないし行政学総論、行政法総論に解消できない。そのとき、これらの個別領域にはいればはいるほど、行政手法さらに行政理念も特化していくとともに、いわゆる行政自体と行政法の区別はなくなっていく。

社会教育行政は社会教育関連法と不可分の関係にあり、防衛問題は自衛隊関連法と、交通対策は交通関連法とむすびついている。また特別養護老人ホーム、地域再開発、湿原保存から証券会社や銀行の制度改革、貿易管理、コメ自由化、ＰＫＯ、ＯＤＡまで、個別行政では施策が法制とまじりあって立案・執行・評価されている。事実、税法がなければ徴税行政はありえず、都市計画法がなければ地域づくりはできない。

その〈現場〉では、政府のレベルを問わず、行政と行政法のチガイは消滅しているのである。というよりは、課題・機構、権限・財源、手法・準則・手続、責任というかたちで、行政と行政法は〈現場〉ではむすびついている。理論抽象としてはじめて、行政と行政法は分離するにすぎない。そのうえ、特定行政の個別研究となれば、その関連行政法がまず検討されていくではないか。

行政学と行政法学とのチガイないし対立は、総論つまり大学あるいは学会での〈講学〉をめぐる理論構成のちがいといってよいだろう。行政学・行政法学それぞれは、学者による理論純化の願望、大学講座編成の便宜、さらに学会としての慣用専門用語の相異によって、相互に対話不能になっているだけなのである。

実際の個別行政ないし特定施策についての政策・制度の開発は、行政手法・行政準則・行政手続の開発とむすびついて、法の選択・複合、解釈ついで立法という法運用の開発となっていく。行政の革新は同時に行政法の改革なのである。このような問題設定を、社会教育行政をめぐって、政策法としての『教育基本法』『社会教育法』の問題点を中心に具体的に展開したのが、拙著『社会教育の終焉』（一九八六年・筑摩書房）である。

今後、行政学が、知的主導権をもち日本の政治・行政の革新に実効的となるには、法務政策へのとりくみは不可欠である。また、行政法学も、この法務政策については、「解釈論」中心の訴訟法務だけでなく、これまで「立法論」といわれてきた政策法務をその理論にくみいれて、政策法学として出発しなおす必要がある。ここで、行政学と行政法学との接点を拡大することができるであろう。

以上のように、行政学・行政法学の交流のレベルは、幾層にもわたってひろがっている。とすれば、行政の劣化をみて、日本の今日の急務となっている行政革新をめぐる、行政学・行政法学の理論責任はおおきいといわざるをえない。

最後に、行政の水準は行政法の水準であり、行政法の水準は行政の水準であることを、あらためて強調したい。行政法をはなれて現実の行政は存在しえず、行政の改革は行政法の改革を不可欠としている。

＊

行政は、市民生活つまり社会の問題解決のため、市民ついで政府の政治によって組織・制御される、社会工学としての管理をになう。行政機構は、また、市民ついで政府の政治によって組織・制御される権限・財源また責任の体系である。

このとき、行政には、さらに、社会の未来についての中長期の「予測」、この予測をめぐる現在の条件・資源の「調整」が要請される。この「予測と調整」が、政治による政策・制度構想の〈計画〉となっていく。その構想には、さらに、地域規模での地域個性文化、国規模の国民文化、地球規模での世界共通文化をふまえた、自治体、国、国際機構各レベルの政策基準つまり三政府レベルの〈法〉の策定・調整を設定する必要がある。

今日では、行政機構は、近代の国家観念とむすびついたかつての秘儀性をうしなって、長・議会という市民の「代表機構」で構成される自治体、国、国際機構の三政府レベルにおける、市民の「代行機構」となっている。行政の政策・制度は、政策法としての行政法によって直接、一般法・基本法によって間接に枠づけられるとともに、この行政法は行政をふまえる政治によって開発・策定される。

行政学・行政法学の間における対話の欠如は、政治学・憲法学の間、国際政治学・国際法学の間でみられたとおなじく、日本の政治ついで理論の問題性をするどくしめしている。

政治学の新段階と新展望

〈1〉 戦後政治学の問題性

戦後も、一九七七年で三〇年余になる。この三〇年は明治維新前後に欧米産の社会科学が導入されて以降一〇〇年余の歴史のなかで、その三分の一におよぶながい期間である。この三〇年間、戦後日本の政治学は充分な成果をもちえたであろうか。

第二次大戦直後の日本の政治学は、若き丸山眞男が「科学としての政治学」(一九四七年)で提起したように、再出発というべき実状にあった。出直しといってよいであろう。戦前の政治学は、明治、大正、昭和前期それぞれの時代に、時代の課題に対応した蓄積をもったにもかかわらず、戦時体制への移行にたいしては、実効ある抵抗の拠点をきずきえなかった。そればかりか時勢の重圧のもとで、便乗理論すらつくりだされていった。そのため、戦後の出発は再出発でなければならなかった。

この再出発にあたって、当時の先学たちは、『日本政治学会年報』創刊号(一九五〇年)にみられるように、おおいなる抱負をかかげている。そこにみられる当時の課題は、おおきくは

(1) 日本における民主政治の構築

(2) 科学としての政治学の形成

の二点とみることができる。

この課題へのとりくみは、もちろん、安易ではありえなかった。というのは、まず何よりも、政治学者の数が絶対的に少なかった。一九四八年にできた当時の日本政治学会会員は一〇〇名にみたなかった（前出『日本政治学会年報』創刊号参照）。そのなかには研究室にはいったばかりの戦後派の若い層もふくまれるのだから、実数は非常に少なかったのである。それだけではない。天皇制原理主義による禁忌、検閲をともなった理論鎖国によって、日本の政治学の国際的たちおくれもいちじるしかった。すぐれた先学もみられたとはいえ、政治学の再出発は、他の社会科学に比べて、とくにきびしい条件にあったというべきであろう。

ついで、戦後復興につづく日本の工業化の進展にともなって、社会科学は理論構成の転換という問題につきあたっていく。まず、基礎フレームにおける近代・現代二段階論をふまえて、〈現代〉をめぐる大衆社会論ないし大衆民主政治論の導入となる。敗戦直後、政治学をふくめてひろく日本の社会科学は、「半封建から近代へ」という近代一段階の発想がその主軸であった。社会科学は、半封建を克服し〈近代〉をめざすという啓蒙型理論構成をとっていた。この点では、まず民主主義を確立し、ついで社会主義をめざすという二段革命論も同型であった。だが大衆社会論というかたちでの近代・現代二段階論の提起は、ようやく〈現代〉への理論視座をうちたてることになった。つまり、戦後状況を〈現代〉として実証研究しうる視座をきずくのである。

イギリスのグレアム・ウォラスによる画期的な『巨大社会』（一九一四年）に原型をもつこの大衆社会論は、すでに戦前に紹介され、敗戦直後も戦時体制の分析にくみこまれつつあった。だが、一九五六年の大衆社会論争の時点で、大衆社会論は、あらためて、六〇年代以降の急速な日本の工業化さらに都市化につながる、〈現代〉についての包括的理論構成を準備していった。この大衆社会論争をめぐって、井上清が、「昨日は半封建制、今日は半封建どころか米英なみの大衆社会一てんばりでは少々めんくらわされる*」とのべたのは、当時の日本の社会科学がおかれていた実状を的確にしめしている。

＊　井上清「現代史研究方法の問題点」(『思想』一九五七年五月号)。なお、この大衆社会論争については、拙稿「日本における大衆社会論の意義」(『中央公論』一九五七年八月号)、また高度成長開始期における日本の社会科学の問題状況については、拙稿「社会科学の今日的状況」(『思想』一九六〇年九月号)を参照。後者は、拙著『戦後政治の歴史と思想』一九九四年・ちくま学芸文庫に所収。

また日本経済の高度成長は、大学の数の増大ならびに政治学関連講座の増設をおしすすめ、政治学者の量の増大をみることになった。一九七七年の今日では、日本政治学会員は七〇〇余名を数えるにいたっている。これは、政治学における量の高度成長ということもできよう。

この間、政治学は、戦前の政治学への反省にもとづいて、〈政治過程論〉というかたちをとって、政治の実証研究にとりくんだ。ことに、当時の若い世代を中心に、政治過程論のための分析仮設の構築のこころみが推進されていった。

しかし、今日、次の二点が日本の政治学の問題点としてうかびあがるようになってきた。

第一は、個別の政治過程、たとえば、地域政治、圧力団体、政党、選挙、ついで自治体、国の議会・政府・行政機構、また国際政治、それに政治意識や政治文化にわたる実証研究あるいはそのための分析仮設の構成がすすめられるとしても、個別の研究成果のパッチ・ワークでは日本の今日の政治についての全体構造がえられないという論点である。

第二は、政治過程論という発想による実証研究ないし分析仮設の構成はポリティカル・サイエンスたりえても、これがそのまま制度論、政策論、さらに統合論、正統論、変動論という、未来構想にかかわるポリティクスにはなりえないという論点である。

第一と第二の論点は、日本の政治学の今日的意味での危機を意味するのではないかと思われる。政治学の本来のあり方は政治の構造ないし構想にかかわるポリティクスにあり、ポリティカル・サイエンスはそのための予備作業をなす。実証研究ないし分析仮設の構成というポリティカル・サイエンスは、それ自体としての課題領域を当然もつにもかかわらず、やはりポリティクスの〈実効性〉ついで〈予測性〉の前提たる、情報レベルにとどまる。

現時点でとくに留意すべきは、日本が近代化の成熟という都市型社会にはいったため、日本の政治の社会前提がおおきく変ってきたことである。そのため、政治過程＝実証研究＝ポリティカル・サイエンスというレベルにとどまるかぎり、政治学は社会・政治変動をめぐって実効性・予測性をもちえないという事態となる。というのは、ポリティクスはつねに政治の全体状況についての政治構想・理論構成をくりかえしてはじめて、社会・政治変動を先取りする実効性・予測性をもちうるからである。

この危機状況は、「政治学は学として可能か」というかたちでひろく認識されているように、政治学がになっている宿命である。政治学も実証研究によるポリティカル・サイエンスをふまえなければならないかぎり、その分析用具の「進歩」「発展」はありうるし、またそれは不可欠である。しかし、ポリティクスを本来のあり方とする政治学は、たえざる自己再生としての政治構想・理論構成へとたちむかう必要がある。

では、現時点における日本の政治学の再構成には、いかなる基礎条件の設定が必要なのであろうか。この基礎条件は次の三座標軸に集約されると考えたい。

(1)　日本の農村型社会から都市型社会への移行、それにともなう「市民」の成熟の現実化

⑵　戦前以来の中心争点をなしてきた、資本主義・社会主義という体制対立の相対化
⑶　南の登場による、世界各地域における政治文化の多様性の顕在化

⑴はかつての大衆社会論争の論点の成熟であり、⑵は工業化・民主化にともなう政治自体の位置変化を意味し、⑶は欧米中心発想の転換につらなっている。この三つの今日的座標軸は、近代化開始の明治以来、それぞれ決定的な条件変化である。この〈新段階〉ともいうべき条件変化をふまえた政治学の〈新展開〉のためには、したがって、政治過程を実証研究するポリティカル・サイエンスのレベルだけでは対応できず、ポリティクスのレベルにおける強力な構想力にもとづく、新しいマクロの政治構想ないし理論構成を不可欠とする。この再構成が可能となってはじめて、日本の政治学は、今日的課題をにない、国際的に自立しうることになろう。

本章では、このような問題設定のもとで、日本の政治学の今日的可能性を、私なりに提起したいと考えている。この作業において、以上にみた日本の政治学が直面している問題性はより明確になるであろう。

〈2〉　統合論をめぐって

今日の政治は、地域規模への分権化、地球規模への国際化の進行をみて自治体、国際機構が政府として自立していくが、これまで国レベルでそれぞれ特有の政治構造をつくりあげてきた。この国レベルの政治統合ないし政治構造の型つまり〈基本法〉が、いわゆる憲法である。もちろん、ここで、憲法、憲法構造、憲法理論をそれぞれ区別すべきなのだが、国レベルの政治統合を理論化する憲法ないし基本法の理論は、国レベルをめぐる政治学の中核をなさなければならなかったはずである。

だが、奇妙にも、戦後の日本の政治学は、自治体、国、国際機構をめぐる政治統合の緊張をとりあつかわなかっ

たばかりでなく、各政府レベルの政治統合をとりあつかうべき基本法理論という中核領域を無視してきたのである。これが、まさに、戦後の日本の政治学が、政治過程論のレベルにとどまり、政治統合論のレベルに飛躍して政治の一般理論を構築しえない最大の理由となっている。政治統合論としての基本法理論の欠如によって、政治過程を流体現象としてとらえていくという思考習慣をつくりあげてしまい、この流体現象のミクロ状況の実証研究ついでその分析仮設の考察にとどまらせてしまう。しかし、この流体現象としての政治過程は、政治統合構造としての基本法に枠づけされているではないか。

そのうえ、この国レベルの政治統合をとりあつかうときも、基本法構造ないし政治構造にまでたちいることなく、安易に、観念ないし言葉としての〈国家〉に依存するにとどまりがちとなっていた。だが、この神秘的実体観念としての国家観念の使用は、「5　正統論をめぐって」において再論するように、政治統合についての思考停止を誘発するのみであった。戦後から今日にかけて、いわゆる国家論というかたちの議論が不毛に終ったのもこのためである。

ここから、政治統合と市民ないしその人間型との理論連関、さらに自治体、国、国際機構の政府緊張も欠落することになった。政治の起点である市民ないしその人間型との理論連関の設定こそは、政治統合をめぐって、政治学をポリティカル・サイエンスを超えたポリティクスたらしむる中軸そのものである。

1　政治統合と市民運動

実証分析をめぐるこれまでの政治学の既成図式は、政府のレベルを問わず大衆政治の形成↕官僚組織の肥大という図式であった。この図式を実証研究は、明示的であれ、黙示的であれ、ふまえてきた。

この図式は、今日すでに日本の政治の実態に対応しえていない。今日、都市型社会への移行、さらに市民自体の文化水準・政治熟度の上昇にともなう市民活動の登場は、国の官僚主導の官治・集権政治にかわる市民主導の自治・分権政治という政治統合・政治構造を造出しつつある。この市民活動が触発した既成の官治・集権政治から自治・分権政治への再編の可能性は、また実証研究の再編をおしすすめていく。

Ａ　自　治

今日、市民の文化水準の変化ないし政治熟度の上昇は、市民活動というかたちをとって市民主権を日常的に発動させる。その結果、明治以来の官治・集権政治にかわる自治・分権政治の造出が日程にのぼりはじめた。今日要請されているのは、自治体、国の各政府レベルを問わず、政策立案・執行過程における市民参加・職員参加の手続形成、それをふまえた政策・制度の開発という新しい問題領域を、政治統合ないし政治構造のレベルでどのように理論化するかにある。

Ｂ　分　権

従来の官治・集権政治では、自治体は国の下請機構にすぎないという位置づけにとどまり、実証研究もこの官治・集権政治に依拠してきた。だが、市民活動の激発は、いやおうなく自治体の政府としての自立をうながし、国の官治・集権政治は自治・分権政治へと転化しはじめたとき、実証研究も変らざるをえない。

このような、ＡＢの二点に挑戦し、国際機構をも展望にいれた自治・分権政治の理論構想こそが統合論の急務となっているが、これは実証研究をこえて、明治以来の国家観念を中心とした官治・集権型の理論自体のくみなおしを必要としている。

2　政治統合と人間型

この政治統合における自治・分権政治の造出はさらに深化されて、統合論の土台に、人間型を設定することが不可欠となる。当然、政治学は政治過程の実証研究にとどまることはできない。

A　市民型人間の成熟

官治・集権政治は、いわば、ひろく人間型の受動性を想定してはじめてなりたっている。この人間型は、伝統的にはムラ型、今日的にはマス型の人間型を重複させている。だが、市民活動の登場は、人間型を受動型から能動型に転換させ、地域規模から地球規模までの政治への批判と参画をめぐって、市民を政治学の対象ついで主体にのぼらせてくる。自治・分権政治の起点として、市民型人間の大量醸成を理論化せざるをえなくなったのである。これが、規範概念としての市民型人間の設定の意義である。市民型人間の設定がはじめて、市民自治を起点とした自治・分権型の統合理論を可能にする。

B　市民型人間と比較政治文化

市民型人間というかたちで問われる政治学における人間の性格型ないし行動様式の設定は、地球規模における政治文化の多様性という論点とむすびついている。そこでは、市民型人間ついで市民文化の成立の歴史的地域的条件をめぐって、文化と政治統合との間の相関という政治文化論をうみだしていく。

この政治文化のレベルへの深化は、特定の政治文化の内部における、国権派と民権派、あるいは保守派と革新派などの党派対立における、行動様式の同型性を解く鍵をも提供する。党派間の政治対立は、政治文化の文化変容をともなわないかぎり、同一政治文化内の対立にすぎないからである。かつての多くの革命はこのような構造をもっていた。「憲法は変れど行政法は変らず」の真の意義は、ここにあったのである。

ついで、この統合論の転換は、政策論・制度論の新しい地平をきりひらく。これまで日本における政策論・制度論が不毛だったのは、この統合論とくに基本法理論を欠落させたまま、過程という政治の流体現象の実証研究に閉じこもったからである。というより、政治統合の考え方が、日本では国家観念を中軸において、官治・集権政治を設定していたためであるといってよい。政治統合をめぐる政治構想の再編が政策論・制度論に活力をうみだしていく。

補記　本章は一九七七年の日本政治学会報告が基調であるため、この統合論以下、国レベルを焦点にのべているが、分権化に対応して自治体、国際化に対応して国際機構をくみこむ政府三分化についてはまだ成熟していない。

〈3〉　政策論をめぐって

これまで、日本の市民は、以上の政治統合のレベルにおいてはもちろん、ついで政策・制度のレベルにおいても、政治の受益者ないし客体とみなされ、政策・制度をみずからつくりだす主体としては位置づけられてこなかった。日本の政治学ないし社会科学の非生産性は、ここに焦点をあてなければ理解できないといっても過言ではなかろう。今日の政治学の急務は、市民を、政策・制度を創出する主体として、政治学の起点に設定することにある。これは政治学の原点そのものではないか。

1　生活様式と政策目標

政策は国家目標から導出されるのではない。いわゆる国家目標こそが市民の生活課題にもとづく政策目標から導出される。そのとき、国家目標という言葉は消失して、市民の政策目標つまり市民目標におきなおされる。

明治以来、日本の政策目標は、近代化つまり先進国に追いつけ追いこせをめざした「国家統治」による富国強兵であった。強兵は第二次大戦で破産したが、富国という政策目標は戦後ものこった。この富国が五〇年代の経済復興、六〇年代以降の高度成長の政策課題であった。だが、この明治以来の政策目標としての近代化の達成は、国際関係における経済摩擦ともあいまって、政策目標の転換を急務としていく。

そこにあらためて「市民自治」による市民福祉という政策目標がうまれることになる。これが、都市型社会にはいる六〇、七〇年代の福祉政策、都市政策、環境政策の台頭の意義でもあった。この新しい政策目標の台頭に対応して、経済政策自体の再編も不可欠となる（拙著『都市型社会の自治』一九八七年、日本評論社参照）。

政策目標のこのような再編は、農村型社会から都市型社会へという生活様式の変化によって必然となったと位置づけるべきである。近代化の後発状況では、国家主導の工業化による国民生産力の拡大ついで国民所得の上昇が政策目標の中核となることはやむをえない。だが、この工業化の深化はついに、農村型社会を都市型社会へと変えていく。このため、フローとしての所得拡大だけでなく、ストックである社会保障（→福祉政策）、社会資本（→都市政策）、社会保健（→環境政策）の公共整備が、「生活権」ないしシビル・ミニマムをふまえた「計画」というかたちで、新しく政策課題になってくる（第2 3章参照）。

生活様式ならびに生活課題の変化に対応する政策目標の再編は、当然、既成の政策形成過程を変えていく。明治以来の「国家目標」には、国の行政機構が主導する官治・集権政治が効果的であったとしても、今日「市民目標」へと再編された政策目標には、自治体主導の自治・分権政治が不可欠となる。福祉政策、都市政策、環境政策の登場、それに経済政策、文化政策の再編は、地域特性をいかす必要があるからである。事実、自治・分権政治の可能性は、一九六〇年代以降、市民活動それに革新自治体、先駆自治体によって開拓されていったのである。自民党永続政府とむすびついた国レベルの政財官複合による官治・集権政治は、今日、時代錯誤となっている。

今日の問題状況は、政策の発生源が市民、団体・企業に多元化し、それに自治体、国、国際機構に重層化する。国は、このとき、市民レベル、団体・企業レベル、ついで政府としての自治体レベル、国際機構レベルからうみだされる多様な政策の、国レベルにおけるヒロバつまり調整装置として位置づけなおされることになる。絶対・無謬の主権をかかげて国が近代化への機関車である段階は終ったのである。これが政治統合をめぐって国の政治構造が問いなおされる理由でもある。

2 政策スタイルの革新

今日の政策論の展開には、政策手法ないし政策技術をふくむ政策スタイルの革新を必要とする。この革新は、市民の生活様式や生活課題の変化、ついで市民の文化水準の変化、団体・企業の政策水準の上昇をふまえる自治・分権政治の造出という背景からだけでなく、政策に内在する論理からもうまれている。

(1) 職員行政から市民活動へ

市民の文化水準ないし政治熟度の上昇は、各政府レベルの政策の立案・執行への市民参加、つまり「市民活動」を拡大し、有給職員による職員行政の比重を縮小していくことになる。市民が自治原理にもとづいて日常ないし地域の行政に参加すればするほど、それに反比例して職員行政の比重は低下する。すでに小型市民施設の市民設計、市民管理、市民運営はもちろん、ひろく自治体計画を市民が構想し、市民みずからがその推進力となっていくという事態がはじまりつつある。

ここから、市町村レベル、県レベル、国レベルの職員行政は、それぞれの政府レベルで、この「市民活動」の補完ないし代行にすぎないという位置づけにかわる。市民活動が主で職員行政こそが従にすぎなくなる。これまでは職員行政が主で、市民活動は従とみなされてきたのだが、その位置づけが逆転する。事実、各政府レベルの行政機構は、市民の税金でまかなわれ、市民の「代表機構」としての長・議会によって組織・制御される市民の「代行機構」なのである。

(2)　集権行政から分権行政へ

農村型社会から都市型社会への移行段階においては、国が近代化の機関車となるため、省庁の官治・集権政治による個別施策の、自治体への強制が政策原型であった。だが、都市型社会の成熟によって、政策原型は自治・分権政治による自治体主導の福祉政策、都市政策、環境政策それに経済政策、文教政策の地域総合システム化にかわらざるをえない。

のみならず、今日の市民生活では、公害は半永久の課題だが、下水道をのぞけば、シビル・ミニマムの量充足がほぼ終りはじめた。社会保障はほぼ国の基準をみたすとともに、学校、病院、公園などの市民施設、あるいは上水道、エネルギー、大量輸送網などの都市装置というハードな建設も漸次終りをつげ、生活ないし環境の質整備が中心となっていく。この質整備をめぐっては、さしあたり高齢化・情報化、さらに国際化・文化化が課題となってくる。ここから、政策のスクラップ・アンド・ビルドも急速にすすむことになる。

スクラップ・アンド・ビルドは、まず市町村行政における機構や予算の再編をうむが、さらにそれは県の行政、国の行政にも波及し、国の行政再編を必然とする。ここから各政府レベルの行政機構の急速な肥大は、農村型社会から都市型社会への移行期の過渡形態にすぎなかったことも、今後漸次あきらかとなる。

(3)　画一行政から文化行政へ

政策の課題は、国の法令つまりナショナル・ミニマムによる画一行政から、地域特性をいかすシビル・ミニマムをふまえた自治体主導の文化行政へと移っていく。いわゆる「行政の文化化」がこれである。ここでも国主導の画一の官治・集権行政から自治体主導の地域個性をいかす文化水準のたかい自治・分権行政へと移るのである。もちろんナショナル・ミニマムを維持する国法は尊重されるが、自治体の政策は地域個性をいかす文化水準のたかい個性政策へと変っていく。

政治・行政のあり方が、この、(1)、(2)、(3)によって今後急速に変っていく。以上はこれまで日本の政治学が予測しえなかった事態ではないか。事実、漸次、市民活動、先駆自治体の政策展開によって、国の行政機構は国内政策では政策イニシアティブを喪失しつつあるだけでなく、その権限・財源の分権化をなしえないため過重負担となって、緊急の国際化にも対応しえなくなっている。

今日の政治・行政改革は、この「行政の劣化」にこそ歴史背景をもっているといいたい。今日の政治・行政改革の主題は、官治・集権政治を自治・分権政治に変え、分権化・国際化への対応能力をつけるところにある。もちろん、国レベルは、自治体レベル、国際機構レベルとは異なる経済運営、国際戦略あるいは直轄事業についての独自課題をもっているが、自治体にたいしてはナショナル・ミニマムというかたちをとる国の基準策定にすぎない。

政治学は、実証研究をこえて、市民の文化水準・政治熟度の上昇をふまえた、それにふさわしい各政府レベルの政策スタイルの造出にかかわっていかざるをえない。今日のいわゆる政策科学ないし政策研究があらためて注目されるのは、政策形成が、帝王ついで官僚の秘術から、市民ついで市民型政治家の課題になってきたためである。

〈4〉 制度論をめぐって

制度論という問題領域は、政策論の問題領域とおなじく、日本の農村型社会から都市型社会への移行、それにともなう市民の文化水準・政治熟度の上昇がうみだす市民活動の底圧によって日程にのぼってきた。農村型社会の段階では、日本の後発国状況とあいまって、上からの官治・集権政治がふさわしかったともいえる。

市民が制度をつくるとは、これまで日本では想定もされてこなかった。法学において、今日も、市民による制度改革をめざした立法論を無視して、制定法としての国法中心の解釈論にとどまっているのは、その典型といってよい。しかし、制度は、市民の文化水準さらに政治熟度と対応して変るだけでなく、市民が日々つくりあげていくのである。この制度論が理論領域としても確立していかないかぎり、政策論の実効性もまたうまれない。

1　制度の分節構成

政治統合つまり政治構造の内部に一歩はいりこめば、現実の政治過程は、都市型社会の成熟、市民活動の台頭によって自治・分権政治へとくみかえられつつある。国家ないし国の行政機構が先導する官治・集権政治の神話がいきつづける時代はおわっている。日本の政治過程は、すでに図1－8（本書二五頁）でまとめたように、つぎのような分節構造をもっている。

(1)　参政権　参政権は、一人一票という普通平等選挙権だけを意味するのではない。政治過程の出発点を一人一票に極小化できないからである。参政権とは、いわば言論・集会・結社の自由をふまえて、市民が、誰でも、いつでも、どこでも、政治に参加する機会の保障を意味するのである。参政権は政治統合全体の起点にある。つまり、参政権は、選挙以前の、市民活動をふまえた市民参加の制度化から出発する。

(2)　社会分権　市民はまた社会分業における〈利害〉の分化にもとづく集団自治の権利をもつ。地域組織、職能組織それに企業経営、あるいはひろく文化サークルにおける集団自治である。これら集団における自治活動は、基本法によって保障されているというよりも、本来、社会分業・市場原理を基礎に自治性をもつのである。それゆえ、社会自体が、この集団自治による多元的構成をとっているという考え方にもとづいた制度化が必要となる。

(3)　複数政党制　市民はさらに、政府のレベルを問わず、〈意見〉の多様化を基軸に、複数政党の選択によって公共の政策・制度、また政府そのものを選択する。これが制度としての複数政党制の意義である。そのとき、政党も教条組織から政策連合にかわる。この意味で、複数政党制にもとづく選挙とは、自治体、国レベルを問わず市民の革命手続でもある。逆にいえば、政党が与野党の政府交替というかたちで活力をもたないかぎり、政治のエネルギー喪失となる。

(4)　機構分立　政治は、最終的な制度決定を必要とするが、この決定は機構分立により、相互抑制がはかられている。これが、①自治体政府と国の政府との分権、②自治体政府、国の政府それぞれの内部における議会と長の権力分立、③法の支配のための裁判の独立という、機構分立である。しかも、それぞれの政府機構は、直接、間接に、市民の参政権によって選出される。

(5)　抵抗権　この(4)の政府機構が市民と対立したとき市民は抵抗権を発動しうる。この抵抗権は、市民活動から選挙・召還、ついで政策・政府転換という重層構造をもつ。それゆえ抵抗権は(1)の参政権と表裏の関係にある。のみならず、抵抗権の担保によって、参政権がはじめて現実性をもつのである。

以上の連関をみるとき、(1)(2)(3)(4)(5)相互関係の制度化の具体的な構成と運用が、政治学とりわけ基本法理論の課題とならざるをえない。

2　政治・行政手続の創出

この制度の構成と運用は政治主体間の政治習熟を必要とする。この政治習熟によって制度の構成・運用もはじめて実効的たりうる。この政治習熟がなければ制度の衰退をうみだす。だが問題はそれだけではない。市民相互の間でも、手続ないし制度による合意形成の政治習熟が不可欠である。

これまで、市民と各レベルの政府との間の調整手続の創出が軽視されていたことはもちろん、政府間ついで行政機構内部の調整手続もブラックボックスにとじこめられていた。その結果、庁内ではネマワシとなるが、市民にとっては手続なしの権威的決定となる。これが公定性、強制性をもつ「行政行為」、さらに絶対・無謬の「国家主権」という観念に象徴されている。

政治習熟をふまえた、政治手続・行政手続の制度創出が制度論として構成されないかぎり、自治・分権政治は作動しえず、官治・集権政治の温存となる。具体的には市民参加手続、情報公開手続、さらに多数決をふまえた政治決定手続などの「政治手続」から政策執行のための「行政手続」までをふくむ。このような市民による制度の構成と運用は、日本における市民の政治成熟さらに市民自治の基本条件といわなければならない。

〈5〉 正統論をめぐって

以上の政策論・制度論は、官治・集権政治をかたちづくる政策・制度の実証研究をこえる実務問題の設定、さらに理論構成の再編をめざしている。このことは、現実の官治・集権政治を対象とする実証研究を否定しているのではない。実証研究としてのポリティカル・サイエンスの理論領域は第1節でみたように不可欠である。だが、ポリティクスは、このポリティカル・サイエンスをこえる課題をもつ。というよりも、ポリティカル・サイエンスはポリティクスからみれば情報のレベルにとどまる。

政治とは何かと問われれば、政治とは人間ないし社会の組織・制御技術である、というかたちでの回答はできるであろう。だが、組織・制御技術としての政治の課題はたえず変る。この政治の存在理由の変化こそが、つねに「政治とは何か」を問いなおさざるをえない理由である。

今日、日本におきている分権化・国際化にともなう国家観念の破綻はまさに政治の存在理由——正統性の転換である。にもかかわらず、日本の戦後の政治学は、ほぼ政治過程論にとどまったがゆえに、この正統性については安易に「民主主義」ないし「国民主権」という言葉に依存してきたのではなかろうか。

1　市民主権の提起

政治の正統性原理は、今日では、ひろく、地球規模で、日本語でいう国民主権へと移行した。国民主権の観念は天・神ないし君主・国家という旧来の正統性原理が崩壊したのち、政府の正統性をめぐる問に対する答としてかたちづくられてきた。だが、この国民主権は、日常的に作動しうるだろうか。

国民主権は、日本の「現実」において、たえず形骸化しているというのが、日本の実証研究の明示、黙示の帰結であろう。たしかに、そこには、国民主権と乖離する「現実」がある。だが、今日、市民活動、先駆自治体による政治過程の分権化・国際化、それにもとづく政策論・制度論の転換がはじまりつつあるとすれば、これもまた、もうひとつの「現実」とみなさなければならないのではなかろうか。そのうえ、市民が地域規模から地球規模に活動しているため、「国民」主権も「市民」主権といいかえる必要がでてきた。

事実、この官治・集権型と自治・分権型の二つの現実をめぐる理論構成は、国民主権の形骸化と活性化という対立として相克せざるをえなくなっている。国民主権をめぐって、「国家主権」は国民主権の形骸化、「市民主権」は国民主権の活性化を指向する。

戦後もこれまで、国家主権は伝統的オカミ崇拝をふまえて、法学的理論構成というかたちをとりながら、国の政府・行政機構の位置を正統化してきた。国民→選挙→国会という上昇政治過程は、内閣→行政機構→国民という下降政治過程にたいして緊張関係をもつ。その内部で、上昇過程の出発点である国民主権は国家主権へと転化されて形骸化し、下降過程の出発点におかれた国家主権は無謬・絶対とみなされてきたのである。

戦後、日本の文脈では、国民主権は国家主権に代替されてきた。戦後憲法の国民主権は、官僚統治としての国家主権の美化にすぎなくなっていた。かつて天皇主権が官僚統治の国家主権を美化したように、戦後は官僚統治の国家主権を国民主権によって美化しているにすぎない。したがって、美化機能をもつ天皇主権と国民主権とがいれかわっただけで、官僚統治を意味する国家主権は戦前からひきつづき今日まで残ってしまったのである。日本の戦後思想史、さらに戦後政治理論の中枢論点がここにある。

日本の文脈では、一見急進的にみえる人民主権の提起も、国家主権を前提としていたと指摘しておこう。なぜなら、人民主権においても国家主権自体の批判はおこなわれず、国家をになう階級主体をブルジョアからプロレタリアへの三六〇度転換を考えただけだからである。国家崇拝ないしオカミ（前衛）崇拝がそこでもつづいていた。

ここで市民主権は、この国家主権にたいして一八〇度の対極として対置される。事実、都市型社会にはいってようやく、官僚統治の官治・集権政治にたいして、地域規模から地球規模までの市民活動がみられ、自治体、国際機構の自立がはじまった。そこでは、政治過程自体の多元・重層化、したがって政策・制度の発生源の多様化がおこり、自治・分権政治の構想が急務となる。これが、さきにみたもう一つの「現実」である。

このような政治状況において、日本の政治学は中立たりうるであろうか。中立たりうるために実証研究をおこなおうとしても、そこに二つの「現実」がある。実証研究としては、いずれかの「現実」に重点をおかざるをえない。ついで、この二つの「現実」を包摂しうる論理をくみたてようとしても、二つの「現実」の今日の比重と将来の位置があらためて問題となってくる。とすれば、政治学は、実証研究によるポリティカル・サイエンスを飛躍して、歴史予測をもつポリティクスたらざるをえない。というよりも、ポリティカル・サイエンスはポリティクスをふまえてはじめて成立しうる。

政治学はつねに、歴史予測としての未来選択的なポリティクスたらざるをえない。今日の政治学は、官治・集権政治の特殊日本型の合意と美学をもつ国家主権観念をはなれて、自治・分権政治をめざす市民主権観念を選択せざるをえないのではないか。政治学の客観性は、「価値中立」にあるのではなくして、市民合意を基本とした「普遍価値」の選択にある。

戦後の政治学は、戦前の国家学から脱出して、ポリティカル・サイエンスたろうとしてきた。しかし、このポリティカル・サイエンスは、正統性という政治の全体イメージにかかわることから逃れて、政治過程という流体現象としての地域政治、圧力団体、政党、選挙、自治体、国の議会・政府・行政機構、ついで国際政治、あるいは政治意識、政治文化の各局面を対象とする実証をめざしている。もし、日本の政治についての全体が問題となるときは、ここでみた国家主権＝官治・集権政治と市民主権＝自治・分権政治との正統性対立にまきこまれていく。

2　政府信託の理論構成

今日も、日本で政治の全体イメージないし政治の正統性が問題となるときは必ず、国家観念が復活する。賛美されるにせよ、否定されるにせよ、保守・革新を問わず、国家観念がその発想の中心におかれてくる。

この国家とはなんだろうか。日本の文脈では国家観念それ自体、たえず政府と市民、つまり機構と団体との矛盾をはらんでいる。政府を強調すれば、国家は機構概念になるから政府と同義になる。市民を強調すれば国家は団体概念になり、市民と同義となる。この機構と団体は対立・緊張をはらんでいる。とすると、国家という概念はもはや実証概念たりえない。実証概念としての国家とは国レベルの政府にすぎなくなる。

国家観念の形成をみる一六、一七世紀ヨーロッパでは、国家観念は機構概念にとどまった。一九世紀ヨーロッパの後発国ドイツが、これに団体概念をふくませて神秘的実体観念としたのである。日本の国家という用法も、かつては藩が「国家」だったのだがこれをくみかえ、この一九世紀ドイツの国家観念を接続させた。

それゆえ、日本では、たとえばマルクスのいう「国家の死滅」は革新系理論ですら問題になりえない。日本の国家観念の系譜では、国家観念に市民もふくまれるため、国家の死滅とは、政府の死滅だけでなく、市民の死滅となってしまう。

今日、機構と団体の矛盾をふくむ神秘的実体観念としての国家観念の使用をやめた方がよい。とくに法学理論からくるのだが、国家主権をになう「国家法人論」は、市民も国家という〈全体〉に含まれる「要素」ないし「機関」とみるため、新憲法に違反する理論とみるべきである。政府の存在理由を問うときは、国家観念との関連ではなく、実在としての市民と実在としての政府の関係として理論化する、それこそ「実証」的思考訓練が不可欠であろう。

ここからはじめて、市民主権を基礎とする政府の位置づけについての理論構成をいかにするか、が問題となることになる。これこそが今日の正統論の中核なのである。ここから政府の正統性を導出する手続概念として、市民による政府への授権、つまり「信託」がうかびあがってくる。これが新憲法前文の「信託」の意義である。

しかも、政府は、国の政府だけでなく自治体政府もあるのだから、複数の政府への信託論となる。政府としての国際機構については、国の政府を介した、市民の間接信託とみなせばよい。この複数「政府信託論」こそが、単一「国家法人論」にかわる、今日の政治状況にふさわしい正統性の理論構成ではないか。

政府信託論にたつからこそ、市民は、自治体、国、国際機構それぞれの基本法をつくって各レベルの政府を構成、さらに各政府レベルの政策・制度を策定することができるのである。市民を国家という神秘観念の内部にとりこんで、国家の要素・機関として位置づけることは、もはやできない。他方また、国家を実体化してきた国際政治学のパワーポリティクス論も崩壊する。国レベルのパワーポリティクスは国際機構をめぐる党派政治にかわり、国際機構の下位概念となる。

特殊日本型の国家という観念からの解放、つまり日本の政治学における国家観念からの脱魔術化こそが、分権化と国際化のすすむ今日の政治状況にふさわしい。これまで、保守系・革新系理論ともに、国家という魔術観念にとりこまれるのは、国家崇拝という後発国型の政治文化からきており、市民の政治未熟を反映する。国家という観念から解放されてはじめて、市民による政府の構成ついで政策・制度の選択という政治学が可能になる。

〈6〉 変動論をめぐって

最後にのこった論点としては、資本主義・社会主義の体制の対立がある。しかし、この体制の対立は、今日、相対化されてしまった。

まず、いずれの体制を問わず、今日の社会の基礎は工業であることがはっきりしているからである。この「工業化」は、伝統的な共同体・身分を崩壊させて、漸次、「民主化」をおしすすめながら、〈都市型社会〉をうみだす。工業化・民主化の成熟する都市型社会においては、資本主義・社会主義を問わず平準化・組織化がすすみ、大衆政治をふまえて官僚組織がそびえたつため、資本主義・社会主義のいずれの政治でも、その社会形態は同型的となる。くわえて、工業化・民主化をめぐる計画原理と市場原理の対立も相互浸透しつつある。このようにみるとき、今日、資本主義・社会主義の対立は相対化され、それぞれの具体的な政府の構成、ついで政策・制度の選択、さらには市民自由・市民文化の成熟が争点となるといってよい。とすれば変動論はどのようにくみなおされるべきであろうか。この変動論は市民の戦略論といいかえてよいであろう。

1　都市型社会と革命

いわゆる蜂起というかたちの革命は、農村型社会で可能であったといわざるをえない。ここで、先発国のイギリス革命、アメリカ革命、フランス革命、あるいは後発国のロシア革命、それに中国革命、キューバ革命を想起してみたい。日本の明治維新をふくめて、いずれの革命も、首都をはじめとして都市の規模は小さく、ほとんどの人々は農民として農村で自給生活をいとなんでいたのである。それゆえ、蜂起型革命がひきおこす混乱は、農村の自給性、都市の小規模性によって最低限におさえることができた。このため、経済をめぐる革命時の国際圧力にも耐えたのである。

だが、人口のおおくがプロレタリア化したうえ、農村の自給性も喪失し、巨大都市が成立している都市型社会では、一時性のクーデタ騒ぎはありうるとしても、蜂起による革命は安易に想定しえない。革命の混乱は首都をはじめとする巨大都市のパニックを誘発し、支配層だけでなく、革命派をも瓦解させてしまう。さらに経済の国際化は、蜂起型革命による国際関係の激動とあいまって、ほとんど貿易をストップさせ、パニックに拍車をかける。

人口三〇〇〇万の東京圏を考えてみればよい。蜂起型革命の混乱は、電気・ガス、通信・運輸また石油・食糧、消費・医療をめぐってのパニックを誘発するだけである。このパニック状態では、これに政府、行政機構、警察、自衛隊もまきこまれて瓦解するか、強権政治への移行となる。これは、震災ついで有事に想定される事態でもある。しかも三〇〇〇万という日本の人口の四分の一が、東京圏からあふれだしたならば、農村地区でも収容できず、難民化し野盗となっていく。そのうえ、東京圏だけでなく、日本全体としても食糧・石油から工業原料まで貿易依存率はたかい。革命による国際関係の激動は生活の破綻それに工業の崩壊に拍車をくわえる。

都市型社会の成熟をみた今日、蜂起型革命への安易なロマンは消えさった。革命は都市型社会では散文的形態での構造改革によらざるをえないのである。

2 市民と階級概念

階級の概念の再編も不可避となる。というのは、資本主義・社会主義を問わず工業化の成熟につれて、人口のプロレタリア化がすすむにもかかわらず、伝統型労働者の数的増大は縮小し、いわゆる新中間層が増大していく。しかも、参政権だけでなく、シビル・ミニマムの保障ないし累進課税の強化によって底辺層の底上げがはじまるとともに、大量生産、大量消費、大量伝達は生活様式の平準化をうみだす。一九世紀欧米型、戦前日本型の階級意識は都市型社会にはいって変容し、教養と余暇の拡大を背景に、自由・平等という市民意識が成熟してくる。

　都市型社会では、支配階級の閉鎖身分性も崩れる。今日の支配層は、ステイタス・デモクラシーによって各領域の縦割官僚組織をはいあがった管理者集団が中心である。支配階級にもいわば「経営者革命」がおきているのである。財界リーダー、官僚、将軍、イデオローグ、あるいは政治家がこれである。いわゆる閉鎖身分性をもつ貴族それにブルジョアジーではない。そのため、また資本主義・社会主義の体制を問わず、大規模生産手段の所有は虚有となり、所有者というよりも管理者が実権をもつ支配階層を構成し、権力ついで富と威信を強化している。

　一九世紀欧米や戦前の日本に想定された階級、つまり生産手段の所有を基礎とし、閉鎖身分としての階級概念は破綻する。もちろん、階級概念は、古来からの一般用語法にふさわしく、体制構造の分析のための構造概念としてはのこる。この意味では、階級がなくなったのではなく、階級概念自体が一九世紀欧米ないし戦前日本で想定された文脈から変容したのである。

　とすれば、生活様式ないし所得水準、文化水準の平準化、ついで政治における自由・平等を前提とした〈市民〉の概念の有効性がクローズ・アップする。この普遍概念たるシトワイヤンとしての市民は、もはや特定階級を意味するブルジョアジーとしての市民ではない。この市民はプロレタリア化した勤労階級である。

　プロレタリア化した大量の勤労階級は人口構成の多数をしめるため、かえって、その内部での複雑な階層分化、それにくわえて意見・利害の分化が問いなおされはじめる。つまり、大量の勤労階級は、いわゆる「階級意識」としての統一意見、統一利害をもちえない。そこでは、市民内部ないし階級内部における意見・利害の対立と調整が、政策・制度の造出とからんで日程にのぼってくる。それゆえ、資本主義・社会主義を問わず、自由権・社会権の保障をふまえる自治・分権政治をめざした政治効率が問われ、たえざる政治の構造改革とならざるをえない。

この相対化された状況においては、いずれの体制を問わず、政治の構造改革の課題は、かつてのいわゆる「搾取」として理論化された《社会余剰》についての、市民主導の計画的な集約・管理・配分である。都市型社会の今日、その生産力の拡充に対応したシビル・ミニマムの保障、それに自治・分権政治の形成が、地球規模におけるインターナショナル・ミニマムの提起とあいまって、そこでの争点となる。

今日、各政府レベルの政治は、図1-2（本書九頁）にみたように、この社会余剰の集約・配分の構造をめぐる政策・制度のあり方をめぐって、最適政治が具体的に問われている。政治学はこの課題にこたえうるであろうか。

〈7〉 市民の政治学は可能か

日本の政治学は、第1節にみたように、(1)都市型社会の成熟による市民の登場、(2)資本主義・社会主義体制の相対化、(3)地球規模での政治文化の多様性、という座標軸の形成によって〈新段階〉にはいるとともに、さらにポリティカル・サイエンスとポリティクスの二重性の確認にもとづく、ポリティクスの〈新展望〉の形成を必要としている。

ポリティクスのこの新展望は、くりかえすが、完全実証は不可能という意味で実証自体にも限界があるとしても、政治過程の実証研究ないしそのための分析仮設の抽出をめざすポリティカル・サイエンスの過小評価を意味してはいない。ポリティクスとポリティカル・サイエンスとは、ポリティクスを軸とした循環構造をなしている。

ポリティクスとポリティカル・サイエンスとの緊張を一歩つきすすめれば、さらに新しい地平がひらけてくる。

すなわち、ポリティカル・サイエンスは政治に「外」から迫っていくが、ポリティクスは政治の「中」から思考するからである。とすれば、市民のポリティクスとしての政治学は、政治参加による市民としての経験と智恵の蓄積をふまえた政治構想ないし理論構成となる。本章にのべた政策論・制度論、それに統合論、正統論から変動論にいたるまで、政治学は、市民としての政治参加による経験と智恵の蓄積、これにともなう市民の政治成熟をふまえたその理論化として、はじめて新展望をもちうる。

とりわけ、政策論・制度論が、一九六〇年代までの日本の政治学において、ほとんど未開・未熟であったのは、日本の政治理論家が、市民として政策論・制度論の必要性を自覚するチャンスをもたなかったためである。市民としての政治参加における経験と智恵の蓄積を基盤とする思考訓練によってはじめて、市民の政治学が可能となる。日本における市民の政治学の未熟は、これまでの日本における市民の政治的未成熟を反映するといわなければならないであろう。

市民の政治学の出発にあたっては、戦前から日本の社会科学を緊縛していたいわゆる没価値的思考禁欲をいったん破棄して、それぞれの理論家が自由な構想力の飛翔をうみだす必要があるのではないか。すでにみたように政治学の実効性・予測性は、これまで客観的といわれてきたような中立性にあるのではないし、あるいは実証的という意味での科学性にあるのでもない。市民としての政治への参加の経験と知恵、それをふまえた自由・平等ついで自治・共和といった「普遍価値」に支えられ、ついで歴史予測をともなった〈理論構成〉にある。

市民の政治学は、多様な地点で多様に構想されていくであろう。多様になればなるほど相互交流の過程で、政治学の実効性・予測性をたかめていけるのである。それゆえ、政治学の実効性・予測性は一瞬にして成立するのではない。多様な出発、それに多様な試行、また多様な構想をともなう相互交流によって、政治学は漸次ゆたかになる。

政治学の実効性・予測性は、たえず変化する現実政治から験証されて、その予測が長期かつ広汎な市民の同意をえるというかたちで成立しうるだけである。政治学の客観性は実効性・予測性にかかわる。

古代の孔子や孟子、あるいはプラトン、アリストテレスの政治思想はまさに多様な討論の中からうまれている。近代にはいって、ホッブズ、ロック、ついで啓蒙思想家やフェデラリスツ、またマルクス、プルードンなどの社会主義理論、あるいは日本の明治啓蒙、自由民権、民本主義、社会主義の理論も、変動期の論争の洪水のなかからうまれている。また、碩学のマキアヴェリ、モンテスキュー、トックヴィル、ミル、ウェーバー、ウォーラスなども政治の「中」にいた。

ポリティクスとしての政治学は、市民の政治参加の経験と知恵ないし市民文化をふまえて、多様な情報と構想のあいだの交流・討論・論争によって、自由にかたちづくられる。そのうえ、この交流・討論・論争がまた、現実の市民政治の展開をうながしていき、ポリティカル・サイエンスがめざす実証の対象の成熟をうながしていく。

政治学は二重の意味でヒロバの政治学たらざるをえない。第一は市民の政治への参加の経験と知恵の結集という意味、第二は理論構想相互の交流・討論という意味においてである。とすれば、今後、政治学者ないし政治理論家の供給源も大学内部に限定されなくなるだろう。大学内部にかぎられるのは「学問」が特権性をもつ後発国状況であった。今後は市民活動家や政治家、それにテクノクラットやジャーナリストから輩出することになる。また、この事態から大学講座の人事の閉鎖性、カリキュラムの固定性も打破されていく。このような変化は、また政治学の新展望を加速させる。

最後に、ポリティクスとしての政治学は、ポリティカル・サイエンスと異なり、対象が現実に成熟していなくても、現実のなかに予兆を発見し、その可能性を構想力によっておしひろげるという性格を宿命的にになっていることを、とくにつけくわえたい。これが予測性である。構想つまり予測としての政治学は、いわば未来のある時点において、「実証」あるいは「験証」されるはずなのである。

あとがき

ほぼ一九八〇年代に日本は都市型社会の成熟段階にはいったが、本書はこの一九八〇年代から一九九〇年代はじめにかけての論稿をまとめている。「都市型社会」から出発する現代政治の基礎概念と研究方法を論じているため、書名を『現代政治の基礎理論』とした。

本書におさめた論稿の初出はつぎの通りである。

1 **政　治**　法政大学法学部『法学志林』一九九四年三月刊。
2 **都　市**　『講座・転換期における人間Ⅳ』一九八九年・岩波書店。
3 **生活権**　『生活学講座Ⅰ』一九九三年・光生館。
4 **権　力**　『日本政治学会年報』一九八一年・岩波書店。
5 **政　策**　『日本政治学会年報』一九八三年・岩波書店、補論『会計検査研究』第一〇号、一九九四年九月刊。
6 **分権化**　自治大学校『自治フォーラム』一九九三年一二月号、補論『判例地方自治』一九九四年五月号。
7 **国際化**　拙編『自治体の国際政策』一九九一年・学陽書房。
8 **法　学**　日本法社会学会一九八八年報告、『法社会学』一九八九年・有斐閣。
9 **行　政**　日本行政学会一九九三年パネル報告、『年報行政研究』一九九四年・ぎょうせい。
10 **政治学**　日本政治学会一九七七年報告、横越英一編『政治学と現代世界』一九八三年・御茶の水書房。

本書所収にあたっては、全体としての用語法の整合性をたもつためもあって文章上の加筆をおこなうとともに、未熟な論点についての整理を執筆当時の文脈のなかでおこなっている。

*

一九八〇年代は、第②③章でのべているように、六〇年代にはじまる日本の都市型社会の成熟段階であった。〈国家〉を過渡推力とする工業化・民主化による〈近代化〉、つまり農村型社会から都市型社会への転換は、欧米からアジア、アフリカなどをふくめた地球規模で、一般に次図のような近代化ⅠⅡⅢ型政策を順次くみあわせながらすすめられていく。

近代化Ⅰ Ⅱ Ⅲ型政策の課題と理論

	〔政治課題〕	〔歴史課題〕	〔政策課題〕	〔理論パラダイム〕
Ⅰ型	権力の構造改革	共同体・身分→国家	国家形成	一元・統一型理論（国家主権！）
Ⅱ型	経済の構造改革	農業主導→工業主導	経済成長	二元・対立型理論（階級闘争！）
Ⅲ型	社会の構造改革	共同体自給→シビル・ミニマムの公共整備	市民福祉	多元・重層型理論（市民自治！）

近代化ⅠⅡⅢ型政策の帰結として都市型社会の成熟をみるとき、国家観念は崩壊して、政府は自治体、国、国際機構に三分化するため、いわゆる国家の分権化・国際化が日程にのぼる（図1－4・本書一二頁参照）。

日本も、周知のように、明治維新によって一元・統一型のいわゆる国家を形成し、近代化ⅠⅡ型政策を出発させた。これが、富国（Ⅱ型）、強兵（Ⅰ型）の政策であった。明治初期、先発国米英仏をモデルとする明治啓蒙思想ついで自由民権思想もひろがったが、やがて日本とおなじく後発国であったドイツをモデルとした明治憲法の制定となり、帝国大学法学部を拠点に「国家主権」をかかげる国家学ないし憲法学・行政法学が構築されて、その正統理論となった。

大正期にはいると、大正デモクラシーの大衆運動のなかから、この国家観念をめぐる「階級闘争」というⅡ型つまり二元・対立の構造問題があらわれ、ついで「総力戦」にむけての戦時体制となる。この近代化Ⅱ型の問題状況は、敗戦後、いわゆる保守・革新の二元・対立に整理されていき、自民党・社会党中心の「五五年体制」は旧自民党長期政権の崩壊をみる一九九三年までつづく。

ここで、二元・対立の近代化Ⅱ型段階の設定は、日本にかぎらずひろく、先発国における「運動」「理論」としての社会主義の歴史的位置づけを可能にしていることに留意していただきたい。この社会主義の運動・理論は、弾圧・貧困が全般となっていた近代化Ⅱ型段階では必然だったのである。「体制」としてのソ連、中国などの社会主義革命は後発国における近代化Ⅰ型の国家形成をめざした近代化革命だったのであり、先発国とはその文脈が異なっている。先発国での社会主義が提起したⅡ型段階の弾圧・貧困への「階級闘争」は、やがて近代化Ⅲ型段階をつくりだし、その成果として、基本法による自由権（←弾圧）・社会権（←貧困）の保障となって、革命によらずに解決していくことになる（第2・3章参照）。

一九六〇年代には、日本の都市型社会への移行がはじまり、市民運動、自治体改革の展開によって、いまだⅡ型段階の発想にとどまる国の政府にたいして、市民・自治体主導の近代化Ⅲ型政策がふみだされることになる。そのうえ、一九八〇年代になれば、都市型社会の成熟をみるため、絶対・無謬という明治以来の国家観念の破綻となり、日本の分権化・国際化という政治・行政改革が不可欠となる。

一九九〇年代にはいって、冷戦の終焉、旧自民党長期政権の崩壊にともない、国レベルでのⅢ型段階を貫徹するための分権化・国際化がようやく政治の日程にのぼることになった。この分権化・国際化は、日本の都市型社会の成熟をみる一九八〇年代に解決しておくべきだったのであるから、すでに一〇年おくれているのである。

日本の経済摩擦、円高からPKO問題にいたるまでの国際政策の無策も、ここに背景をもつ。国の省庁が、分権化して自治体に国内むけの権限・財源をゆだねないかぎり、身軽になって国際化をめぐる国際政策にとりくめないからである。いまだⅡ型段階の発想にとどまる国の政府ないし省庁はこの矛盾にはいったのである。

一九九三年、旧自民党長期政権の崩壊後における、国レベルの連立政権の複雑な交替、あるいは政党再編にむけての政治家の離合集散は、国レベルにおけるⅢ型段階の多元・重層型政治への過渡とみたい。明治以来の国家観念ないし政治様式からの脱却をめぐって、今しばらくの時間が必要となろう。

以上の政治座標軸については、拙著『戦後政治の歴史と思想』（一九九四年・ちくま学芸文庫）の著者解題で整理しておいた。

＊

もちろん、この国レベルにおける近代化Ⅲ型政策の成熟には、国の省庁、さらに国会・内閣の政治家、あるいは財界・業界の政治再編が不可欠である。明治以来のⅠ型・Ⅱ型政策を推しすすめてきた官治・集権政治の転換をめぐる今日の緊急課題がここにある。政治における「地方分権」、経済での「規制緩和」は、近代化Ⅲ型段階における国の政策課題を典型的にしめしている。

この官治・集権政治から自治・分権政治への転換をめざす今日の近代化Ⅲ型政治の熟成は、明治以来初の、しかも戦後改革でもとりくみえなかった政治・行政の再編ということができる。戦後改革も、占領軍による間接統治であったため、官治・集権型の戦前官僚主導の改革であった。戦前の官治・集権型の政治・行政は、新憲法にともなう外装の変化をみたものの、第8 9章でみたような憲法学・行政法学をふくめて戦前体質のまま、戦後も温存されてしまったのである。

戦前体質の改革が、分権化・国際化さらに文化化というかたちで、自治体レベルではすでに都市型社会にはいる一九六〇年代からはじまったが、国レベルでは戦後も半世紀の一九九〇年代になってもたちおくれている。一九九〇年代の急務となっているこの政治・行政改革は、いわば明治国家の解体・再編という意義をもつため、今後も曲折がつづく。

*

一九六〇年代以降、日本の都市型社会への移行さらにⅢ型政治の出発は、当然、政治学ないしひろく社会科学のパラダイム転換を不可欠とした。ⅠⅡⅢ型段階の国家主導から多元・重層型に分節化された市民政治への理論構成の転換が、ここからおきる（図1-4・本書一二頁参照）。

たしかに一九九〇年代にはいると誰の目にも、絶対・無謬かつ官治・集権が想定されていた、一国閉鎖性をもつ国家観念の破綻が、あきらかとなっている。そこには、自治体、国、国際機構への政府概念の三分化、ついで国レベルの政治の分権化・国際化をめざして、前述したような政治の「地方分権」、経済での「規制緩和」が、国の省庁の抵抗にもかかわらず一九九〇年代の急務となった。

のみならず、今日、戦後半世紀をへて、日本は一国平和・一国福祉のみにとどまりえなくなっている。すでに、地球規模のⅠ国際人権、Ⅱ南北調整、Ⅲ環境保全、また①核危機、②侵略、③災害という危機管理が世界共通課題となり、市民、団体・企業また政党、もちろん政府としての自治体、国、国際機構の各レベルで、それぞれ連動しながらも独自戦略をもつとりくみが、ひろくはじまっている。

以上の問題状況は、都市型社会の成熟にみあって、政治学ひろくは社会科学がその理論転換を不可欠とする事態に直面していることを意味する。拙著『政策型思考と政治』（一九九一年・東京大学出版会）は、都市型社会ないし現代政治をめぐるこの理論構築の、私なりの試行であった。いわば、国家神話型ないしイデオロギー型という〈近代〉の政治思考を、〈現代〉の政策・制度型へと転換し、ここから「分節政治理論」の構築をめざしている。本書は、この『政策型思考と政治』と前後して発表した政治学の基礎概念・研究方法にかんする考察をまとめたものであるから、この二著はいわば姉妹書といってよいだろう。

＊

本書の主題も、前掲拙著『政策型思考と政治』とおなじく、

（1）都市型社会ついで市民の歴史位置の設定

（2）国家観念の破綻にともなう政治学の理論転換

（3）自治体、国、国際機構という三政府構成

をふまえた《分節政治》の構想にある。

（1）は、本書の第[2][3]章の課題となっている。政治学ないし社会科学は、〈国家〉という「観念」から出発するのではなく、都市型社会における〈市民〉の「生活構造」から出発するというのが、その基調である。古来、人間の生活構造がかわれば、政治の位置、機能・構造、課題がかわってきた。いわゆる国家ないし権力からの出発は、倒錯だったのである。

国家を過渡推力とする近代化つまり工業化・民主化が成熟して都市型社会となれば、農村型社会の秩序原理とし

ての「共同体・身分」が崩壊するため、社会工学としての「政策・制度」が不可欠となり、政治の定義も〈市民〉の組織・制御技術とならざるをえない。これが第[1]章の課題となっている。

（2）は、政治・権力の実体化とくに国家観念の神話性から、私たちの思考を解放するという課題である。つまり、政治を政治単位間におけるミクロ・マクロの〈関係〉についての組織・制御技術として位置づけ、政府を、組織・制御ついで政策・制度の手続化・機構化とみなすことになる。第[4]章がこれである。第[5]章では、政治の政策・制度としての展開を、日本に即してのべている。

ここから、政治だけでなく、第[8][9]章でみるように、法・行政の位置づけも変わる。都市型社会における社会工学としての政策・制度が、政府の行政ないし法によってになわれるという理論構成となる。国家という神秘観念は不必要となったのである。ここから、第[1]章でみたように、この市民による政治の組織・制御は、管理⇄行政⇄政治という循環構造となる。

最後に（3）であるが、近代化つまり工業化・民主化の全般化によって、政治・権力は地域レベルに深化するとともに、地球規模に拡大するだけでなく、その結果、工業化・民主化の先発国から順次理論パラダイムも転換し、第[6][7]章でのべたが、自治体、国、国際機構という政府の三分化が不可欠となる。そのとき、法も、第[8][9]章にみるように、自治体法、国法、国際法に三分化する。

つまり、ヨーロッパ一六、一七世紀にはじまる近代がかたちづくった国家単位の政治景観は二〇世紀の後半にはくずれて、自治体、国、国際機構という多元・重層型の政治景観にかわってくる（図1-1・本書五頁参照）。これは（1）にみた市民の生活構造の変化、（2）の国家観念の破綻から必然となる。

なお、私自身の福井大地震（一九四八年）の経験もあって、第[2][3]章にのべているように、都市型社会の脆さを指摘してきた。一九九五年の阪神大震災は、都市型社会、それも巨大都市の脆さをあらためてしめした。そこでは、国をはじめとする行政の劣化ないし限界もあきらかとなったため、市民から出発し、自治体が責任をもつ分権の緊急性が再確認されたことに留意したい。

政治学は専門にとじこもる個別の実証科学にとどまりえない。このような（1）（2）（3）というマクロの問題設定は、第1 10章にみるように実効性・予測性をもつべき政治学本来の課題といってよいであろう。このマクロの問題設定にこそ、政治学へのインセンティブがある。この政治学の課題にたいする私なりの模索が、一九六八年の『現代政治学』（東京大学出版会）以来の、《分節政治》の構想（とくに本書三五頁以降）となっている。

＊

私はかねがね政治学はマクロの構想が課題とのべてきた。このことは、いわゆる実証自体を軽視しているためではない。『現代日本の政治的構成』（一九六二年・東京大学出版会）、『戦後民主主義の展望』（一九六五年・日本評論社）から『昭和後期の争点と政治』（一九八八年・木鐸社）にのせた論稿では直接実証をめざしている。

実証は、まず当事者の「現場」度でなければならない。理論のはじまりは個人の〈経験〉にあるからである。「現場」にたいする外からの学者型の調査と、「現場」の中からの市民型の〈経験〉とは異質である。この経験の型がやがて理論の型を決定する。

市民活動レベルから自治体、国、国際機構の各政府レベルにいたるまで、私たちが「どこ」で経験を共有するかという、「現場」の戦略位置をたえず問いなおす必要があるが、その位置は各人の問題意識・理論構成とみあっている。

しかし、個人はすべてを経験することはできない。経験の幅をひろげるための代理経験として、理論研究、資料操作による間接実証も必要となる。若き日からの事典、年鑑、資料集などの編集にたずさわる過程で、私は資料の読み方ならびに資料の編集にたえず関心をもってきた。

ちかくは、『資料・革新自治体』（一九九〇年・日本評論社）の編集がある。この『資料・革新自治体』をみていただければ、革新自治体はバラマキ福祉にとどまるというような見方は崩壊する。もし福祉バラマキ論がなりたつならば、逆に自民党長期政権は公共事業ないし補助金・減免税さらに利権のバラマキにすぎないということになる。既成の「予断」「偏見」あるいは思考の「怠惰」を突破するためにこそ、実証が不可欠なのである。

ミクロの条件純化もなりたちにくく、さらにかならずマクロの条件複合となる政治については、それぞれの理論家の熟達と責任において、理論の構想と、この経験・実証とのあいだの緊張にいどむことになる。だが、たえず、理論の構想と経験・実証とのあいだには距離がある。しかも完全経験・完全実証がありえないとすれば、この距離にともなう緊張こそが、理論「化」の活力となるというのが、私の考え方である。

経験・実証と理論の構想との緊張から出発する理論構成には、さらに、新しい理論地平をきりひらく「基本概念」の設定と「方法概念」の開発が不可欠となる。私なりには、時代を視座にとらえる基本概念としては、工業化・民主化、自治体改革、市民、シビル・ミニマム、市民自治、市民文化、都市型社会、政策型思考などの概念としての定型化、あるいは研究方法をめぐる方法概念としては、社会形態、人間型、生活構造、政府信託、政策・制度、政策法、さらには分権化・国際化、政府の三分化、行政の劣化などの問題領域の開示をこころみてきた。

この基本概念・方法概念の再編・開発をめぐって、政治学ないしひろく社会科学は、たえず「学として可能か」を問いなおさざるをえない。とくに、農村型社会ないし国家の時代から「都市型社会」への移行をみるとき、政治学は政治の全体構造についての理論構成を再編せざるをえない。それゆえ、政治学では、この「学として可能か」の問は、とくに今日、緊急性・戦略性をもつ。政治学の実効性・予測性はこの問の緊急性・戦略性からうまれるというべきであろう。

第二次大戦後、日本の政治学の再出発にあたり、一九四七年、若き丸山眞男先生が「科学としての政治学」(『現代政治の思想と行動』一九五七年・未来社所収)において政治学の問題性を提起された。さらにひろくは、「政治学は学として可能か」という、かつてのマンハイムの問も、マンハイムの文脈をはなれて今後もたえず問いつづけられる政治学の宿命的な問である。今日ではこれらの問の設定のあり方それ自身も問題にすることもできよう。本書は、結果として、このような政治学について基本の〈問〉をめぐる、私なりの考え方をまとめることとなった。

*

敗戦後、地球規模の東西冷戦、さらに日本の保守・革新の二元対立もあって、一方にはいまだ農村型社会の発想にとどまる後発国型マルクス主義の「教条」があり、他方にはすでに都市型社会にはいっていたゆたかなアメリカ独特のいわば素朴な「科学」をめざすという、理論スタイルの両極状況がながくつづいていた。

そのなかで、まだ日本が農村型社会であった一九五〇年代後半、特殊〈現代〉についての大衆社会論からはじまり、時代の課題とむすびつく一九六〇年代の「自治体改革」の問題提起、「市民」の概念構成、「シビル・ミニマム」の理論設定を起点に、都市型社会をめぐる理論構成が、私の課題となっていった。このパラダイム転換は、今日からみれば、都市型社会での市民常識ついで理論構成の模索だったともいえる。

事実、ふりかえってみると、本書所収の論稿をふくめて発表当時はそれぞれきびしい論争性をもった問題設定あるいは理論整理のおおくも、一九九五年の今日ではひろく理解されて、共通認識となりつつある。時代とともに歩んだのであろう。

最後に、本書の主題となる政治理論の基本概念・研究方法について、あらためて考える機会をあたえていただいた、それぞれの学会あるいは編集者の方々に感謝したい。ただ、第[4]章は、私が編集委員長をしていた『日本政治学会年報』一九八一年版で、その執筆予定者の代替として、急遽書くことになったものである。

また、第[1]章は、私の理論遍歴をたどった近著『戦後政治の歴史と思想』（一九九四年・ちくま学芸文庫）のしめくくりとしても収録している。この第[1]章「組織・制御としての政治」は、「政治とは何か」という問について、私なりの遍歴の結果としての解答である。政治学をめざす人だれもが、この「政治とは何か」という問には、一生一回しか書くことは許されないであろう。それゆえ、二度と書けない論稿である。先著の終章が、本書の第[1]章となっていることについて、寛恕をおねがいする次第である。

本書の刊行にあたっては、東京大学出版会の竹中英俊さんにあらためてお世話になった。索引の複雑な作業にもとりくんでいただいたが、心から感謝し、あつく御礼申しあげる。

松下圭一

一九九五年三月

オンデマンド版はコダック社のDigiMasterシステムにより作製されています。これは乾式電子写真方式のデジタル印刷機を採用しており、品質の経年変化についての充分なデータはありません。そのため高湿下で強い圧力を加えた場合など、トナーの癒着・剥落・磨耗等の品質変化の可能性もあります。

現代政治の基礎理論 （オンデマンド版）

2010年11月10日　　発行

著　者　　松下圭一
発行所　　財団法人　東京大学出版会
　　　　　代 表 者　長谷川寿一
　　　　　〒113-8654
　　　　　東京都文京区本郷7-3-1　東大構内
　　　　　TEL03-3811-8814　FAX03-3812-6958
　　　　　URL　http://www.utp.or.jp/
印刷・製本　大日本印刷株式会社
　　　　　URL　http://www.dnp.co.jp/

ISBN978-4-13-009053-7
Printed in Japan

著者略歴
1929年　福井県に生まれる
1952年　東京大学法学部卒業
現　在　法政大学名誉教授

主要著書
『市民政治理論の形成』(1959年，岩波書店)
『現代政治の条件』(1959年，中央公論社)
『現代日本の政治的構成』(1962年，東京大学出版会)
『戦後民主主義の展望』(1965年，日本評論社)
『現代政治学』(1968年，東京大学出版会)
『シビル・ミニマムの思想』(1971年，東京大学出版会)
『都市政策を考える』(1971年，岩波書店)
『市民自治の憲法理論』(1975年，岩波書店)
『新政治考』(1977年，朝日新聞社)
『市民自治の政策構想』(1980年，朝日新聞社)
『市民文化は可能か』(1985年，岩波書店)
『社会教育の終焉』(1986年，筑摩書房)
『ロック・市民政府論を読む』(1987年，岩波書店)
『都市型社会の自治』(1987年，日本評論社)
『昭和後期の争点と政治』(1988年，木鐸社)
『政策型思考と政治』(1991年，東京大学出版会)
『戦後政治の歴史と思想』(1994年，筑摩書房)
『戦後政党の発想と文脈』(2004年，東京大学出版会)

現代政治の基礎理論

1995年 9 月 14 日　初　版
2005年 6 月 23 日　第 2 刷

[検印廃止]

著　者　松下圭一（まつしたけいいち）

発行所　財団法人　東京大学出版会
代 表 者　岡本和夫
113-8654 東京都文京区本郷 7-3-1
電話 03(3811)8814・振替 00160-6-59964

印刷所　株式会社理想社
製本所　矢嶋製本株式会社

ISBN 4-13-030098-9　Printed in Japan

索　引

＊索引は理論事項にかぎっている.
＊太数字は章節名・図表をしめす.

〔マ行〕

〔ヤ行〕

〔ラ行〕